| 中国当代研学丛书 |

哲学

现代社会关系视域下的马克思主义人学研究

张治库 | 著

图书在版编目（CIP）数据

现代社会关系视域下的马克思主义人学研究 /张治库著.
—北京：中央编译出版社，2020.3
ISBN 978-7-5117-3850-9

Ⅰ. ①现…
Ⅱ. ①张…
Ⅲ. ①马克思主义—人学—研究
Ⅳ. ① C912.1

中国版本图书馆 CIP 数据核字（2020）第 012496 号

现代社会关系视域下的马克思主义人学研究

出 版 人：葛海彦
责任编辑：李易明
责任印制：刘　慧
出版发行：中央编译出版社
地　　址：北京西城区车公庄大街乙 5 号鸿儒大厦 B 座（100044）
电　　话：（010）52612345（总编室）　　　（010）52612352（编辑室）
　　　　　（010）52612316（发行部）　　　（010）52612346（馆配部）
传　　真：（010）66515838
经　　销：全国新华书店
印　　刷：三河市华东印刷有限公司
开　　本：710 毫米×1000 毫米　1/16
字　　数：229 千字
印　　张：15.5
版　　次：2020 年 3 月第 1 版
印　　次：2020 年 3 月第 1 次印刷
定　　价：99.00 元

网　　址：www.cctphome.com　　　邮　　箱：cctp@cctphome.com
新浪微博：@中央编译出版社　　　微　　信：中央编译出版社（ID: cctphome）
淘宝店铺：中央编译出版社直销店（http://shop108367160.taobao.com）（010）55626985

本社常年法律顾问：北京市吴栾赵阎律师事务所律师　闫军　梁勤
凡有印装质量问题，本社负责调换，电话：（010）55626985

Contents

目 录

导论 ··· 1
  一、人的发展问题凸显的当代背景 ························· 1
  二、人的发展面临的时代挑战 ····························· 7
  三、人学研究的当代转向与任务 ························· 16

第一章　关系是人的存在与发展的基本方式 ············· 28
  一、人是一种关系性的存在 ······························ 29
  二、人的存在与发展的基本关系 ························· 36
  三、社会关系决定人的本质的生成 ······················ 42
  四、人的社会关系的发生及其基本结构 ················· 53

第二章　社会关系的历史演进与人的发展 ················ 65
  一、社会关系的历史演进 ·································· 66
  二、现代社会人的社会关系的丰富与发展 ·············· 75
  三、现代社会关系的特征及对人发展的规约性 ········ 91

第三章　现代社会关系促进人的发展的机制 …………… 107
- 一、实践与活动关系：人的发展机制生成的基础 …………… 108
- 二、理想与目标关系：人的发展的导向机制 …………… 115
- 三、竞争与合作关系：人的发展的动力机制 …………… 123
- 四、信息与虚拟关系：人的发展的选择机制 …………… 131
- 五、道德与法纪关系：人的发展的保障机制 …………… 139

第四章　现代社会关系促进人的发展的实现路径 …………… 147
- 一、关系的适应是人的发展的基础 …………… 148
- 二、关系的选择是人的发展的关键 …………… 158
- 三、关系的丰富与发展是人的发展的主要表征 …………… 167

第五章　现代社会关系的把握与人的发展 …………… 177
- 一、人的发展对把握现代社会关系的必要性 …………… 178
- 二、人的发展对把握现代社会关系的基本原则 …………… 182
- 三、人的发展对把握现代社会关系的主要方面 …………… 186
- 四、人的发展对把握现代社会关系的差异性 …………… 195

第六章　现代社会关系的优化与人的健康发展 …………… 203
- 一、现代社会关系优化的必要性 …………… 204
- 二、现代社会关系优化的主要模式 …………… 214
- 三、现代社会关系优化的原则、方法与手段 …………… 223

参考文献 …………… 240

后记 …………… 242

导 论

人的发展问题的再度凸显，是基于这样一种历史背景和事实：一方面，现代化的全球发展、科技主义的盛行和人的主体意识的过度张扬造成了人与自然、人与人、人与社会关系的尖锐对立和高度紧张，并由此而引发了严重的人类生存危机；另一方面，全球化和知识经济时代的到来、现代科学技术突飞猛进的发展和人本主义理念的确立，则向人类的生存与发展提出了新的要求，从而使得人自身的开发与发展成为时代所面临的主要问题。人类社会发展的这一历史性变化无疑表明，人的生存与发展问题，在今天已成为继文艺复兴以来人类又一次必须面对和认真解决的重大时代性课题。

一、人的发展问题凸显的当代背景

人的发展问题再度成为时代发展所面临的焦点，既与人类社会现代化过程中所引发的一系列矛盾与冲突直接相关联，又与现时代人类社会发展演变的新的特点与新的要求直接关联着。人类社会现代化发展的过程，是人类社会进步与新的社会文明形态诞生并迅速发展的过程。但是，这一过程在导致人类社会结构、社会形态与社会生活方式发生急剧变化的同时，也引发了一系列的社会矛盾与社会冲突。尤其是现代化运动在全球范围内的拓展与急速扩张，不仅加剧了人类生存与自然之间的矛盾，而且也造成了不同民族之间、不同社会制度或不同文化传统国家之间的矛盾与冲突。这些矛盾与冲突的出现，一方面导致人类的生存与发展陷于深刻的危机之中，另一方面也对人类的生存与发展提出了新的挑战与新的要求。无论是人类生存与发展所面对的危机，还是其在新的时代条件下所面对的挑战与新的要求，都无不昭示了人的发展问题已成为时代发展所面临的重大问题。

（一）现代化发展所引发的人类生存危机使人的现代化问题成为时代发展的焦点

现代化是迄今为止人类发展史上最为深刻和波澜壮阔的社会变革运动。这一运动为人类社会发展所带来的深刻影响和天翻地覆的变化，是人类历史上的任何一次变革都无法比拟的。从欧洲工业革命的兴起，到今天信息时代的来临，人类在短短不到五百年的发展历程中所呈现出的以几何级数加速增长的图景以及社会生活面貌所发生的天翻地覆的变化，乃是令人极为震撼与鼓舞的。然而，任何事物的发展都具有两面性。正如有的学者所言，现代化是一把双刃剑，它既创造了人类前所未有的物质财富与精神财富，同时又导致人类的生存与发展陷入了严重的危机之中。

人类社会现代化的发展虽然源起于传统农业社会，但是，从现代化在本质上而言是对传统社会的否定与超越。这种否定与超越，既反映在社会性质、社会结构与社会形态的差异上，也反映在社会生产方式、社会生活方式及社会生活面貌的变革与发展上。正是这种否定与超越，在不断改变着人类存在与发展的社会基础的同时，也在不断改变着人类存在与发展基本关系的性质及发展状况。如果说在传统的农业社会，人类的生存与发展由于社会生产力发展水平的制约而未能突破种群、区域和国家界域限制，因而未造成人类生存与发展的自然、社会文化的矛盾与冲突的话，那么，现代社会的诞生及其现代化的迅速发展，则完全改变了传统农业社会人类生存及发展与自然、社会的和谐状况。

与原始社会和传统农业社会人类生存与发展的和谐景象不同，现代社会不仅是一个充满了矛盾与冲突的社会，而且也是一个不断制造和传播矛盾与冲突的社会。现代社会矛盾与冲突的产生，根源于现代化发展所引发和导致的人类生存与发展基本关系性质及其状态的变化。人类社会现代化的发展，既是建立在现代科学技术主导的现代生产方式之上的，同时也是建立在个体分化与个体相对独立、自主与自由的社会关系条件基础之上的。现代科学技术主导的现代生产方式的发展，在迅速地推进着人类政治、经济、文化发展的同时，也必然造成人与自然的紧张和对立；而个体的分化与个体相对独立、自主与自由性的获得，则在促使个体生存与发展从对社会依赖关系中解放的同时，也加剧了个体与个体、个体与社会之间的矛盾与冲突。

由此可见，现代化之所以会引发人类生存与发展的危机，乃是因为现代化本身就内含着许多自身无法克服的困境与悖论。所谓困境和悖论，其实质是现代化发展所制造或生产的矛盾与冲突。由于这些矛盾与冲突具有内生性，因而人们一般将现代化本身制造的矛盾与冲突称之为现代化的困境与悖论。这些困境与悖论主要是：

第一，现代化内含着人与自然的内在冲突与矛盾。一方面，工业革命的兴起及迅猛发展，有力地推动了人类文明演变的历史进程，使人类社会由封闭的、相对简单的传统社会形态跃迁到开放的、多元的现代社会形态；另一方面，现代科学技术突飞猛进的发展和现代生产方式的迅猛扩张，使得全球社会工业化、城市化、市场化、信息化的进程日益加速，从而导致了人类发展与自然、社会的矛盾日益突出和尖锐化。并且伴随着现代化在全球范围内的加速，这种由于发展而导致的矛盾与冲突，不仅未能因为人类现代社会文明的发展而得到逐步消解，反而呈现出日益尖锐化的倾向。可见，现代化的发展，本身就内含着人与自然的紧张与冲突。

第二，现代化内含着个体与社会、主体自由追求与客体制约的难解悖论。人类由传统社会向现代社会的转变即现代化的发展，是人类主体意识增长和社会文化性不断发展所导致的必然结果。在这一过程中，一方面，现代科学技术的迅速发展和现代生产方式的不断革新，为人的解放和主体性意识的增强创造了越来越丰富的物质条件；另一方面，人的主客对立的特性决定了随着人的主体性的扩张，其作为客体性的一面也必然会得到不断强化，这就注定了现代化过程中人的发展必然会始终受到其自身所创造的客观对立面的制约，因而人的自由与解放也必然是相对的。现代化的发展，在创造着促进个体分离与独立的社会条件的同时，也制造着限制和束缚个体解放和通向自由存在与发展的客观对立面的力量。

第三，现代化内含着人类价值追求的稳定性与多变性的内在冲突。人类社会现代化的过程，也是一个不断解构与重建的过程。在这一过程中，一方面，随着传统社会的解构，传统的文化价值观已失去了其存在的合理性；另一方面，现代社会发展的开放性与即时性，又导致现代文化无法经过有序的整合而形成新的传统。传统的解构在导致文化断裂的同时，使现代人的生存失去了意义的支持和价值的引导；而现代生活的纷繁多变和日趋世俗化发展，使现代人对生存意义的追寻和稳定的价值理念的梦想，越来越成为无法确定与难以企及的奢望。可以说，现代化发展对传统社会稳定性的解构以及对社会文化价值观多元性的催生与人类发展对价值追求的稳定性之间，本身就内在地包含着必然的矛盾与冲突。

第四，现代化内含着全球化与民族化的内在冲突与矛盾。现代科学技术的迅速发展、社会生产方式的日益革新和实践交往方式的不断进步与便捷化，一方面，使资本的扩张超越了时空界限的制约，导致世界各国、各民族的发展具有了越来越高的依赖性，从而使全球化成为人类社会发展的必然趋势；另一方面，资本主义与西方价值观的扩张，促成了世界民族国家的普遍形成和相互冲突，国家主义、民族主义在全球化的发展中不仅未能得到削弱，反而在民族与国家生存的激烈竞争中不断得到强化。正因为如此，现代化的发展在带来全球政治、经济、文化一体化发展的同时，也加剧了不同国家与民族之间的矛盾冲突。现代化所具有的内在扩张性，必然会导致人类发展对种群、地域、国家和文化界域的突破，因而也必然会引发全球化与民族化的内在冲突与矛盾。

现代化运动在全球范围的扩张和蔓延所导致的一系列问题，最终都必然会毫无例外地反映到人的存在与发展中来，成为影响和制约人的发展的现实力量。现代化是在人类二元割裂对立思维（笛卡尔所谓意识与物质世界对立的思维）主导下所展开的一场对自然和社会的改造运动，这一运动不仅造成了人与自然的割裂与对立，而且也造成了人与自我、人与社会的割裂与对立。由于人与自然、社会和自我的割裂与对立，必然导致人与自然、社会和自我的冲突与矛盾。环境的不断恶化，南北贫富差距的不断拉大，民族对立与冲突，恐怖主义，人的发展的自我分裂，等等。这一系列的问题，既是现代人现实活动所导致的结果，又成为制约现代人及现代社会健康发展的最大障碍。现代化在全球范围内扩张所导致的一系列问题，归根结底都指向人的存在与发展问题。正因为如此，人的现代化问题必然成为现时代人们共同关注的焦点问题。第二次世界大战以后，西方社会对人的现代化问题的普遍关注，也正是这一必然性的反映。

（二）知识经济时代人力资本价值的凸显使人的开发与发展成为时代发展的首要任务

现代科学技术尤其是现代信息技术突飞猛进的发展、人本主义思潮的兴起和"以人为本"的发展观的确立，使得人类社会的发展在20世纪即将结束之际跃进到一个全球化与知识经济时代。知识经济时代的到来和迅速发展，不仅在迅速地改变着人类存在与发展的社会关系基础，为人类独立、自主与自由的存在与发展创造着更为优越的社会条件，而且也使得人自身的发展价值（或称之为人力资本的价值）得到空前凸显。在这一新的历史发展背景下，不同国家、民族之间发展的竞争，越来越取决于人力资源和人才优势的竞争。因此，人的潜能的开发、人的各种素质的培养与发展等人的教育与发展问题，则成为人类在新的历史发展背景下所面临的极为重要的共同问题。

知识经济时代的到来及其迅速发展，之所以使人力资本的价值得到空前凸显，是由于知识经济的本质特征所决定的。所谓知识经济，指的是以知识的创新、生产为主导的经济形态，或者说，知识经济就是建立在知识和信息的生产、分配和应用之上的一种经济形态。知识经济赖以存在与发展的根本力量是知识的创新。可以说，没有知识的生产、没有知识的创新，就不可能有知识经济的产生。而知识的生产与创新，则无疑离不开人力资源的开发。人是知识生产与知识创造的主体，因而没有人的进步与其发展，没有人的能力、素质和潜能的开发，也就没有人对知识的创造、知识的生产，则必然不会有知识经济的产生与发展。正是基于人的发展对知识生产与知识创造的主导性，因而在知识经济时代人力资本的价值必然会得到前所未有的凸显。

与传统的产品经济形态不同，知识经济形态的存在及发展，主要不是依赖于对自然资源的利用、加工与改造，而是依赖于对新知识的发现、新技术的发明和新思想的创造，其主要特征是：(1) 知识产品的生产取代了物质产品的生产而居于社会生产的主导地位，并成为整个社会经济发展的主要推动力；(2) 知识产品的生产日益支配了物质产品的生产，即物质产品的生产日益知识化；(3) 知识、技术的生产与创新成为整个社会经济发展的主导力量，因而创造性的脑力劳动上升为人类劳动的主要形式。由此可见，知识、信息、技术等智能性的要素，构成了知识经济形态下社会生产的主要方面。而由于知识的创造、技术的革新、信息的传播等均依赖于人的智能劳动，故此，在知识经济时代，社会的生产及社会经济发展的状况如何，则直接取决于人自身的开发与发展状况。

知识经济是人类社会发展到一定时期的产物，是一种知识、技术与文化主导的经济形态。与以往人类所经历的传统经济形态不同，知识经济不是建立在对自然资源依赖基础之上的经济形态，而是建立在对知识创造和知识生产基础之上的一种特殊的经济形态。知识的创造、知识的生产、知识的交换与分配，构成了知识经济形态的主导因素。因此，知识经济形态的产生，必然与人类自身文化性的提升与社会文明的进步直接联系在一起。没有人类自身文化性的增长与提升，没有人类社会文明的迅速演进与发展，也就不会有人类对新的知识、新的思想、新的技术与方法的创新以及在人类社会经济领域的广泛应用与渗透。从而也就不可能有新的经济形态的诞生。可以说，知识经济形态的产生，正是在人类自身文化性的不断增长、提升和社会文明的持续演进与发展的基础上实现的。

知识经济时代，社会的发展主要依赖于知识产品的不断增长。知识产品的增长，其方式主要是两种：一是知识的创新，二是知识的传播。前者是新的知识的创造，是知识的发展与质变；后者是知识的传播，是在质变基础上的量的扩张。与此相应，知识生产成为知识经济社会生产的最主要的方式，从事知识生产的脑力劳动者取代了工业时代的体力劳动者。当然，这也并不是说传统生产方式下的劳动就不存在智能性的劳动。与工业时代知识生产的集中与个别形式相比,知识经济时代的知识生产和创新呈现出整体变革与连续变化的特征。正如阿·托夫勒(A. Toffler)所说的那样,在未来社会中"保持表面平衡的唯一办法是用发明对付发明,即以新的办法来调节个人和社会的变化"①。在这里,阿·托夫勒所说的新的办法,无疑指的是知识的发明与创造。而要实现知识的发明与创造,唯一的途径是必然不断开发人的智能与创造力。

人的创造力是知识经济时代社会发展的源泉。正因为如此,为了迎接知识经济发展的挑战,世界各国专家、学者和政府首脑,都不约而同把人力资源的开发、人的素质的提高、人的教育与培养、人才争夺等一系列有关人的发展和现代化的问题作为21世纪发展的重大战略问题而予以高度重视。无论是发达国家,还是发展中国家,都相继制定了教育、培养和促进人的现代化发展的战略计划,并以此谋求在知识经济与全球化发展的激烈竞争中获取主动和战略优势地位。我国政府在改革开放以来,对人力资源的开发、人的教育与培养、人的现代化发展等关系到国家发展和未来竞争的重大战略问题,同样也给予了高度重视。尤其是"以人为本"的科学发展观的提出,不仅为我国人的现代化发展奠定了基础,而且也为我国社会的健康、和谐与可持续的发展奠定了基础。

二、人的发展面临的时代挑战

人的存在,是一种具体的历史的存在。人的发展,也是一种具体的历史的发展。因此,人的存在与发展,不可能脱离一定的具体的社会历史环境而实现。与此相应,社会的任何变迁,也必然会反映到人的存在与发展中来,对人的生存与发展提出新的要求与新的任务。在一定的历史时期,社会发展对人的存在与发展提出的新的要求与新的任务,作为该时代人们生存与发展

---

① [美]阿·托夫勒:《未来的冲击》,孟广均、吴宣豪等译,新华出版社1996年版,第315页。

所面临的新课题，必然要求人们必须做出认真的回应和解答。

18世纪欧洲工业革命以来人类社会所发生的持续变革，既揭开了人类社会现代化发展的序幕，同时也给人类自身的生存与发展带来了前所未有的冲击和剧烈的变动。这种冲击与剧烈变动，在极大地改变着人类生存与发展的自然与社会环境的同时，也给人类的生存与发展带来了新的机遇、新的挑战与新的任务。尤其是20世纪中叶以来，随着计算机与互联网技术的发明与创造而带来的全球化的发展，不仅不断地促使着人类社会劳动方式、社会生活面貌日益发生着剧烈的变化，而且这一变化所带来的一系列自然的、社会的问题，也向人类的生存与发展提出了必须严肃对待和认真予以解决的新课题。

（一）人的主体价值的"失落"与拯救

人类的现代化发展，是以人的觉醒和人对自身价值的发现作为开端的，但是，现代化的发展，在促进人的生命价值凸现的同时，并没有使人类存在与发展的价值得到科学、合理的定位及其实现，却反而最终导致了人的生命主体价值的再度"失落"。在现代化的演进过程中，人类以其聪明才智创造了前所未有的辉煌，但却未能很好地驾驭自身，进而使人类自身也迷失在了现代化所创造的一系列所谓"辉煌成就"之中。站在21世纪的今天，当我们回望人类现代化已走过的苍茫历程时，我们不仅会发现辉煌的科技发明与创造以及足堪让人类自豪的灿烂的物质文明，同样也会发现累累的白骨和霉变的散发着腐朽气息的精神荒原。

人的主体价值在现代化发展过程中的"失落"，是存在着深刻的社会历史根源的。在一定意义上，人类在现代化过程中主体价值的"失落"，并不是失落在人类对人的生命主体价值的限制或者刻意的遏制之中的，而是失落在人类对生命主体价值的过度追求与彰显之中。一方面，现代化的诞生及发展，无疑是人类文化性自觉与人的生命主体价值觉醒所催生的结果，没有人类文化性的自觉与人的生命主体价值的觉醒，也就不会有现代化的诞生及发展；另一方面，现代化的诞生及其迅速发展，也为人类文化性的不断提升和对主体价值的追求创造了重要的社会现实条件。应该说，现代化的发展为人类对人的生命主体价值的发现及追求产生了积极而重大的促进作用，但是人类在现代化过程中对生命主体价值的追求，却因为现代化本身内在所内含的悖论与冲突而走向了反面。

从根本上来说，现代化发展过程中人的主体价值的"失落"，根源于现代化本身所具有的内在悖论与冲突。我们知道，现代化本身内含着许多内在的矛盾、悖论与冲突。这些矛盾、悖论与冲突既是现代化发展内在动力生成的根源，也是导致人类在现代化过程中对生命主体价值的追求失落的重要社会原因。现代化内含的人与自然、人与社会的内在紧张，不仅没有限制人的主体意识的膨胀，反而不断推动和助长着这一倾向，从而导致人类自我主体价值的实现"失落"在了对世界主宰和物的欲望的漫无边界的追求之中。显然，现代化的发展在极大地促进人类个体从自然以及自然性种群关系的依赖中获得解放的同时，却因为对人类欲望的肆意助长而将人类对主体价值的追求导入了歧途。

现代化发展过程中人的主体价值的"失落"，主要表征在人类欲望的膨胀与扩张对人的生命主体价值追求及其实现的制约上。这种制约主要反映在人类存在与发展的理性由于物欲与支配欲望的膨胀而受到严重的挤压和遮蔽，甚至理性也被欲望支配而成了欲望的帮凶。正是在这一背景下，一方面，人类以极大的热忱投入到改造自然和改造社会的感性实践活动之中并以此证明自己生命存在的价值；另一方面，人类对自然和社会的改造无疑又受到被激情、欲望所激发与支配的理性的驱使变得狂热而疯狂。19世纪和20世纪初，理性主义、实用主义、科技主义、物质主义、个人主义等形形色色思潮的泛滥就是最有力的证明。人类生命存在的价值，不是受到理性的支配而得到科学与合理的实现，而是迷失在了恣意泛滥的欲望的海洋之中。

人的主体价值的失落，导致人类社会现代化的发展产生了一系列危及人类健康生存与发展的重大社会问题。检讨人类现代化的历程尤其是刚刚过去的20世纪，人类没有任何理由让自己轻松和沾沾自喜起来，正如约翰·奈斯比特（J. Naisbitt）所说，从某种意义上说，20世纪曾经历了自己的中世纪——高技术的发展和以用机器取代人为特征的高度工业化时期，极权政治和战争摧残了人和人类文化。① 进入21世纪，新的千年的到来也并未能给人类带来期望的曙光，相反，恐怖主义、极端民族主义、假借民主之名的国际霸权主义等在全球的蔓延和泛滥，再一次使人类的未来蒙上了沉重的阴影。所有这一切，都与现代化所导致的人的"失落"与"缺失"直接关联着。

正如米夏埃尔·兰德曼所说，在今天这样一个时代，"人从来没有像现在这样成为有疑问的；他不再知道他是什么并知道自己不知道。由于不能确定自己的道路，由于自己有疑问，因此，他以无比的忧虑研究他自己的意义和实在，研究自己来自何方、走向何方。"② 站在文明的"荒原"上，人类需要在俯视着那些代表现代文明辉煌成就的物质之林中真诚地追寻自己真实的身影，去追问"本真的我"和何以成为"本真的我"，这就是当代社会发展对人类生存与发展所提出的必须首先要解决的课题。

（二）人的创造与价值实现的统一

作为一种人类文化性与社会性的存在，人类的存在与发展或者说生命的价值并不是体现在自然生命的延续和种的繁衍上，而是体现在其生命本质力量的增长和对世界的创造上。与一切生命物质的存在不同，人是所有生命物质中唯一意识到自己的生命存在并且自觉追求生命存在价值的生命物质。生命存在与发展的意识性、自觉性与价值性或者目的性，是人与一切生命物质存在的根本区别。人的生命存在与发展的意识性、自觉性与价值性或者目的性，根源于人的文化性与社会性存在的特征。可以说，人类存在与发展的文化性与社会性特征是人的本质特征，是与人的存在的本质直接同一的。没有文化性与社会性的生成及发展，也就不可能有文化意义上的人类的存在。而人的文化性与社会性的生成及发展，则是在人类的劳动与创造活动中得以实现的。

人的存在的社会性与文化性特征，是由人的感性实践的存在而决定的。

---

① ［美］约翰·奈斯比特：《大趋势——改变我们生活的十个方向》，梅艳译，中国社会科学出版社1984年版，第14—16页。
② ［德］米夏埃尔·兰德曼：《哲学人类学》，张乐天译，上海译文出版社1988年版，第47页。

实践即人的感性活动，是人之所以存在的基础。人的本质力量及其自身价值，乃是通过对象化的活动即感性的实践活动而得以体现的，所以，人从事什么样的实践活动以及如何展开实践活动，都表征着人的本质的拓展丰富及其价值的实现程度。当然，人的活动并不是随心所欲的盲目的活动，而是有目的的活动。这种目的性，是人的价值性追求的反映，是人之所以区别于物的主要标志。人的活动的价值性追求，应该与人的本质力量及其价值的实现相统一。唯其如此，人自身的存在及发展才是健康的；反之，则必然会导致人自身的"缺失"和发展的畸形化。

人的感性实践活动，既是人类本质即人的文化性与社会性生成的基础，同时又是人类实现对世界创造或改造的唯一途径。正是从这一意义上而言，人的感性实践活动的过程，也就是人类实现对世界的改造和对自我的改造过程，是在对主客观的彼此改造中实现创造自我与创造世界的过程。因此，人的感性实践活动的过程，其本质是一个人对世界的创造与对自我的创造相统一的过程。一方面，人类怎样改造或创造世界，就意味着人类会获得怎样的存在与怎样的发展；另一方面，人类在感性的实践活动中获得了怎样的存在与怎样的发展，也就意味着人类会以怎样的方式去改造或创造世界。人的存在及发展与其对客观世界改造或创造的感性实践活动的统一性，决定了人的创造与人的价值实现的统一性。

人类的劳动创造即人的感性实践活动，虽然是人类生命价值生成与实现的基本形式与根本途径，但是，人的生命本质及其存在价值在感性实践活动中的实现，存在着一定的条件。我们知道，人的生命价值的实现与人对客观世界改造或创造的感性的实践活动具有高度的统一性。这种统一性的存在，一方面决定了人的生命存在价值的实现必须与人类对客观世界改造的一定的实践活动相结合，另一方面也决定了人类感性的劳动创造活动规律对人的生命价值实现的制约性。一般而言，当人类感性的劳动创造与自然、社会发展规律相统一之时，人的生命存在与发展的价值也就会得到充分而合理的实现；反之，则必然会限制人的生命价值的实现或导致人的生命价值实现的扭曲。

现代化的发展虽然极大地促进了人类主体意识的增长以及对生命存在价值追求的积极性，但是，由于现代化本身暗含着人的主体性意识的增长与人的本质的拓展及其价值实现相背离的危险倾向，因而在人类现代化的发展过程中，因主体意识的不断增长而导致的对物的价值的过度追求，并没有将人类自身的发展带向一个新的境界，反而使人类迷失了方向。现代人在追求自我价值实现中的这种毫无节制的物欲的膨胀，不仅导致了现代生活中人的"缺失"，而且也将人的发展带向了十分危险的境地。因此，在现代化的发展日益将人类的生存与发展推向越来越危险境地的时代条件下重新审视人的存在、发展及其与之活动的关系，乃是当代社会发展向人类所提出的必须认真解决的又一重大课题。

（三）人与自然、社会和谐关系的构建

作为一种自然性与文化性相统一的存在，人的任何感性的实践活动都是在一定的自然与社会关系条件下展开的。倘若人类不与自然、他人发生彼此联系而建立一定的关系环境，也就不可能有人类感性的实践活动的发生。当然，通过一定的感性的实践活动，人类同时也创造或改变着与自然、社会的关系。人类与自然、社会建立怎样的关系，不仅与社会生产方式和实践交往方式的进步程度有关，而且与人对感性的实践活动的价值性追求（或者说人对自己生命本质与价值的追求）有着直接的关系。社会生产方式和实践交往方式的变革，尽管对人类自然关系与社会关系的建立产生着重要的影响，但是，其影响的性质及其可能实现的程度，则是受到人类对人的生命存在的本质及其价值的追求所支配与制约的。

在人类活动与自然、社会关系的关联中，如果说一定的社会生产方式和实践交往方式决定着人类与自然、社会之间怎样建立关系的话，那么，人类对活动结果的价值性追求或者说人类对生命存在价值的追求，则直接决定着人类与自然、社会建立什么样性质的关系。无疑，人类与自然、社会怎样建立关系是与建立怎样的关系这一动机与价值性的追求所直接支配、制约的。由此可见，在人类感性的实践活动的存在与发展中，人类与自然、社会建立什么样的关系及其怎样建立关系，无不受到人类对生命本质及其生命存在价值追求的影响、制约与支配。因此，人类确立了怎样的生命本质观与生命价值观，则必然会意味着与自然、社会建立什么样的关系。

与自然、社会和谐关系的建立或者构建，是人类健康存在及其可持续发展的重要保证。或者说，人类存在的合理性与发展的健康性、可持续性，乃是建立在人与自然、社会和谐关系的基础之上的。人类的存在及发展如果不能与自然、社会相统一的和谐关系或者这种和谐关系遭到解构与破坏，则必然会对人类的存在与发展带来严重的影响或重要的制约。然而，令人遗憾的是，在人类社会由传统向现代的转变以及社会现代化的不断发展中，科学技术迅速发展引起社会生产方式和实践交往方式的变革与进步，以及人的主体性意识的不断增长和伴随着主体性意识的增长而出现的越来越强烈的对物的价值性追求倾向的扩张，不仅完全改变了人类在传统社会的生存与发展过程中所建立的自然、社会关系的性质与形态，而且也使得人类原有的与自然、社会关系的和谐性遭到了严重破坏和扭曲。

与传统社会人类存在与发展的自然、社会关系不同，现代社会的诞生及其现代化的迅速发展，彻底改变了人类生存与发展关系的性质和形态。从人与自然、社会交往的形式、手段及范围看，现代生产方式和实践交往方式的出现及迅速发展，彻底改变了传统的交往方式，促使人与自然、社会的交往由直接转变为间接、由区域性转变为全球性；从人与自然、社会关系的性质与形态看，现代人主体性意识的觉醒与发展，以及功利性价值追求欲望的增长，逐渐改变了人与自然、社会关系的传统性质与形态，促使人与自然、社会的关系由直接依存转变为间接依存，由相对和谐统一转变为相对分离与对立。

现代社会人类感性的实践活动的进步与发展所引起的人与自然、社会关系性质与形态的转变，对人类自身的生存与发展产生了广泛而深刻的影响。一方面，现代化发展所引起的人与自然、社会关系性质与形态的转变，有力地促进了人的解放以及人的主体意识与主体地位的提升，从而极大地促进了人类自身的进步与发展；但是，另一方面，人与自然、社会关系性质与形态的转变，也导致了人类生存及发展与自然、社会紧张和对立关系的出现，并且已经对人类的安全存在与健康的发展造成了严重的危害。因此,在人类社会的发展进入到全球一体化的今天,重新审视、反思并构建人类发展与自然、社会的关系,不仅是非常必要的,而且是极为迫切的,无疑是当代社会发展对人的发展所提出的必须认真解决的重要而紧迫的新课题。

(四) 民主化与人的自由发展问题

现代化发展对人的解放和人的主体地位的提升,是通过民主化的社会制度安排和人的生存与发展而体现出来的。人的解放,并不是主要体现在对自然依赖关系的突破,而是主要体现在对人的存在与发展的社会依赖关系的突破上。一定的社会制度安排,作为人类存在与发展的社会关系的形式化的反映,不仅是人类在共同的劳动与社会生活实践中所创造的结果,而且对人类自身的存在与发展也产生着重要的影响作用。虽然总体上,人类自身的进步及发展是与其所创造的社会制度的性质、形态具有高度的一致性,但是,不同的社会制度安排却对人的存在与发展产生着不同的影响。一般而言,民主与法制的社会制度安排有利于促进和保障人的生存与发展。

现代民主制度的诞生及发展,是人类社会现代化和现代文明发展所导致的结果。然而,现代民主社会制度的建立,并不意味着人的独立、自主、自由的生存与发展问题的根本解决。事实上,在西方民主制度建立以来,300多年的历史发展进程中,不仅未能够从根本上改变种族歧视、国际霸权、民族压迫、男女平权和自由人权保障的现状,反而由于资本主义制度的扩张性而引发了尖锐的民族、地区、国家之间的矛盾与冲突,并酿成了严重的人道主义灾难。

由于现代民主社会制度的发展性与不完善性,因而并未从根本上解决人类生存与发展所面临的自由权利的保障问题。我们知道,人类的存在与发展选择什么样的社会制度安排,并不是完全由人类自身的主观意愿所决定的,而是由社会发展在一定的历史条件所决定的。

独立、自主与自由的生存与发展,是人的存在与发展的基本权利。现代民主制度的确立及发展,虽然为人的独立、自主、自由的生存与发展权利的保障以及人类自由而全面的发展创造了相对充分的现实基础和社会历史条件，但是，一方面，由于现代民主制度本身的缺陷和不完善性，导致现代社会人类的生存与发展依然面临着严重的人权保障问题，另一方面，伴随着现代化与全球化的迅速发展，人类社会的发展又不断出现了一系列新的危机到人类安全与自由生存及发展的重大问题，如恐怖主义、文明冲突等。因此，如何在人类社会的发展越来越走向全球化与一体化的新的历史发展背景下保障每一个公民生存与发展的权利，促进人的自由而全面发展，不仅是现代民主制度发展所面临和必须解决的重要课题，而且也是当代人类发展所面临的重大挑战与必须认真解决的重要的时代任务。

（五）民族化与全球化发展的统一

民族化与全球化发展的矛盾，是人类在国际化发展背景下所面临的影响生存与发展的新的重大现实问题。民族化与全球化的矛盾，本质上是伴随着人类现代化的发展向全球不同国家和地区的蔓延、拓展而引发的不同文明体之间的矛盾与冲突。美国当代政治学家萨缪尔·亨廷顿（S. P. Huntington）将这种由于文化或文明的差异而导致的冲突称为文明的冲突，是有一定的道理的。现代化的全球发展，一方面极大地促进了不同民族、国家和地区之间人们的交流、交往与融合，为人类的生存与发展实现全球一体化的发展创造了良好的基础与条件；但是，另一方面也导致了民族、国家和地区之间的差异的凸显，并且由此而催生和促进了民族意识的觉醒与民族意识的发展。民族之间的差异以及民族意识的觉醒与发展，在促进民族发展的同时，也成为诱发国家、民族或区域之间矛盾与冲突的重要社会原因。

不同民族之间的差异，是人类文明演进的区域性特征所决定和引发的结果。民族之间的差异，主要不是表现在种族的生物性差异方面，而是表现在文化性和文明性的差异方面。民族之间差异性的产生，是与民族的形成、民族的发展和人类文明源起与演进的区域性特征直接联系在一起的。我们知道，现代科学技术虽然还无法确证人类的源起是否具有同一性，但是，人类社会文明的源起是以生物性的种群为基础并且是在不同的区域进行多元自在演进的，却是不争的事实。人类文明源起多元性以及与民族形成的同一性，决定了民族差异性产生与形成的必然性。由此可见，民族之间的差异并不是先天俱在的,而是不同民族在各自的历史演进中由于劳动与文化创造的差异性所产生的结果,是文化性与文明性异质化的反映与体现。

不同民族之间的差异性,虽然是在民族的历史演进与发展过程中就已经形成并且是一种客观存在的现象,但是,民族之间所具有的这种差异性,在民族的自在演进与封闭发展过程中是不会得到彰显的。因为任何差异性的存在,都是在比较中得以生成与显现的。没有比较,则不会有差异的发现与凸显。因此,民族的差异性,只能在民族之间的交流、交往与互动中才能够得到凸显。一般来说,当人类社会文明的发展与演进未能突破种族、国家与地域界域限制之际,民族之间的差异性既不会得到凸显,也不会因此而造成民族之间的矛盾与冲突。只有当人类社会文明的发展与演进突破种族、国家与地域界域的限制之后,民族之间的差异性才会在民族之间的交流、交往与互动中得到凸显,并且也会因此而引发或造成民族之间的矛盾与冲突。

显然,现代化的发展,必然会导致人类社会文明的发展与演进对种族、国家与地域界域限制的突破,是促进人类社会生活全球一体化发展的根本动力。尤其是在人类社会的发展进入21世纪之后,伴随着以计算机和国际互联网技术为代表的现代信息通信技术的迅速发展及其在人类社会生产、社会生活各个领域的广泛渗透与运用,社会生活的全球化成为人类社会发展的重要趋势和基本特征。全球一体化发展时代的到来,一方面使得不同国家、不同地区和不同民族人们之间生存与发展的彼此依存度越来越高,但是,另一方面无疑也加剧了不同国家、不同地区和不同民族之间发展的竞争,导致国家、地区和民族之间发生矛盾与冲突的可能性大为提升。可以说,全球化与民族化是人类现代化发展所必然相伴生的现象,具有历史的必然性,因此,如何处理好二者之间的关系,乃是当代人类生存与发展所面临的重大而又无法回避的现实课题。

三、人学研究的当代转向与任务

现代化的迅速发展和现代文明在人类社会生活中的生成及发展,开启了人类历史发展的新时代。如果说,在现代化和现代文明诞生之前,人类社会文明的发展呈现着个别性、局部性和线性演进特征的话,那么,工业时代的到来和现代社会文明的诞生,则将人类历史的发展带入了一个联动的、整体的和关系的新时代。尤其是在人类社会进入到所谓的后工业经济或信息化时代,人类存在及发展的整体性、联动性与关系性则更为凸显。在这样一个全球一体化发展的人类整体生存时代,任何对人的存在及发展整体性的割裂行为,都必然会引发和造成人类存在及发展的尖锐冲突与矛盾,并由此而造成人类生存与发展的深刻的现实危机。因此,联系地整体把握人类的生存与发展,不仅已成为当代人类生存与发展的基本诉求,而且也成为人自身健康、多样与自由发展的必然要求。

(一)人学研究的历史回顾

对人的存在与发展问题的关注和探索,是人类在伴随着自我意识的觉醒之后就已展开,而且这种探索与研究无论其深度还是广度,都是随着人类社会和人类自身的发展而不断得到拓展与深化的。可以说,自有人类文明的历史以来,人们关于人的问题的论述,卷帙浩繁,难以尽述,因而关于人学研究历史的勾勒,自然也就是一件非常困难的事。尽管我们无法在有限的篇幅里对人学研究的历史轨迹做出比较详尽的描述,但是,由于人学问题的研究始终是与人类现实的存在及发展密切联系在一起的,因而人学研究的历史必然与人类自身发展的历史具有高度的一致性。从人类社会生活与社会文明发展的历程看,人类社会生活与社会文明的演进经历了由整体到分化再到整体的历史轨迹。与此相应,人学研究的历史也经历了由整体把握到个别或分化研究,再由个别研究到综合研究与整体把握的历史。

1. 人学研究的整体阶段

早期人类对人的问题的把握与探索,无疑是在整体的角度上展开的。由于早期人类的社会生活与社会生产尚未出现分化,因而人们对世界包括对自身的认识,一般是从自身直接的社会生活经验出发而展开的。早期人类认识活动所具有的这一特征,决定了人类对人的问题把握与认识的经验性、模糊性与整体性。

早期人类对人的问题所做的探索，大都集中在对人的存在的基本问题的认识与探讨上，如人的灵魂与肉体问题、人的本质与人性问题、人的自然性与人的社会性或文化性的问题等。一般而言，人类早期对这些问题的思考与探索，大都是与自己对人的现实存在的经验或者感觉直接联系在一起的。由于早期人类的社会生活及其对社会生活的经验感知大都具有整体性、模糊性和相对性，因而在早期人们的观念中，无论是人的灵魂与肉体，还是人的本质与人性、人的自然性与社会性等问题，都未能得到严格的区分。但是，从总体上而言，人类对人的现实存在的问题的探讨，事实上可以归结为人性与人的本质这样一个基本问题。

关于人的本质与人性，虽然不同的思想家有着不同的解释，但是，毫无疑问，在早期的思想家看来，人的本质与人性具有同一性，是一个问题的两个侧面。在对人的本质或人性的诠释上，大致存在着两种观点：一是天成说，二是生成说。天成说认为人的本质或人性是与生俱来的，是上帝、神或上天赋予的①；而生成说则认为，人的本质或人性并非常是上帝、上天或神所赋予的，而是自然或者在后天的生活与活动中生成的②。无论是生成说，还是天成说，早期人类思想家对人性和人的本质所进行的具体诠释，毫无例外，都是从整体的、经验的和关系视阈出发而给予解释的。

2. 人学的分化研究阶段

如果说早期人类在社会生活未完全分化时对人的问题的认识和探索只是

---

① 早期人类的智者以及大多数唯心主义思想家都持有这样的观点，如希腊智者色诺芬尼、柏拉图、毕达哥拉斯学派的哲人，以及后世的许多唯心主义论者等普遍认为人性是由神性所授的；中国古代的思想家如孔子、孟子、荀子、董仲舒以及后世的周敦颐、朱熹、王阳明等，无论他们持有什么样的人性观，但皆认为人性是天成的或与生俱来的。

② 早期的唯物主义思想家如卢克莱修、德谟克利特、希罗多德、苏格拉底等人，以及后世的唯物主义哲学家均持有这样的观点。在中国古代，无论是唯物主义思想家，还是唯心主义思想家，在对人性或人的本质的生成性问题的认识上，大都高度重视人的后天的教育、活动及个人修行的作用。所不同的是唯物主义者认为人的本质或人性是后天形成的，与天或神灵没有什么关系；而唯心主义者则认为，人性或人的本质虽然是天成的，但是人的后天的修行却可以改变人的天性。

一种整体的、模糊性和经验性的把握的话,那么,近现代以来,随着社会生产分工和社会生活分化的发展,尤其是随着近代自然科学的兴起及其学科的分化发展,人类对人的问题的探讨与研究则日益趋向多元与分化。一方面,人作为一种客观的存在逐渐成为众多学科关注与研究的对象,另一方面,不同学科对人的不同方面问题的探讨与研究,在促进人学问题研究不断走向深入的同时,也使得人学研究日益趋向分化。

近现代以来的学科分化,促使人类对人的问题的关注逐渐超越了传统的哲学视域范畴。人作为一种现实的客观的存在,不仅成为社会科学研究和关注的对象,而且也成为自然科学研究与关注的对象。不同的研究者,从不同的知识背景与视阈出发,对人自身的存在与发展展开了多元化的研究和探索,从而使人的问题成为众多学科普遍关注与研究的对象。现代生物学的诞生及发展,开辟了人的研究的生物学领域;现代医学的产生及发展,确立了人的研究的医学领域;现代教育学的产生,开辟了人的研究的教育学领域;心理学的诞生及发展,则开辟了人的研究的心理学领域。同时,哲学、社会学等学科对人的问题的关注与研究,也逐渐摆脱了早期模糊性的经验主义的束缚而走向深入与科学化。人学研究的分化发展,不仅拓展了人学研究的领域和视阈,而且也促使人学研究向深入与科学化的方向发展。

应该说,人学研究的分化发展是人学研究走向深入与科学化的基本条件和基本标志。没有一定的学科分化,就没有人学研究领域与范围的拓展,同时也不可能有人学研究的深入与科学化的发展。正是从这一意义上而言,人学研究的分化,既是人学研究发展的基本标志,也是人学研究发展的基本条件。近代以来,人学研究之所以日渐走向分化与深入,是与人类社会生活的分化和人类对世界认识能力与技术手段的提升直接联系在一起的。社会生活的分化发展,是近代自然科学兴起和学科分化的根源;而人类对世界认识能力与技术手段的提升,则是人类对世界认识走向深入和深化的重要主体原因。可以说,近现代以来,人类对人的问题的认识与把握从整体走向分化,有着历史的必然性。

3. 人学研究的综合时代

第二次世界大战以后，随着现代科学技术的发展和资本主义社会发展危机的凸现，人的生存与发展问题再度受到世人的高度重视。20世纪50年代以来，基于现代化的反思而兴起的人本主义思潮对人学的研究带来了广泛而深刻的影响。这一时期，西方社会的人学研究在多学科视阈探讨与研究的基础上进入了一个学科综合研究的时代，虽然不同的学者对人的问题的探索与研究大都从自己的兴趣或专业背景出发，但是，这一时期人们对人的问题的关注不仅仅局限于人自身，也不仅仅局限于从单一学科的角度对人的存在与发展的个别问题进行探讨，而是从关系的视阈出发，运用多学科研究的成果或知识对人的现实存在及发展的一系列问题进行了广泛而深入的探讨，并产生了诸多非常有价值和有影响的成果。

在这一时期，一方面现代化的深入发展引发和导致了一系列影响或危及人类生存的现实问题，另一方面人类对世界的认识已逐渐由学科分化走向学科综合，因而从关系性的或者学科综合性的角度关注人的存在与发展的现实问题是这一时期人学研究的重要特征。无论是埃利亚斯（N. Elias）关于个体社会化问题的研究，鲍曼（Z. Bauman）关于现代社会与人的生存状况的后现代主义立场的解读，还是马斯洛（A. H. Maslow）关于人的需要和自我价值实现问题的研究，弗洛姆（E. Fromm）关于人的精神健康与社会健全关系的研究，英克尔斯（A. Inkeles）关于现代人与传统人的比较研究，抑或是韦伯（M. Weber）的"工具合理性理论"，马尔库塞（H. Marcuse）的"单面向人的理论"，等等，毫无疑问，都是从人的现实生存与发展的问题出发而展开对人的存在及发展问题的研究和探讨的。尽管这些研究和探讨或存在着一定的局限性，但是，这些研究和探讨对人的现实生存与发展问题的关注，却无疑标志着当代人学研究的一种新转向。

人学研究的综合时代的来临，一方面是由现代社会生活的整体性、系统性与统一性所决定的，另一方面也是由人类科学研究由分化到新的综合的发展所决定的。与早期人类对人的问题整体把握的经验性与模糊性不同，20世纪中叶以来人学研究所出现的综合化的发展，不是建立在人类对自身存在与发展问题的整体经验性的把握之上，而是建立在现代社会生活充分分化和现代科学研究高度分化的基础之上的。因此，当代人学研究所出现的综合化的趋势，不仅是对人类现代社会生活在充分分化基础之上所出现的系统化与整体化发展特征的反映，而且也是现代科学尤其是人学研究自身在充分分化基础上综合发展的必然结果。

（二）中国人学研究的现状及问题

在中华文化的传统中，人始终是被纳入社会群体的范围之中进行考察的。虽然如此，然而从严格意义上来说，独立的人学在中国的传统中是不存在的。近代以来，随着西学东渐，真正现代意义上的独立的学科方始在中华大地上生根滋长。但是，由于近现代以来民族民主革命始终是中国社会发展的主旋律，因而政治家或学者们对人的问题的关注大都是从社会发展对人的某种特定的诉求这一视阈进行诠释的，直接探讨人自身的存在与发展的论著是非常鲜见的。直到 20 世纪 70 年代末，随着中国社会改革开放的到来，人学研究才迎来了真正的春天。

1. 研究现状

马克思主义在当代中国指导地位的确立，使得马克思主义人学思想和人学理论成为当代中国人学研究的重要方法论指导。因此，从 1979 年以来近 40 年的中国人学研究，虽然在研究的领域、范围和视阈等方面得到了前所未有的拓展，但是从总体而言，中国人学的研究还非常稚嫩，人学研究的学科分化才刚刚起步。按照韩庆祥和邹诗鹏在《人学——人的问题的当代阐释》一书所做的概括，当代中国人学研究从 1979 年由关于人性、异化和人道主义的全国大讨论肇始，在 40 年间的发展经历了萌发（1979—1984）、生长（1985—1990）和长果（1990 年以后）三个阶段。如果从人学研究所涉及的问题领域及其已发表和出版的论著来看，的确获得了长足的进步和巨大的发展，然而倘若从研究的视阈与方法来看，则始终未能超越从社会关系视阈研究人的存在与发展问题的方法。

在对人的本质、人性等人学研究的一般理论性问题的认识上，无论是黄楠森、陈志尚、袁贵仁、夏甄陶、郑永廷，还是韩庆祥、邹诗鹏、韩震、郭湛等人，都无不是从社会关系的视阈来理解的。① 其间的差异，并非是由于对人的本质与人性等问题持有不同的观点，而是由于不同的论者对马克思关于"人的本质是一切社会关系的总和"这一规定性内涵理解的差异而引致的。如陈志尚认为人的本质就是"在一定的社会关系中从事实践活动，即社会性的实践"②，而人性则是人的特性，"是指人之所以为人，区别于动物而为人所特有的，也是一切人所普遍具有的各种属性的总和"③；韩庆祥、邹诗鹏则认为，"人的本质当然是'人本身'，但'人本身'绝不是费尔巴哈式的抽象总体，而是通过自身对象性活动和历史实践活动所呈现出来的自由自觉的生命活动"④，而人性则是指人的本性，是人的自然性、社会性和实践性；侯衍社则从对马克思关于人的本质的总体论述的解读中推论出"发生本质论"的观点，认为"人的本质是通过他的生产劳动来体现的，也是通过生产劳动被复制出来的，由于生产劳动是不断变化的，作为它的塑造物的人的本质也必然不断生成变化着"⑤。这些认识或观点，虽然存在着可商榷之处，但是对于我们正确理解人的本质、人性及其与社会关系之间的关系，毫无疑问有着重要的帮助和方法上的启迪。

在对人的存在、发展与当代社会关系的认识方面，绝大多数学者是从当代中国社会的变革与人的存在及发展的关系视阈出发，对当代社会变革对人

---

① 相关的论述可参见《人学原理》（黄楠森，广西人民出版社 2000 年版）、《人的哲学》（袁贵仁，工人出版社 1988 年版）、《主体性哲学——人的存在及其意义》（郭湛，云南人民出版社 2002 年版）、《人学——人的问题的当代阐释》（韩庆祥、邹诗鹏，云南人民出版社 2001 年版）、《人学原理》（陈志尚主编，北京出版社 2005 年版）等著作。
② 陈志尚主编：《人学原理》，北京出版社 2005 年版，第 99 页。
③ 陈志尚主编：《人学原理》，北京出版社 2005 年版，第 92 页。
④ 韩庆祥、邹诗鹏：《人学——人的问题的当代阐释》，云南人民出版社 2001 年版，第 190 页。
⑤ 侯衍社：《发生本质论：探讨人的本质的新思路》，见中国人学学会编：《人学与现代化——全国第二届人学研讨会论文集》，广西人民出版社 1999 年版，第 74 页。

的存在与发展所带来的影响给以深入的分析与探索①。当代中国的社会变革，无论是社会结构的变迁，还是社会关系的变化与调整，无疑对当代中国人的生存与发展带来了巨大影响，并且提出了新的挑战与要求。因此，从社会变革的视阈考察人的现实的生存及其应然的发展，乃成为当代中国人学研究的重要方面。如韩东平在其著述《市场经济与人生》一书中，详尽地分析了市场经济与市场关系对人的生存与发展的影响；郭为禄则在《走向市场经济的人与道德》一书中，就市场经济条件下人的道德关系、道德生活等问题进行了深入考察；李淑梅在《关于人的发展和社会结构转型关系的哲学思考》一文中，就人的发展和社会结构转型的关系进行了分析与考察；陈晓明在《论文化建设与人的发展》一文中，就文化建设与人的发展的关系进行了深入的探索。

此外，关于人的现代化问题②，关于在新的时代条件下人的素质开发与教育问题③，都成为当代中国人学关注与探讨的重要问题，相关的著述也颇为可观。如郑永廷教授关于人的现代化理论与实践问题的研究，叶南客教授关于现代化过程中人格塑造问题的研究，韩庆祥教授关于知识经济与人的能力发展问题的研究等，都有着广泛的影响。这些成果或在哲学的视阈揭示了人的存在及发展与社会关系互动的一般规律，或从社会现代化、知识经济、

---

① 相关的论述可参见《市场经济与人生》（韩东平，湖北人民出版社 1998 年版）、《走向市场经济的人与道德》（郭为禄，上海交通大学出版社 1996 年版）、《社会主义市场经济与人的主体性》（陈海，《河北师范大学学报》1997 年第 4 期）、《关于人的发展和社会结构转型关系的哲学思考》（李淑梅，《南开学报》1997 年第 5 期）、《论文化建设与人的发展》（陈晓明，《扬州大学学报》1999 年第 2 期）等论著。
② 相关的论述可参见《人的现代化理论与实践》（郑永廷等，人民出版社 2005 年版）、《现代化与社会主义新人》（叶南客，重庆出版社 1991 年版）、《现代化的精神陷阱——嬗变中的国民心态》（邵道生，知识产权出版社 2001 年版）、《社会现代化与人的现代化》（项东，《安徽教育学院学报》1998 年第 1 期）等论著。
③ 相关的论述可参见《人格美的塑造》（仓道来，北京大学出版社 1998 年版）、《人的素质：现代社会发展的基础与尺度》（邓兆明，《岭南学刊》2000 年第 2 期）、《现代化与人的素质塑造》（王玉英、董秀英，《教育探索》1997 年第 3 期）、《知识经济与人的塑造》（辛世俊，《郑州大学学报》1999 年第 2 期）、《人的素质与可持续发展》（孙抱弘，《上海社会科学院学术学刊》1999 年第 2 期）等论著。

文化发展与精神文明建设等社会发展的一个侧面或某些特征与趋势的诉求视阈对人的发展的应然性进行了比较深入的探索。当然，人的教育的问题或者说教育学视阈的人学研究，也获得了前所未有的发展，但是，由于研究视阈与方法的限制，因而鲜有突破性的研究成果的产生和出现。

2. 存在的主要问题

人的生存与发展问题在当代社会的凸显，促进了人学在世界范围内的迅速发展。不仅人学研究得到当今时代人们的普遍关注与重视，而且人学研究的范围也伴随着人类社会生活的拓展而不断得以拓展。与此同时，人学研究的方法，日益多样化。正是这种发展，使得人学越来越成为一门综合性的学科。然而，反观当代中国人学研究，虽然研究的视阈与方法日渐多元化，但是，从总体来说，哲学视阈与抽象思辨的方法仍然占主导地位，尚缺乏学科分化后的多学科视阈的探索。中国人学研究，可以说在取得可喜成就的同时，也存在着一些令人担忧的问题。

一是人学研究的视阈还比较狭隘，方法也比较单一。相对于西方学界对人的存在与发展问题的研究而言，虽然在研究的范围与领域有了巨大的突破和拓展，但中国人学研究的视阈还非常狭隘，缺乏对人的问题的多元性的探讨，主要集中在哲学和教育学的视阈之中，并且二者的研究还存在着彼此封闭的倾向，缺乏交流与融合。研究视阈的狭隘，必然导致研究方法的单一。由于缺乏方法创新的动力，因而逻辑推论与经验描述的方法，始终成为一种主导当代中国人学研究的普遍方法。

二是在有限视阈的研究中，单一视阈研究的多，而综合视阈研究的少，缺乏对人的问题的完整性的探索与把握。我们知道，人的世界是一个完整的世界，更是一个开放的世界，因而关于人的现实存在与发展问题的研究，自然也就具有多元性、开放性和整体性。在人的问题的把握中，虽然对人的现实存在与发展问题的多元分析性的研究是非常必要的，也是非常有价值的，但是，如果这种分析性的研究不能最终通向综合，则不可能对人的存在与发展的现实问题进行科学的、整体性的把握。由于社会生活分化和学科分化发展程度的制约，当代中国的人学研究至今尚处在多元视阈的分化之中，因而人学研究在多元视阈上的整体把握还缺乏必要的科学基础。因此,所谓完整的人学研究体系的建构,似乎也只是一种一厢情愿的构想而已。

三是形而上的理论建构多,而形而下的实证研究少,缺乏从形而上到形而下转换的理论探索。人学的研究,需要形而上的理论建构,但是,倘若这种形而上的理论抽象,既失去了对现实的、具体的人的存在与发展的解释能力,又失去了对人的现实的存在与发展的指导能力,则这样的人学理论是没有任何意义的。人学,在本质上是实践的。所以,人学的研究,既需要在形而上的理论研究上下功夫,也需要在形而下的实践中指导人的生存与发展。人学理论要实现对人的形而下的实践的指导,不仅需要理论具备指导实践的品质,更需要对这种理论如何从理论形式向实践形式转换的探索。如同所有的人文社会科学研究一样,当代中国人学的研究,恰恰缺乏从理论到实践转换的探索。正是由于这一原因的制约,致使当代中国的人学研究始终无法真正解决人的生存与发展的重大现实问题。这不能不说是当代中国人学研究所面临的巨大缺憾。

(三) 人学研究的转向与任务

人学研究的转向是与人学研究所面临的时代任务直接联系在一起的,或者说,人学研究所面临的时代任务,决定了人学研究转向的必要性和必然性。我们知道,人学的研究在经历了充分的学科分化研究之后,已伴随着人类社会整体化生活时代的来临而逐渐由分化研究转向综合研究与整体化的把握上。在人类社会的发展迎来全球一体化的今天,人类现实的存在及发展在面临着由现代化的发展所引发和导致的一系列生存危机的同时,更面临着信息化与全球一体化发展所提出的新的挑战与任务。在这一历史背景下,人学研究不仅面临着在学科分化研究基础上的整合问题,而且也面临着对人类在信息化与全球一体化发展背景下所出现的一系列关涉人类自身生存与发展的重大现实问题的研究和应对。可以说,正是基于时代发展的要求和对人类现实存在与发展问题整体把握的需要,当代人学研究从个别到整体、从分化到综合、从理论抽象到现实把握的转向,具有历史的必然性。

第一,在信息化与全球一体化时代,人类社会生产与社会活动的整体性、普遍联系性，决定了当代人学研究必须在普遍联系与发展的关系视阈中把握人。人类社会活动的发展，遵循着由分化到整合的基本规律。现代化的发展，在促使人类社会和社会生活实践经历了迅速而充分的分化之后，伴随着信息化与全球一体化的发展，必然会迎来一个普遍联系的整体化时代。我们知道，人类社会现代化发展的过程，既是一个人的活动被专业化分化的过程，也是一个被工业化、信息化、市场化高度整合的过程。并且这种整合的趋势和要求，也正在伴随着网络信息化的迅猛发展而呈现着不断增长的倾向。可以说，人类的活动在任何时候都没有像今天这样如此密切地关联着。与此同时，人类活动与自然、社会和自我存在的关系也越来越密切。因此，只有在关系的视阈中把握人的存在及发展，才能够真正揭示人的存在及发展与其活动的统一性。

第二，现代科学技术与手段的迅速发展在不断提高人类认识世界能力与水平的同时，向人类提出了对世界认知的综合性要求。当代人学研究，同样也是如此。人类对世界的认识，在经历了学科迅速分化的发展之后，已经走向一个学科综合的新时代。世界本身是一个完整的系统，任何事物的存在与发展，都处在普遍的联系之中。这种普遍的联系，使得任何一个具体的事物，其存在与发展都必然与他者关联着。它的存在与发展既受到相关事物的决定与影响，同时它自身也必然给予与它关联着的事物以相应的决定与影响。这就意味着，任何一个事物的存在，必然是关系的存在；任何一个事物的发展，也必然是关系的发展。世界的这种普遍联系的整体性，在人类对世界的学科分化的分析和个别的探索与研究之中，必然会得到充分地暴露与显示。正因为如此，人类对世界的认识在经历充分的学科分化的探索之后走向学科的综合研究，就成为一种必然的发展趋势。同样，人类对自身的研究也正走向一个学科综合的整体视阈探索的新时代。人学研究在经历了学科分化视阈对人的存在与发展各个方面的探索之后，也必然会走向综合研究的新时代。因此，在学科综合的整体视阈中把握人的存在与发展问题，既是人对世界认知的综合性要求的反映，也是人学自身发展的必然要求。

第三，人类发展的当代危机要求人学研究必须关注人的存在与发展的重大现实问题，必须从对人的抽象研究转到人的具体研究、从对人的个别研究转到人的整体把握。人类生存与发展的当代危机，从根本上而言，是人类自身的危机，是人类自身对自身把握的错误所导致的必然结果。正因为如此，当代人学研究必须从传统人学研究狭隘的思维与方法中解脱出来，这就必然要求人学研究不仅应该关注形而上的人学基本理论问题，而且更应该关注人的当下生存与发展的重大现实问题。因此，当代人学研究必须对现代化运动所导致的一系列问题进行本源性的反思，即对现代人的存在与发展问题进行全面审视与检讨。这种审视与检讨，意味着人类必须从更为广阔的视阈完整地、科学地把握人的存在与发展，必须把人的生存与发展置于普遍关系的视阈重新确立人在自然和社会中的地位。审视与检讨的根本目的就在于通过审视现代人的存在及发展与现代社会关系的互动关系，促使现代人重新确立健康的、科学的生存与发展观。只有这样，才能够避免人与自然、社会对立的危险倾向。

　　人学研究的根本任务并不完全在于抽象地探讨关于人的存在与发展的基本理论问题，而在于关注和解决人类生存与发展的重大现实问题。当然，理论的探讨、研究与创新，对于促进人类对自身科学的把握进而促进人类实现自由与健康的生存及发展，也是非常重要和非常必要的。但是，倘若理论的探讨与研究始终仅仅停留在抽象的理论建构或者个别问题的理论解释层面而不去真正关注人的生存与发展的重大现实问题，那么，这样的人学研究必然注定避免不了被时代和人们抛弃的命运。当代人学研究由对人的抽象研究向人的具体研究、人的个别研究向人的关系的整体把握的转向，一方面是人类当代社会发展或者说人类自身生存与发展的现实危机向人学研究所提出的必然要求，另一方面也是人学研究在学科充分分化基础上综合发展所面临的必然要求。正是在这一意义上，当代人学研究的转向是与当代人类生存及发展向人学研究所赋予的时代任务直接联系在一起的。可以说，基于解决当代人类生存与发展的重大现实问题而促进人类对自身完整而科学的把握，既是当代人学研究所面临的重大任务，也是人学自身发展所必须解决的根本任务。

第一章

关系是人的存在与发展的基本方式

人的生命存在及发展的自然性与社会性的特征，决定了人不是一种纯粹的自然性的存在物，而是一种自然性与社会性或文化性相统一的存在物。无论是自然性的存在，还是社会性的存在，无疑都是一种关系性的存在。可以说，关系是人的存在与发展的基本方式。关系的存在，意味着人的存在；关系的发展，意味着人的发展；而关系的消亡，则自然意味着人的消亡。人的存在与发展的关系性，决定了关系在人的存在与发展中的重要性。

人的存在及发展所建立的关系是非常复杂的。作为有意识的感性活动存在的人，其生存与发展必须建立在三种关系之上：一是与自然的关系，这是与人的生命体的维持和物种的延续直接关联的必要关系；二是与他人即社会的关系，这是与人的感性活动及本质存在直接关联的必要关系；三是与自我的关系，这是与人的自我存在与发展直接关联的必要关系。正是由于这三种基本关系的建立及发展，才决定了人的现实的存在与发展。

作为一种关系性的存在，虽然规定人的存在与发展的任何一种关系对人的现实的存在与发展而言都是非常重要的，具有不可或缺性，但是，这也并不是意味着这些关系对人的现实的存在与发展都具有同等重要的意义。事实上，在人的存在与发展的基本关系中，只有基于人的实践与交往活动而结成的社会关系，才是与人的存在与发展的本质直接同一的关系。一定的社会关系，既是人的本质力量的外化表达，同时也是决定人的本质生成及发展的根本力量。

一、人是一种关系性的存在

人的存在是一种关系性的存在，这就意味着关系与人是同在的。因此，在人的存在及其与之所建立的关系之间，既没有脱离关系而存在的人，也没有脱离人的存在的关系。正是这种同在性，从根本上决定了人的发展和与之所建立的关系的发展的统一性。当然，规定人的存在与发展的基本关系并不都是先天俱在的，除自然的生物性的关系之外，人的存在与发展的其他关系都存在着一个生成与发展的过程，都是人在后天的感性实践与交往活动中所建立起来的，是人的感性实践活动的产物。

人的存在与发展的关系规定性以及规定人的存在与发展的主要关系的生成性及发展性，决定了人的存在与发展与其规定关系的同一性。一方面，人的存在与发展的基本关系都是自己通过感性的具体的实践活动创造的结果，人是自己存在与发展关系的创造者；另一方面，人在自己的具体的感性实践活动中创造了什么样的关系，也就意味着其有着怎样的存在与发展，因而人无疑又是自己存在与发展关系的规约者。人的存在及发展与其存在及发展关系之间所具有的这一基本关系形式，正是人的存在及发展与其存在及发展关系高度同一化特征的基本反映。

（一）人的存在的关系规定性

正如马克思所认为的那样，普遍联系与发展是一切事物存在所呈现出来的基本特征，是事物存在与发展规律性的体现与反映。作为一种特殊的生命存在物，人也并不是一种孤立存在的现象。与任何生命物质的存在一样，人的存在及发展同样必须建立在与自然、他人、社会普遍联系的基础之上才能够实现。倘若失去了与自然、他人、社会的联系，则人既不可能存在，自然也就不可能获得发展。普遍联系的存在，必然意味着关系性的存在。因此，从这一意义上而言，人与其他一切生命物质一样，都是一种关系性的存在。关系与人的存在及发展所具有的同一性，不仅决定着关系对人的存在与发展的规定性，而且也决定着人的存在及发展与其关系的互动性。

任何事物的存在，都有其存在的规定性。所谓事物存在的规定性，指的是规定事物的存在并与事物的存在直接同一的客观制约性，是决定事物是否存在和怎样存在的根本依据之所在。任何事物的存在及发展，都不可能外在于自身的规定性而存在，而只能在自身的规定性中存在，也只能在自身的规定性中发展。一方面，客观世界不存在没有规定性的事物，或者说，客观世界中存在的一切事物都有着自身特殊的规定性；另一方面，任何事物的存在都是在一定规定性中的存在，世界上不存在没有规定性的事物。客观事物存在的这一特征，决定了规定性与事物存在与发展的统一性。

对于任何事物的存在而言，事物存在的规定性主要体现在质的规定性与量的规定性两个方面。所谓质的规定性，指的是与事物存在的本质相联系的规定性；而所谓量的规定性，则指的是与事物存在的数量、规模、形态、结构等数量性的因素相联系的规定性。在事物存在与发展的规定性中，质的规定性决定着事物存在的本质，是将一事物与他事物相互区别开来的并且与事物的存在直接相同一的规定性。量的规定性虽然并不决定事物存在的本质特征，但却与事物量的存在的特征直接相联系，是与事物存在的量的特征相同一的规定性。在事物的存在与发展中，质的规定性支配和制约着量的规定性，而量的规定性的累积与变化，也会引起事物存在与发展的质的规定性的变化。

如同任何事物的存在一样，人的存在也是一种关系性的存在。或者说，人的存在及发展，同样也存在着一定的关系规定性。但是，与其他生命物质的存在与发展所不同的是，人的存在及发展的关系规定性有着与其他生命物质不同的特殊性。这种特殊性主要体现在两个方面：其一，人的存在与发展的规定性关系并不是与生俱来或者自然生成的，而主要是通过人的现实的感性实践与交往活动创造和建立的；其二，人的存在与发展的规定性关系不仅包括了人与自然建立的关系，而且也包括了人与人建立的社会关系以及人与自我建立的自我关系。前者说明了人的存在与发展规定关系的生成性，而后者则表明了人的存在与发展规定关系的复杂性与特殊性。

人的存在与发展规定关系的生成性、复杂性与特殊性特征，是与人的存在与发展的基本特性联系在一起的。人虽然是一种生命物质，但是，人这种生命物质的存在与发展，却与其他生命物质有着巨大的区别。与其他一切生命物质的存在不同，人的存在并不是一种完全基于生物性的本能而展开的自然性的存在，而是一种基于生物性的本能和社会性的感性实践活动基础之上的自然性与社会文化性相统一的存在。人的存在及发展的自然性与社会文化性的统一性，一方面决定了人的存在与发展的关系不仅仅是单纯的自然性的关系，而是存在着一定的复杂性与特殊性；另一方面也决定了人的存在与发展的关系并非完全是自然结成或先天给定的，而主要是人在自己感性实践活动中所创造的，具有生成性与发展性。

人的存在及发展的自然性与社会文化性相统一的基本特征，决定了人的存在与发展的基本关系主要包括了人的自然关系和人的社会文化关系。其中，人的社会文化关系又可以区分为人的社会关系与人的自我关系。如果从关系对人的存在与发展的规定性角度而言，构成人的规定性的基本关系应该包括人的自然关系、人的社会关系与人的自我关系三个方面的内容。无论是人的自然关系，还是人的社会关系与人的自我关系，都是人在维持自己生命存在、延续和种的繁衍的感性实践活动中创造的结果，都具有生成性与发展性。但是，在人的存在与发展的规定性中，人的自然关系、社会关系与自我关系有着不同的功能作用。由于人的自然关系与自我关系的结成都必须通过一定关系形式的社会活动才能够实现，因而受到人的社会关系的支配。所以，社会关系是人的本质关系，规定着人的本质。

（二）人的存在关系的发生

人与客观世界及其与他人所建立的关系，不仅是其存在与发展的重要规约力量，而且也成为其存在与发展的基本方式。虽然我们说人的存在与发展的关系都是人通过自身感性的具体的现实的社会实践活动而建立与生成的，然而这只是从总体意义上而言的，倘若我们从发生学的意义上来进行分析，则远非我们所想象的那样简单，而是具有了一定的复杂性。这种复杂性并不是来自人的存在与发展关系本身，而是来自人的存在与发展关系的诞生或者发生。或者更确切地说，来自作为人的规定性的关系的发生。无疑，在这一视阈下分析人的存在与发展的关系，必然要追寻到人类之所以成为人类的历史源起,即人作为一种客观存在的生命物质现象在什么样的关系条件规定下,才成为今天我们所指意义上的人的。

我们知道,人类的诞生,是地球上生命物质自然进化的结果。这就意味着,人的存在的规定关系并不是伴随着生命物质的出现就已产生的,而只有当物种的进化促使人类诞生之后,人的存在关系才有可能出现。从发生学的视阈来看,人类的诞生才意味着人的存在与发展关系的产生。倘若没有人类的诞生,则无所谓人的存在与发展的关系。由于人类的诞生是一个生命物质长期演化的结果,因而在这里我们需要确定的并不是生命物质最初的存在关系,而是什么样的关系的产生才最终将人类从动物的物种种属关系中提升出来促使人类的诞生。或者说,在生命物质的自然演化过程中,某种特定的生命物质是在什么样的关系条件下才最终转变为人类的。因此,对这一问题的分析,必然会追溯到人类先初关系的产生。

所谓人类的先初关系,就是在人类的先初与之生存直接关联的最基本的关系。这些最基本的关系,也就是与人类的诞生或人的存在直接同一的原初关系。当然,站在今天人类智慧发展的高度来看待和回答这一问题,并不是一件十分困难的事情。但是,倘若我们要追溯人类的诞生及其与之伴随的最基本的生存关系的发生,却也并非是一件轻而易举的事情。这是因为,人类并非是神话传说中所言的由上帝所创造的奇迹,而是物种自然进化的结果。在这里,我们所面对的困难,并不仅仅是确定古猿在何时才进化为人的,更重要的是如何确定由猿到人演变过程中人与猿的区别。这种区别之所以必要,乃是因为它直接关涉到我们对物的存在关系与人的存在关系的界定。

在古猿向人的转变中,是什么决定了二者分水岭的出现呢?对于这一问题,恩格斯围绕生产对人和古猿区别产生的作用,做了大量的论述。恩格斯指出:"只有一种能够有计划地生产和分配的自觉的社会生产组织,才能在社会关系方面把人从其余的动物中提升出来,正像一般生产曾经在物种关系方面把人从其余的动物中提升出来一样。"[①] 从生产对人的存在与发展关系

---

① 恩格斯:《自然辩证法》,人民出版社1971年版,第20页。

产生所具有的决定性意义出发，恩格斯认为在古猿向人的转变中，生产劳动起了决定性的作用。其作用主要表现为：第一，一般生产劳动改变了猿的物种关系，从而使猿最终脱离了动物而转变为人；第二，自觉生产劳动改变并提升了人的存在关系，从而使自然的人转变为社会的人。

一般生产，指的是古猿所从事的维持生命存在的本能性的活动。由于一般生产的开展，使古猿在躯体结构及其机能方面发生了重大转变。这一转变主要表现在两个方面：一是手足分工、制造工具，以及与此相对应的一般劳动活动；二是语言的产生、大脑的发展，以及与此相对应的思维与意识活动。正是这种转变，从根本上引发了古猿的物种关系的变化，从而使猿脱离了一般动物的物种关系而转变为人的种属关系。自觉的有组织的生产劳动对人的存在关系的改变，指的是由于自觉的有组织的生产劳动的出现而促进了人的存在关系由原生的简单的自然关系向有组织的自觉的社会关系的转变。正是这种转变，才从根本上引发了人与猿的脱离，促使人由纯粹动物性的人转变为社会性的人。

从恩格斯的论述中我们知道，在人类由猿到人的漫长演化中，由于生产劳动对人的进化所具有的特殊意义，才将人最终从物的关系中提升出来。这种提升，既是物种关系的提升，更是人的存在与发展关系的提升。正因为生产劳动在促进着古猿躯体结构及其功能改变的同时改变了古猿的生存关系，从而才使得古猿最终转变为人类。因此，我们可以认为，在由猿到人的转化中，每一种新的生存关系的出现，都表征着人与动物的远离而向着人自身的发展。根据现代考古学和人类文化学研究的成果，在由猿到人的漫长演变史中，人的生存主导关系经历了由纯粹自然关系到原始自然关系、由原始自然关系到简单社会关系的转变。正是这种生存主导关系的转变，才表征着人由低级动物向作为人的高等动物的转变。

如果撇开由猿到人的演化史而从人的真正的历史发端而言，构成人的生存的基本关系有三种：一是自然关系，二是社会关系，三是自我关系。虽然从猿到人的演变中，三种关系的出现呈现着一定的次第性，但是作为人的历史的真正开始，却是在三种关系的俱在的条件下展开的。当一般生产劳动促使古猿的躯体结构和机能发生物种关系的转变之后,伴随着大脑的发展和语言的产生,早期人类建立了原始的极为低级形态的自我关系。自我关系的出现,意味着人与自然、人与他人的最初分离。由于人与自然的最初分离,从而使猿与自然的纯粹自然关系转变为人与自然的原始自然关系;由于人与他人的最初分离,从而使猿与猿的纯粹生物依存关系转变为人与人的社会依赖关系。因此,作为人的真正历史的开始,乃是以人的存在的自我关系、自然关系和社会关系的生成而作为基本表征的。

(三)人的发展与关系的统一性

在古猿向人类的演变过程中,人类的诞生是以人的存在的关系的发生或生成作为基本表征的。正是由于在由猿而人的转变过程中人的存在关系的生成,才从根本上促使古猿的演变突破了动物的种属关系。没有动物种属关系的突破,没有人的存在关系的生成,古猿也就始终是古猿,而不会转变成人类。古猿向人类演变的这一事实说明:第一,任何事物的存在都是在特定关系条件下的存在,只有在具备规定该事物存在的特定关系条件下,该事物的存在才是现实的存在;第二,关系的发展决定着事物的发展,新的关系的出现,意味着新的事物的出现或者事物的新的发展。由此可见,事物的存在其发展,与其存在及发展所具有的关系条件是直接统一的。

事物的存在及发展与其存在及发展的关系条件之间,存在着高度的统一性。没有一定的存在关系的生成,则必然不会有相应的事物的产生;而没有一定关系的发展,则必然也不会有相应事物的产生及发展。人类的诞生及发展,同样也是如此。如果说,在古猿向人类的进化与转变中,自我关系与社会关系在古猿生物性自然关系基础上的生成标志着人类的诞生即古猿向人类进化与转变实现的话,那么,这些新生的关系在人类感性的具体的现实的实践活动中的不断丰富与发展,则无疑表征着人类自身的不断进步与发展。人的存在及发展与其存在及发展关系的统一性,决定了人类在自己感性的具体的现实的实践活动中怎样创造和创造了怎样的存在与发展的关系,自己也就相应会获得怎样的存在与怎样的发展。

人类自身演进与发展的历史进程,也充分说明了人的存在及发展与其所创造的规定自己存在与发展的关系条件的统一性。在人类由猿而人的转变与分离中，原始人在自然的劳动过程中原始的自我关系与原始的社会关系的生成，标志着古猿向人类转变的实现。尤其是原始的自我关系的形成，可以看作是人的演化进程之由猿到人发生物种关系转变的基本表征。我们知道，自我关系的生成，是以人的意识的出现和语言的产生作为前提条件的。没有这个条件，人就不可能从自然中分化出来，也就不可能认识到自我的存在。因此，原始的自我关系在原始人自然的劳动关系中的分化与产生，才真正开启了人类存在与发展的历史。倘若没有原始的自我关系在原始人劳动关系中的分离与生成，则不可能有真正的人类历史的开始。

正是基于自我关系的形成对人类存在与发展的重要性，我国哲学人类学者韩民青认为，人一开始就是"动物与文化的统一体"①，关于这一点，"我们从古猿到人的转变中可以清楚地看到，当古猿的躯体增加了一个由工具、语言等因素组成的文化部分时，古猿也就变成了人"②。当然，在由猿到人的演变过程中，文化并不是外在于人而产生的，而是与人的生成同在的。正因为如此，作为真正人的历史的开始，作为人类文化构成的人的生存的基本关系，乃是同时俱在与发展的。这也就是说，当人的意识、思维和语言的发展促使人的自我关系生成的同时，人也就开始将自我与自然、他人区别开来，从而建立了初始形态的自然关系与社会关系。人自身的存在及发展，也就与人自身的活动关系获得了同一性。

自我关系的产生，不仅开启了人类存在的历史，而且也开启了人类作为一种社会性与文化性存在物的发展的历史。人类的自我关系虽然是从社会劳动关系中分离与分化而产生的，但是，自我关系并不完全等同于人类一般的劳动关系，而是一种集中反映着人类文化性发展状态的社会文化关系。因此，自我关系的变化及发展，不仅表征着人类进步与发展的程度及其所达到的水平，而且也极大地影响着人类与自然、社会关系的建立及发展。当然，

---

① 韩民青：《哲学人类学》，当代世界出版社2000年版，第37页。
② 韩民青：《哲学人类学》，当代世界出版社2000年版，第39页。

人类的自我关系也并不是凭空产生的，其产生和发展是与人类维持生命存在、延续和种的繁衍而展开的具体的、现实的、感性的实践活动直接联系在一起的，是人类劳动与文化创造的结果及其在人类文化性生成方面的反映。

人的进步与发展，集中体现和反映在人的社会文化性的增长与提升方面，而人的社会文化性的增长与提升，则是与人的社会关系、自我关系的丰富与发展密切联系和相统一的。一般来说，人在感性的生存与实践活动中创造的社会文化关系（包括自我关系）的内涵越丰富、关系的形式越多样化，则表明人的社会文化性增长与提升的程度也就越高，人的驾驭自然、社会和自我的能力或者说人自身的进步与发展程度也就越高。关于这一点，在人类社会的进步与人自身的发展的统一性中得到了充分证明。人类社会的进步与社会文明的发展，既是人类自身不断进步与发展推动的结果，同时也是人类自身不断进步与发展的重要表征。二者的统一，无疑表明了人的发展与其所创造的存在关系的统一性。

二、人的存在与发展的基本关系

人的存在与发展是建立在与自然、社会及自我三种关系的基础之上的，因此，对于人的存在及发展而言，任何一种关系的缺失，都将使人丧失存在与发展的基本条件，自然也就谈不到人的存在，更谈不到人的发展了。当然，在人的存在与发展的基本关系中，不同的关系由于其生成的差异性，因而在人的存在与发展中居于不同的地位，并且对人的存在与发展所具有的功能作用，也存在着巨大的差别。对于人的存在与发展而言，虽然三种关系都是不可或缺的，但是，对人的存在及发展产生决定影响作用的主要是人的社会关系和自我关系，而非人的自然关系。

在人的存在与发展的基本关系中，人与大自然所建立的自然关系是人的存在与发展的最基本的关系，是决定人的生命体存在、种的延续和生命本质力量展开的基础与前提条件。人本身就是自然演化的结果，没有自然关系的存在，也就不会有人类的存在。人在自己的感性实践活动中与他人所建立的社会关系是人的存在与发展的本质关系，它决定着人的本质的生成与发展，决定着人之为人和人之为怎样的人。社会关系是与人的本质直接同一的关系，是将人与物区别开来的根本关系，因而没有社会关系的存在，也就没有应然意义上人的存在。人在自己感性的实践与交往活动中所建立起的自我关系，是人的存在与发展的动力性关系，它决定着人怎样存在和怎样发展。从这一意义上而言，没有自我关系的存在，也就没有真正意义上的人的存在与发展。

在人的存在与发展中，人所建立的自然关系、社会关系、自我关系是密切联系在一起的，它们统一于人的感性的实践与交往活动之中，共同构成了决定"人是什么""人怎样存在"和"人怎样发展"的基本关系。由于人的感性的实践与交往活动始终处于动态发展的状态，因而构成人的存在与发展基本关系的自然关系、社会关系和自我关系也始终呈现着一种持续的变动状态，并由此决定了人的发展的必然性。

(一) 人的存在与发展的自然关系

关系是一切事物存在的条件与理由，也是人的存在与发展的基本条件。没有关系的存在，任何事物都将因为得不到确证而无法确定其存在，也就更谈不到发展。事物因存在关系的存在而得到存在的确证，亦因存在关系的变更而消亡或发展。

所谓关系，指的是事物之间和事物内部诸构成要素之间所存在的彼此依赖、彼此作用的关联性。事物内部诸构成要素之间的关系构成了事物的此在面貌，决定着事物的此在；而事物之间的关系则使得这种此在变成现实，是事物存在的确证，决定着事物存在的此在状态。因此，关系之于任何事物，都是决定其存在和怎样存在的要件。没有关系的存在，自然也就没有事物的存在，更不会有事物的发展。

事物之间的相互依存关系是自然形成的，是事物在共同的演进过程中彼此自然联结而成的，因而称之为自然关系。同样，人与大自然之间所建立的依存关系也是自然形成的，是所有自然关系的一种。但是，由于人在维系自身生命体和种的繁衍的感性的实践与交往活动中，在认识和改造自然的过程中不断改造并且提升了自己，因而使人与自然之间的关系逐渐摆脱了纯粹物的关系的束缚，进而使之具有了特殊性和复杂性，也使其与物物之间所生成的那种纯粹的自然依存关系相区别开来。

人类在自己的生存实践与交往活动中与大自然之间所建立的自然关系，虽然本质上仍然是一种自然依存的关系，但是，由于这种关系是在人的感性的实践活动中生成的，与人的社会关系相联系并且从属于人的社会关系，因而人的自然关系只具有维系人的生命存在和延续的功能，对人的生命本质的生成和展开并不具有决定意义。正如马克思所指出的那样，"只有在社会中，自然界对人说来才是人与人联系的纽带，才是他为别人的存在和别人为他的存在，才是人的现实的生活要素"①。因此，自然关系对于人的存在与发展虽然是不可或缺的，但却不是决定人的存在与发展的本质关系。

我们说自然关系并非是决定人的存在与发展的本质关系，这绝不是对自然关系之于人的存在与发展所具有的重要意义的否定。事实上，自然关系之于人，犹如社会关系和自我关系一样，对人的存在与发展都是不可或缺的。对人的存在与发展来说，自然关系所具有的意义主要表现在以下四个方面：

第一，人自身就是大自然长期进化的结果，是大自然孕育的所有生命物质中的一分子。与所有的生命物质之于大自然一样，大自然同样也是人类赖以生存的基础，是人类得以安身立命之所。倘若没有大自然这样一个安身立命之所，任何一种生命物质都会因为失去生命的依着而无法实现现实的存在。人类虽然是所谓的高等智慧的生命物质，但其生命的存在如同任何一种生命物质一样都必须具有生命的居所。否则，人类的生命活动则无以展开。

第二，人类只有也只能通过与大自然建立起一定的关系，才能从大自然中获取维持自身生命体存在和种的繁衍的必需的物质生活资料，从而保证自身生命体的存在与繁衍。大自然不仅是人类生命存在的安身立命之所，而且也是人类生命维系所需物质资料获得的唯一来源。倘若人类不能与自然建立一定的关系，则必然会因难以展开维系自身生命存在、延续与种的繁衍的感性的实践活动而无法获得必要的物质生活资料，从而也就无法维系自身生命的存在。

---

① 《马克思恩格斯全集》第 42 卷，人民出版社 1979 年版，第 122 页。

第三，自然关系是人类在感性的实践与交往活动中所建立的一切社会关系的基础，是影响人的社会关系之所以结成和怎样结成的决定性因素，因而也极大地制约或促进着人怎样存在和怎样发展。人类在为生存与发展而展开的一切感性的实践活动，无疑都是建立在人类与自然关系的基础之上的。无论是人类的生产劳动、社会生活实践，还是人类的文化创造活动，毫无例外，都不可能脱离人类与自然的关系而展开。

第四，自然关系还在一定程度上影响和制约着人的自我关系的生成与建立。人们怎样认识自我和建立怎样的自我关系，不仅与自我本身的存在与发展关联着，更同其所建立的自然关系和社会关系直接关联着。人的任何自我意识的形成和自我关系的建立，都是在一定的自然关系和社会关系的影响下生成的，并且也是通过一定的自然关系和社会关系得到确认的。正因为如此，自然关系对于人的存在与发展来说并不是可有可无的，而是不可或缺的。

当然，人在自己的存在与发展中，在与自然的交往中结成什么样的自然关系，并不是完全取决自然本身的状况，而是取决人在自身的感性的实践与交往活动中所建立的社会关系以及与之相应的自我关系。也就是说，人与自然所建立的关系是受到人的社会关系与自我关系制约的。由于人的感性的实践与交往活动始终是处于一个持续不断的发展状态，因而这也就决定了人与自然关系的发展性。

（二）人的存在与发展的社会关系

与物的存在不同，人的存在与发展并不仅仅只有纯粹的自然关系。人之为人，就在于人在自身的存在与发展中，在与自然的交往中，不断创造出日益丰富的社会关系与自我关系，从而使人由纯粹自然的人转变为社会的人，使人具有了人性和人的本质。由于社会关系的发生，人类才最终从动物的种属关系中提升出来而实现了对动物的超越；由于社会关系的发展，人类才联合成了一定形式的社会并在社会性的实践活动中获得了自我发展。社会关系之于人，正是决定人之为人的这样的一种根本关系。

在原初意义上，社会关系源于物的集群性，是人的生存与种的延续的需要。但是人类原初的集群关系只是一种自然性的关系，并非今天我们所理解的社会关系。社会关系源于人类早期的自然的集群关系,但又从根本上超越了集群关系的自然性,具有了丰富的文化内涵。与自然关系不同,社会关系本质上是一种人为的关系,是人在自己后天的感性的实践与交往活动中所建立起来的,是人的本质力量外化表达的结果和创造性的体现。因此,社会关系是与人的本质直接同一的关系。

在人的存在与发展的基本关系中,社会关系是决定人的本质生成与发展的根本关系。首先,人的存在与发展虽然与自然有着直接的关系,但是由于自然关系是一种自然的生命依存关系,它主要和人的生命体的存在和种的繁衍联系着,因而自然关系并不直接决定人的本质的生成与发展;其次,与自然关系不同,社会关系虽然是在人的存在与发展的自然关系的基础上形成的,但是,社会关系在本质上是一种人化的关系,是人的本质力量的外在表达,体现着人的生命本质的特征;再次,作为人的本质力量的一种外在表达,社会关系既是人在自己现实的感性实践与交往活动中创造的结果,又成为规约人的本质生成与发展的客观力量;最后,社会关系还是人的存在与发展的自然关系与自我关系形成及发展的决定性力量,在一定的历史时期,人们与自然结成什么样的关系以及形成什么样的自我关系,并不是完全由自然和自我发展的状况决定的,而是由一定时期人们所建立的社会关系所决定的。

相对于人与自然的关系而言,人的存在与发展的社会关系始终呈现着一种活跃的发展趋势。作为人的本质力量的外化表达,社会关系必然随着人的感性的实践与交往活动的发展而始终处于活跃的变动状态。正是因为这种活跃的变动,也因此不断地推动着人的本质的丰富与发展。由此我们可以说,正是人的存在与社会关系之间所形成的这种彼此互动的辩证关系,从根本上决定了人的发展与社会发展的一致性,从而使人的发展与社会的发展具有了历史的统一性。

(三)人的存在与发展的自我关系

在人的存在与发展的基本关系中,自我关系是将人的存在与物的存在区别开来的根本关系。所谓自我关系,就是人在自己感性的实践与交往活动中由于对他人和自我的认知而建立起来的关于自我认知与评价的对象化的关系。自我关系虽然是人与自我之间所建立的关系，但其本质是一种社会关系，是人的社会关系在自我认知中的反映。自我关系的建立，使得人能够清楚地认识到人自身的存在与发展及其与自然、社会的关系，是决定人之为人和怎样为人的根本关系。

人的意识的形成与发展是自我关系建立的前提。人具有意识性，这是人与动物相区别的根本标志。只有在意识存在的状态下，人才能够将自身对象化为一种客观的存在进行客观的审视与认识，并在这种审视与认知中建立起关于自我的概念。因此，倘若没有意识的存在与发展，则既没有自我概念的形成，更不可能有自我关系的建立与发展。

自我关系的建立及发展，对于人的存在与发展有着十分重要的意义：第一，自我关系的建立，促进了人与自然的分离，从而将人从对自然的盲目依赖关系中逐渐解脱出来，为人自身的发展创造了必要条件；第二，自我关系的建立及发展，促进了人与社会的分离，为人的社会关系的分化与丰富化发展创造了必要条件，从而也为人自身的不断发展奠定了必要的基础；第三，自我关系的建立及发展，促进了人的存在与发展的价值关系的生成，为人的发展的目标和价值取向的确立奠定了必要的条件。同时，自我关系的建立及发展，也是人的主体意识觉醒和人的本质力量不断得以提升所必须具备的最主要的主体条件。没有自我关系的建立及发展，也就没有人的自我意识的发展，作为人的本质力量发展最重要表征的人的积极性与创造性，也就不可能得到提升和发展。

在这里，我们必须指出的是，在人的存在与发展中，自我关系、自然关系与社会关系对人的发展的规约是密切联系和不可分割的，它们共同构成了规约人的本质生成与发展的客观力量。自我关系作为人的存在与发展的一种特殊关系，其存在和发展对人与自然关系、社会关系的形成和发展都有着十分重要的意义。在一定意义上，没有自我关系的建立，也就没有人的社会关系与自然关系的存在；没有自我关系的发展，也就没有人的社会关系与自然关系的发展。正是由于人在自己感性的实践与交往活动中，在不断改造自然和改造社会的过程中不断提升着自我，使自我关系不断走向丰富与深化，因而也使得人与自然、人与社会之间的关系日益走向理性和丰富化。

当然，人的存在的自我关系也并不能脱离人的存在的自然关系与社会关系而独立发展。在人的存在与发展中，自我关系、自然关系和社会关系是有机地统一在一起的。脱离了任何一种关系，其他的关系都不可能建立或者健康发展，人的健康的存在与发展自然也就不可能实现。正因为如此，自我关系、自然关系、社会关系对人的存在及发展来说，都不是一种独立的关系，而是一种统一的关系。三者统一的基础在于人的感性的实践与交往活动，并且只有在人的感性的实践与交往活动之中，它们对于人的本质的生成及发展所具有的规约作用才能够得以实现。

三、社会关系决定人的本质的生成

人的本质问题，是人学研究不可回避的问题。如何看待和理解人的本质，不仅关涉对人本身的认识，而且也关涉对人的问题研究方法的预设。如同任何事物的存在一样，人作为一种客观存在的生命物质现象，其存在并不是一种自我封闭与孤立的现象，而是一种关系性的存在。既然人的存在是一种关系性的存在，那么，关系对于人而言，就具有了对人的本质生成的内在规定性。由于人的存在关系是一个不断生成与发展的过程，这就必然决定了人的本质并不是先于人的存在而存在的，而是一个逐渐生成与发展的过程。人的本质的生成及发展，与人的存在关系的生成及发展是一个同一的过程。在人的存在关系中，社会关系是决定人的存在本质的根本因素。

（一）人的本质是一定社会关系的总和

关于人的本质问题，始终是为人们所高度关注和不断探索的问题。古今中外许多思想家对这一问题的探索所取得的成果是极为丰富的，有关的著述，可以说汗牛充栋。今天倘若我们要详述古今中外思想家的探索，则几近不可能。然而，透过形形色色的人学理论，我们仍然会发现，尽管历代思想家对人的本质这一问题的诠释繁芜而多歧，但却大都不外乎沿着"人性说"和"存在说"两种理路而进行诠释。所谓"人性说"，指的是从人性特征的角度分析与诠释人的本质的观点或理论；而所谓"存在说"，则指的是从人的存在状态的角度分析与诠释人的本质的观点或理论。由于对人的本质问题探讨与分析视阈的差异，因而形成了"人性说"和"存在说"对人的本质问题的不同理解与诠释。

持有"人性说"的思想家大都将人的本质归结为一定的人性特征，认为人性即人的本质，如孔子的"人仁说"、墨子的"兼爱说"、孟子的"性善说"、荀子的"性恶说"、王阳明的"心性说"、朱熹的"纲常伦理说"等，亚里士多德（Aristotle）的"人是政治的动物"、人文主义者的"人是理性的动物"、爱尔维修（C. A. Helvétius）的"人是有感觉的动物"、费尔巴哈（L. Feuerbach）的"人是理性、意志、心的动物"、海德格尔（M. Heidegger）的"人是会言语的动物"、卡西尔（E. Cassirer）的"人是符号的动物"等观点，都是从人性的视阈对人的本质进行诠释的。① 在这些思想家看来，所谓人的本质，乃是相对动物而言的，其实质不过是人的存在所表现出来的区别于动物的社会文化性特征而已。人性特征是人的存在所表现出来的与动物存在的重要区别，因而"人性说"从人的存在所具有的人性特征这一视阈对人的本质所做的探讨，虽然未能将人的本质与人性这两个不同的概念给予区分，但是其对人性特征所进行的分析，对于我们理解人的本质的内涵无疑也存在着重要的借鉴意义。

---

① 在中国，历代思想家在谈到人的问题时，无论其持有怎样的人性观（自然人性观或社会人性观），但在对涉及人的本质性问题的诠释时都毫无例外地将人性与人的本质联系起来，认为人性就是人的本质。人是"二足而无毛"的动物，"食色，性也"，这是从人的自然属性上对人的本质所做出的诠释。但是，在中国古代智者那里，基于动物的人的自然性始终未被看作是人的本质的决定性因素。这是因为，中国古代的思想家、哲学家对人的问题的思考，不是首先思考人与宇宙自然的关系，而是从反思人与社会的关系开始的。所以，人的社会性的人性要求一直被中国古代思想家视为是人之为人的本质之所在。从孔子的"人仁说"、墨子的"兼爱说"、孟子的"性善说"、荀子的"性恶说"到王阳明的"心性说"、朱熹的"纲常伦理说"，则无不是从人的社会性规定中诠释人的本质的。同样理路的诠释在西方思想家与智者那里也得到了体现，并且得到了更为充分的阐释。从亚里士多德的"人是政治的动物"，人文主义者的"人是理性的动物"，爱尔维修的"人是有感觉的动物"，费尔巴哈的"人是理性、意志、心的动物"到海德格尔的"人是会言语的动物"，卡西尔的"人是符号的动物"，等等，都无不是从人的自然的或社会的人性特征中来揭示和诠释人的本质的。

与持有"人性说"的思想家不同,"存在说"的思想家不是将人的本质归结为一定的人性特征,而是将其归结为一定的存在状态,认为人的本质并不是人的存在所表现出来的区别与动物性的人性特征,而是人的存在的本质性的内在规定或者要求。正是这些内在的规定或者要求,在规定人的生命本质的同时,也构成了人的生命本质的重要内涵。如叔本华(A. Schopenhauer)的"生命意志说"、尼采(F. W. Nietzsche)的"权力意志说"、柏格森(H. Bergson)的"生命动力说"、施本格勒(O. Spengler)的"渴望的原始感觉说"、海德格尔的"生命和存在说"、笛卡尔(R. Descartes)的"意识二元论"、冯特(W. Fundt)的"实验心理学"、弗洛伊德(S. Freud)的"精神分析说"、斯金纳(B. F. Skinner)的"刺激反应理论"、马斯洛的"人本主义理论"等,这些形形色色的理论,则无不是从人的存在状态的视阈来对人的本质进行理解与诠释的。① 在"存在说"的思想家看来,人的本质并

---

① 在存在视阈上对人的本质内涵进行探寻的西方哲人,当首推古罗马哲学家提图斯·卢克莱修·卡卢斯。卢克莱修·卡卢斯在其《物性论》一书中就人的自然生命体的存在形态做了详尽的说明,他认为人的存在是一种肉体、理智和灵魂(心灵)相统一的自然体的存在。虽然说卢克莱修·卡卢斯"肉体灵魂统一"的生命本质的诠释带有很大的臆猜性,但是卢克莱修·卡卢斯的研究却开启了西方生命哲学和科学研究生命存在本质的先河。在卢克莱修·卡卢斯之后,西方学人关于生命存在本质的研究逐渐形成两种不同的走向:一是现代西方哲学家在哲学层面上对人的生命存在本质所做的探寻与反思,主要代表人物有叔本华、尼采、柏格森、萨特、海德格尔等;二是科学主义者主要是一些科学主义的心理学家对生命存在形式及本质所做的研究与揭示,主代表人物有笛卡尔、冯特、穆勒、弗洛伊德、斯金纳、马斯洛等。无论是在哲学层面上的反思,还是在心理学层面上的分析与探索,"存在说"的共同特征是从个体生命存在的事实出发,透过个人内心世界的活动,对人的生命存在的本质进行分析与揭示。无论是叔本华的"生命意志说"、尼采的"权力意志说"、柏格森的"生命动力说",还是施本格勒的"渴望的原始感觉说"、海德格尔的"生命和存在说";也无论是笛卡尔的"意识二元论"、冯特的"实验心理学"、弗洛伊德的"精神分析说",还是斯金纳的"刺激反应理论"、马斯洛的"人本主义理论",都无不是从人的生命存在的本体及其生命存在的内在感受对人的存在本质的内涵进行探索与诠释的。如果说"存在说"之间有什么区别的话,那主要不是方法论意义上的差别,而是对人的存在本质内涵具体理解上的差异。虽然哲学的方法与心理学的方法在本质上有着一定的差别,但是由于哲学与心理学对人的存在问题的共同关注,从而使得二者在方法上也有了一定的贯通性。

非是人的存在所表现出来的现象性的行为特征，而是与人的存在状态直接的内在规定性。这种内在规定性是人的存在所具有或者生成的与人的本质具有一致性的存在，它既不是外在神秘力量的注入，也不是内在特征的外在显现，而是一种内外一致的存在状态。

其实，无论是"人性说"的诠释还是"存在说"的解释，二者对人的本质内涵的理解并不存在不可贯通的障碍。"人性说"着眼于构成人的内在本质的自然与社会特性对人的本质的内涵进行诠释与界定，而"存在说"则着眼于人的存在与发展的现实状态对人的本质的内涵进行诠释与界定。事实上，一切人性的特征都与人的存在的现实状况直接关联着，而并非是无关的。尽管有些思想家认为人性特征是与生俱来的或者是天成的，但这些所谓与生俱来或者天成的人性特征都要最终回归到人的现实存在中来，这就意味着任何人性特征都必然与人的现实存在着关联，并受到人的现实存在状况的决定或制约。另一方面，人的现实存在对人的本质的规定性，也总是和必然会通过一定的人性特征得以外化与表现。任何不能通过人性特征外化与表现的人的存在本质的规定性，都是抽象的与虚无的。因此，我们说，人的本质诠释的"存在说"与"人性说"在本质上具有一致性，而并非存在着不可调和性。

人的本质，既不能等同于人性特征，也不能完全等同于人的存在的内在规定性。人性特征虽然是人的存在区别于动物的重要特征，但是，一定的人性特征只是对人的存在本质属性的反映而已，而不是人的本质。人的存在的内在规定性虽然揭示了人的存在的现实性，但是，人的所谓一定的内在规定性，既不是与生俱来的，也不是恒定不变的，因而也并非能够直接等同于人的本质。我们认为，所谓人的本质，指的是人的现实存在与基于人的现实存在而生成的人性特征的统一。由于人的现实存在是一种感性的活动的存在即实践的存在，因而也是一种关系性的存在，因此，人的本质内涵的生成，乃是由人的存在的现实关系所决定的，也必然表现为一定的人性特征并在人的存在的现实关系中体现出来。也正是基于这一认识，马克思认为，人的本质并不是单个人所固有的抽象物，在其现实性上，乃是一切社会关系的总和。

在马克思看来，人的本质既不是先天存在的，也不是与人的现实生活无关的抽象存在，而是人在自身现实的具体的感性实践活动中创造的结果，是对人的现实的社会关系总和的体现与反映。马克思之所以把人的本质归结为"一切社会关系的总和"，其根本原因就在于：第一，马克思认为人的存在是一种感性活动的存在，而感性活动的展开是以结成一定的自然的和社会关系作为前提条件的；第二，人与自然的关系并不是单纯的自然与自然的物质交换关系，而是纳入人的社会活动、社会过程的物质交换关系，马克思说："只有在社会中，自然界对人说来才是人与人联系的纽带，才是他为别人的存在和别人为他的存在，才是人的现实的生活要素"①；第三，人的本质是在人的存在与发展所从事的社会实践活动中生成的，因而人的本质与人所从事的社会实践活动具有同一性，受到人的实践的自然的和社会的关系的规定与制约。

基于以上分析，我们认为，对人的本质内涵的把握，不能仅仅从人性特征或人的自然属性与社会属性出发进行诠释，而必须在人的现实存在中看其怎样存在以及在这种存在中生成了怎样的内在品质。这就意味着：第一，人的本质并不是天成的，也不是一成不变的，而是生成与发展的；第二，人的本质与人的现实存在是直接同一的，任何个人的存在，都是一种感性活动的存在，是在一定的前提与条件下从事着一定的物质生产活动并且通过这种活动能动地表现着自我本质力量的存在，个人既在这种存在中表达与实现着自我的本质力量，又为这种存在所决定；第三，人的本质的发展，归根结底，取决于他们所从事的认识和改造客观世界的感性活动的发展，因此，人的本质在任何时候都是具体的、历史的，而不是抽象的和不变的；第四，在现实形态上，人的本质直接表现为一定的人性特征，或者说，一定的人性特征是一定的人的本质内涵的具体表征。

（二）人的本质具有生成与发展性

古今中外的人学理论，无论对人的本质持有怎样的观点，但是，在人的

---

① 《马克思恩格斯全集》第42卷，人民出版社1979年版，第122页。

本质的来源性问题即生成性问题的认识上，大体存在着完全相对立的两种观点。一种观点从完全主观的假定或不完整的主观经验性的假定出发，认为人的本质是天成的，是上帝（上天）赋予的或是与生俱来的；另一种观点从人的存在的事实出发，认为人的本质是后天生成的，是与人的自身存在的状况直接关联着的。虽然如此，我们也不能主观武断地认为"人的本质天成说"的观点就是纯粹主观唯心主义的，而"人的本质生成说"就是绝对唯物主义的。事实上，任何一个持有"人的本质天成说"的思想家，当他在诠释人的本质或人性问题的时候，都无法回避和忽视人的存在的现实条件在人的存在与发展中的影响，这就使得他在人的问题研究中不可能完全陷入唯心主义的窠臼。同样，也并不是任何一个持有"人的本质生成说"的思想家，在人的问题的诠释中，都能始终坚持唯物主义的立场，费尔巴哈从唯物主义的立场出发，却得出了唯心主义的人的本质诠释的结论，就是一个很好的例证。因此，如何认识人的本质的生成，也并非是一个由认识视阈与立场所决定的简单的问题。

人的本质之所以是生成的而不是上帝（上天）赋予的或与生俱来的，乃是因为：第一，人的本质与人的存在和发展是直接同一的，失去了人的自然的肉体的社会性的存在，就无所谓人的本质；第二，人的自然生命体的存在，虽然是人的存在与发展的第一个前提，但是人的自然生命体所禀赋的自然性的特征，只是人的本质生成的一个必要性的基础，却并非是根本性的内容；第三，人的自然生命体所禀赋的自然性特征，只有与人维持生命存的在和种的繁衍的感性活动，即社会性的实践活动联结起来才是有意义的，也才能成为人的本质生成的基础，并且成为构成人的本质内涵的必要成分；第四，所谓人的本质，就是不断生成人性的实践活动本身，是人通过对象化的实践活动而外化了的本质力量，这种本质的力量是与人所从事的实践活动直接同一的；第五，任何对人的本质或人性产生的脱离人的生存现实的假设，只能是一种主观的逻辑性的假定，因而是不能得到现实的科学合理的证明的。

正因为如此，我们认为，人的本质的产生是与人的现实存在直接同一的。既不存在外在于人的存在之外的本质，也不存在抽象的恒定不变的所谓的人的本质。任何外在于人的存在的本质缘起说，无论在现实层面，还是在逻辑层面，都是不能得到科学的解释和合理的证明的。同时，由于人的现实的存在并不是一种脱离了具体环境和具体活动的抽象的存在，而是在一定自然和社会环境中的感性活动的存在。人的存在的现实性、具体性与活动性的特征，决定了人的本质并不是一成不变的，而是随着人的感性活动的变动与发展而变化的。因此，人的本质既是生成的，也必然是发展的，因而人的本质的现实态并非是既成性的静止存在态，而是生成性的变动存在态。

人的本质生成的根源在于人的存在是一种实践性的存在，并且是一种发展性的存在。关于这一问题，马克思在《1844年经济学哲学手稿》中曾进行过非常精辟而深刻的论述。他说："当人通过自己的外化把自己现实的对象性的本质力量设定为异己的对象时，这种设定并不是主体，它是对象性的本质力量的主体性。因而这些本质力量的活动也必须是对象性的活动。"① 可见，在马克思看来，人的对象性的活动即感性的实践活动就是人的最深刻的本质的表征。这无疑表明，人的本质乃是与人所从事的感性活动直接同一的，它既源于人的感性的实践活动，又通过感性的实践活动所表达出来。正是基于这一事实，马克思说："工业的历史和工业的已经产生的对象性的存在，是一本打开了的关于人的本质力量的书，是感性地摆在我们面前的人的心理学。"② 人的本质源起、生成与人的感性实践活动所具有的直接同一的特征，从根本上决定了人的本质的生成性与发展性。

人的现实的感性的具体的实践活动，既是人的本质力量与人的本质特征生成的根源，也是推动人的本质力量与人的本质特征不断发展的根本动力。我们知道，人作为一种社会性的存在和一种关系性的存在，其本质是一种现实的感性的和具体的实践活动的存在。人的感性的实践活动包含着人的本质生成的基本规定性，即人的本质的主观规定性与客观规定性，是主观规定性

---

① 马克思：《1844年经济学哲学手稿》，人民出版社1985年版，第124页。
② 马克思：《1844年经济学哲学手稿》，人民出版社1985年版，第84页。

与客观规定性的统一。一方面，人的现实的感性的实践活动本身就是社会性的实践，它集中体现着人的存在的社会关系与社会联系，是人的本质生成与发展的客观规定面；另一方面，人的现实的感性的实践活动并不是一种简单而重复的机械活动，而是人所进行的富有创造性的劳动，在这一过程中，不仅人的本质力量通过一定的感性活动而得以实现和确证，而且人自身新的本质力量也得到生成与发展。正是从这一意义上而言，人的感性的实践活动既是人的本质生成的根源，也是推动人的本质丰富与发展的根本力量。

人的感性的实践活动，是在人的主观力量与客观现实相结合的条件下展开的，是人的主观力量与客观现实的统一活动。人的感性的实践活动的这一特征，决定了人的感性的实践活动对人的本质规约的基本特征。如果说实践活动的主观规定面揭示了人对自然和社会的认识及改造能力的话，那么，实践活动的客观规定面则揭示了人的主体活动的基础、动因、历史形式和发展规律。人的本质的生成的客观规定性集中表现为各种社会关系对主体活动的制约性，而主观规定性则集中表现为人是社会实践活动的主体并成为实践活动展开所结成的各种关系的创造者与具体承担者。由此可见，所谓人的本质，就是在人所从事的感性的实践活动的主客观规定的统一中生成的并在这种统一中得到不断发展的人的实践关系即社会关系的总和。

（三）社会关系对人的本质生成与发展的决定性

人的感性的实践活动作为人的本质生成的根源与发展的根本动力，其对人的本质生成与发展的规定性，主要表征为主客二重性的统一，即主观与客观相统一的共同作用性。但是，人的感性的实践活动是以什么样的方式对人的本质进行规约或者说规定的？又是通过怎样的途径实现对人的本质的规定和促进人的本质的发展的？这一问题的答案，自然不能从人的感性的实践活动之外去寻找，而只能从人的感性的实践活动本身所具有的基本特征中进行分析、寻找和认识。我们知道，人类所从事的任何实践活动都是以群体或社会的形式而展开的，因而群体性或者说社会性就成为人类实践活动所表现出来的一个基本特征。由于一定的群体或社会的形成是与一定的社会关系形态所同一的，所以，人在感性的实践与交往活动中所建立的社会关系，则必然成为人的本质生成的直接现实的规定者。

社会关系对人的本质的生成及其表达所具有的规定性，体现了实践活动对人的本质规定主客二重性的统一。从社会关系与人类实践的关系而言，一定的社会关系既是人类实践活动得以展开的必要条件，又是人类实践活动的结果，因而社会交往及其在交往基础上所结成的社会关系，既是人类实践活动客观性特征的体现，又是人类实践活动主观性特征的体现，是架通"主体与客体或人与自然对立两极之间构成由此及彼的桥梁、联系的纽带、动力的枢纽或机制"①。从社会关系与人的本质生成及发展的关系而言，由于社会关系在人类实践活动展开中具有的特殊价值及其在实践活动中对实践活动主体内在属性和本质力量表达所具有的特殊的规定意义，从而使得社会关系在人的本质生成及其本质力量的表达中获得了主客规定的二重性。正是因为社会关系所具有的这种二重性，才赋予了其在人的本质的生成及其本质力量表达过程中所具有的决定性的意义。也正是在这意义上，人的本质与其存在的基本关系获得了高度的同一性。

作为人的本质规定的客观力量，社会关系对人的本质的规定集中反映在对主体活动所具有的制约性上。这种制约性主要表现在以下三个方面：

第一，社会关系是人的主体活动的存在与展开的基本形式。人类的任何活动尤其是生产劳动实践活动，无不是以一定的群体形式而展开的。如果人们之间不是以一定的方式结合起来进行共同活动和交换其活动，便不能进行任何主体性活动。为了展开一定的实践活动，人们必须通过相互交往而结成一定的联系和关系。只有在一定的社会关系形式之下，人类才能展开一定的感性的实践活动。倘若没有一定的社会关系形式的支持，则人类的任何感性的实践活动都无法展开。

第二，作为人的本质外在性表征的人的社会性特征，是在一定的社会关系条件下形成和发展的。马克思指出："因为人的本质是人的真正的社会联系，所以人在积极实现自己的本质的过程中创造、生产人的社会联系、社会

---

① 修毅编著：《人的活动的哲学》，中国大百科全书出版社1994年版，第67页。

本质,而社会本质不是一种同单个人相对立的抽象的一般的力量,而是每一个单个人的本质,是他自己的活动,他自己的生活,他自己的享受,他自己的财富。"① 任何一个现实的人都是此在的,都与其在自己的活动中所建立的社会关系直接同一。个人的本质既在这种关系中生成,又通过这种关系而得以表达。

第三,社会关系的发展具有相对独立性,对于单个的人而言,既定的社会关系必然构成其本质生成与发展的前在条件。人类社会的发展具有历史继承性,在人的现实存在中,没有人完全是从零开始的。每一代人、每一个人在进入生活时,都会遇到某些早已为他们的活动准备好了的社会和文化的环境。这就意味着,人们并不能完全自由地选择自己的社会关系,他们的"主体活动只能从在他们以前已经存在的、通过前代人的活动而创立的社会关系出发"②。

由此可见,正是社会关系所具有的对人的存在及其活动的这种制约性,形成了人的本质生成及发展的客观规定性,成为促使人的本质生成与发展的客观力量。

人的本质的主观规定是人的主体活动的自主性与创造性,即马克思所说的"人的类特性恰恰就是自由的有意识的活动"③。人的本质在一定社会关系形式的实践活动中生成,也必然通过一定社会关系形式的实践活动所表达出来。人的本质力量的表达与外化过程,也就是人的主体活动的自主性与创造性实现的过程。人的本质的主观规定性是从人自身本质力量的表达中获得并且得到实现的,这集中体现在人对其存在与发展的社会关系的主导与把握上。

第一,人是社会和社会关系的承担者和主体。任何社会都是由个体的人而组成的,任何社会关系都是通过人们之间交往而建立起来的。这就意味

---

① 《马克思恩格斯全集》第42卷,人民出版社1979年版,第24页。
② 韩震:《生成的存在——关于人和社会的哲学思考》,北京师范大学出版社1996年版,第101页。
③ 马克思:《1844年经济学哲学手稿》,人民出版社1985年版,第53页。

着，社会是人的社会，而社会关系则人的社会关系，没有脱离人而存在的社会和社会关系。社会不是某种独立于人和他的活动之外的自足的组织，而是由人及其人的主体活动关系之和所构成的有机的整体。全体社会关系无非是人与人之间的各种联系，这种社会联系的主体就是"作为现实的、活生生的、特殊的个人"，"这些个人是怎样的，这种社会联系本身就是怎样的"①。社会关系和社会设施不是什么别的东西，而是人的活动存在和表现的基本形式。

第二，人不仅是一切社会关系的主体和承担者，而且也是一切社会关系的创造者。人不仅通过自己的主体活动创造了自我，而且在创造自我的同时也创造了社会和社会关系。马克思说："人本身是他的物质生产基础，也是他进行的其他各种生产的基础"②，"真正的社会联系……也就是个人在积极实现其存在时的直接产物"③。所谓"人们的社会历史始终只是他们的个体发展的历史"④，而社会联系或社会关系，也只有在人的主体活动中才能被创造和显现出来，并成为人的本质力量表达的唯一形式。

第三，既在的社会关系作为制约人的主体活动的客观力量，只有通过人的主体活动并且只有在人的主体活动中，才能变成现实的力量，对人的存在本质的生成与发展产生实际的影响。既在的社会关系是以文化结果的形式而存在的，并且是以文化的形式而得以传承的。因此，既在的社会关系对人的存在本质的规定，必须在人的现实活动中才能以显性的力量表现出来。"父辈留下的生产工具，如果不通过我的活动，它们就是死物一堆；前辈们的经验和知识，如果没有人们对我实施教育或如果我根本不去接受，就无法对我产生任何影响"⑤。只有在人的实践活动的过程中，对象化的社会力量才会复活，变成真正人的社会的力量。

---

① 马克思：《1844年经济学哲学手稿》，人民出版社1985年版，第106页。
② 《马克思恩格斯全集》第26卷，人民出版社1979年版，第300页。
③ 马克思：《1844年经济学哲学手稿》，人民出版社1985年版，第159~160页。
④ 《马克思恩格斯选集》第4卷，人民出版社1995年版，第523页。
⑤ 韩震：《生成的存在——关于人和社会的哲学思考》，北京师范大学出版社1996年版，第103页。

由此可见，在人的本质的生成与发展的规定中，社会关系作为人类感性实践活动的中介与存在的形式，既是人的现实本质生成规定的客观力量，又是人的本质力量外化与表达的基本形式，是人的本质生成主客规定的统一。在人的实践中，客观制约性与主观能动性、社会关系与人的活动，是一种互为因果、双向对流的过程。二者不仅互为条件，而且不可分割。人既是受动的社会存在物，其本质受着既定的社会关系的制约；人又是能动的存在物，其本质又由人自身的主动性加以规定。在这里，人既是一定社会关系规定的结果，又是一定社会关系的创造。人的本质，就是在这一互为因果的矛盾运动中不断得以生成与发展的。

四、人的社会关系的发生及其基本结构

人是一种关系性的存在，关系于人的存在而言，具有直接的规定性，因而这就意味着人的存在与其基本关系的生成具有同一性。虽然如此，然而这也并不是说在人的存在与发展中，人的各种关系具有同等重要的意义。事实上，人作为人的历史的发端，是从其获得社会文化性的意义而开始的。因此，对于人而言，一定社会关系的生成及社会的形成，才表征着人的历史的真正展开。在人的社会关系未能生成之前，是不存在人的历史的，而只能是一般动物的历史，或者说生命物质的演化史。

与其他一切生命物质的存在不同，人的存在的任何关系都具有的生成性，都是人在自己现实的感性实践活动中所创造的结果。人的存在的社会关系，同样也存在着一个生成与发展的过程。但是，当我们在追溯人的存在的社会关系的生成与发展的历史时，我们必须首先对"社会"和"社会关系"这一前提性的概念做出明确的界定。这种界定之所以必要，就在于我们怎样理解"社会"和"社会关系"，也就直接影响着我们怎样理解"人"和"人的存在"。

（一）社会与社会关系

关于社会是什么，可能不同的学者有着不同的理解。但是，在社会的人为性上，是没有人否认这一事实的。从社会的人类创造性而言，社会乃是人

类存在的一种文化形式。在人类的起源中，社会的形成晚于个人的形成。马克思说："全部人类历史的第一个前提无疑是有生命的个人的存在。因此，第一个需要确认的事实就是这些个人的肉体组织以及由此产生的个人与其他自然的关系。……任何历史记载都应当从这些自然基础以及它们在历史进程中由于人们的活动而发生的变更出发。"① 这说明，人类社会的形成以及人的存在的社会关系的发生，是以有生命的个体的存在作为前提与基础的。没有这个前提与基础，也就不可能有人类社会的形成与人类社会关系的出现。

在马克思看来，人类社会以及人的存在的社会关系是建立在以下事实的基础之上的：第一，有生命的个人的存在是人类历史的前提；第二，个人的存在是以个人的肉体组织和由此产生的个人与其他自然的关系为基础的；第三，人类的历史是从个人存在的自然基础和人的活动所引致的人的存在的自然关系的变更而出发的。由此可见，人类社会的产生以及人的存在的社会关系的发生，并不是和人仅仅作为一种一般生命物质的存在即自然性的存在直接同一的，而是和人作为一种感性的实践活动的人的存在即具有社会性的人的存在直接同一的。这一事实清楚地说明，人的存在的社会关系和人类社会的产生，是人类在自然生存的基础上通过自己改变自然的活动所创造的结果。

马克思关于人的存在历史的产生的论述清楚地表明，人的存在直接与其生存所发生的自然关系的变更相同一，而非与社会的产生相同一。因此，个人的诞生并非意味着社会的同时产生，人类也并非直接等同于社会。社会的确切含义，是指人类的群体存在形式，而且尤其是指最大的群体层次。我们知道，任何物质形态的群体，并不具有比该类物质的个体更高级的物质形态，而只是个体的集合。群体形式，指的就是个体与个体之间的联系及存在方式。社会也是如此。社会并不是比个人更高级的东西，社会与人是人类存在的群体形式与个体形式，社会是人的集合。在这种集合中，人类在量上的多少并不影响人类的存在与否，但人数的量却可以影响到社会的形成与存

---

① 《马克思恩格斯选集》第 1 卷，人民出版社 1995 年版，第 67 页。

在。从这个意义上而言，人的存在的自然关系是社会形成的基础，没有人的存在的自然关系的生成及发展，也就不会有人类社会的诞生。

在人类由猿而人的转变中，人的社会关系的产生，是与人的自然关系的变更直接联系在一起的。人的自然关系的变更，并不是自然生成或者变化的结果，而是人的自然活动促进或导致的结果。人的存在的社会关系，虽然是在人的存在的自然关系的基础上发展起来的，但是，没有人的活动对自然关系的改造，也就不可能有人的存在的社会关系的产生。人的存在的社会关系的产生，则是人类社会形成的基础。人的存在的社会关系从本质上而言，是人的劳动所创造的一种文化性的关系。正是这种文化性，才使得人类的社会关系成为社会形成的基础。所以，人类社会的诞生，是人的存在的社会关系发展的结果，而人类社会的发展，也是在人的存在的社会关系的发展中而实现的。

人的存在的基本关系的生成，也就意味着人类的诞生。人类的诞生，不仅标志着人的生存关系的确立，而且也为人的存在关系的发展和人类社会的产生及发展创造了充分的条件和基础。我们知道，人的存在的基本关系是人与自我、人与自然、人与他人关系（社会关系的初始形态）的统一，而三者统一的基础及发展演变的动力根源，则无疑是马克思和恩格斯所称的人类生产实践活动。正是人类为了实现生存所开展的生产实践活动，在改变着世界和人类自身的同时，也改变着人类生存关系的结构与形态，从而推动着人与自我、人与自然、人与他人关系的转变与发展。人的存在关系的发展，必然在促进着人自身发展与进步的同时，也在改变着人类社会关系的结构与形态，从而也促进着人类社会的演变与发展。

（二）人与社会关系的发生

虽然人的存在的社会关系的生成是以人的自然关系的变更为基础和前提的，但是，从严格意义上而言，人与社会关系的发生，是与社会的生成同一的。马克思说："生产关系总合起来就构成为所谓社会关系，构成为所谓社会,并且是构成为一个处于一定历史发展阶段上的社会,具有独特特征的社会。"① 可见,马克思在这里所指的"社会关系""生产关系""社会"三者之间存在着内在的统一性。这种统一性不仅表明了社会关系与社会的同构性,而且也表明了生产关系是社会关系的主要内容。在马克思看来,所谓社会,不过是以生产关系总合构成的社会关系而形成的社会,是处在一定历史阶段并具有自身特征的社会而已。显然,马克思是在生产关系、社会关系与社会的统一性上来认识社会关系的,因此马克思这里所指的社会关系并非是指人的存在的初始形态的社会关系形态,而是指与人类社会生成直接同一的社会关系。

在人类的生存与发展中,人类始终是以个体与群体两种状态而存在的。在由猿到人的漫长演变中,人类是在经历了漫长的群居时代后才演进到社会这样一种存在形式的。根据我国学者韩民青的研究,在社会生成以前,缘于生物特性而发生的自然关系为联结的群体形式,是早期人类祖先存在的基本形式。当古猿在一般生产中开始制造和使用工具时,则表明新的群体关系的萌芽。所谓新的群体关系,指的则是"同从动物状态向人类状态的过渡相适应的杂乱性交关系"。而到了晚期猿人阶段,这种群体关系则进一步演变为血缘家庭关系,杂乱性交关系逐渐排除了家庭内血缘关系的成员,开始向氏族公社过渡。到了智人尤其是到了晚期智人阶段,这种以血缘关系为纽带的家庭关系的群体形式,逐渐被母系氏族的群体形式所代替。在氏族公社内,氏族成员共同居住,共同劳动,共同消费,并出现了成员的分工与协作,成员之间的关系则越来越密切。这种具有初步结构的群体关系形式的出现,则标志着人类社会的形成。② 从人类源起的演变过程,我们可以清楚地看到,所谓社会关系和社会,乃是伴随着人自身和人的存在的基本关系形式的演变与发展而生成的,它是人类历史的发展的必然结果。

在人的存在的自然关系向人类社会关系与社会的演进过程中,劳动起了

---

① 《马克思恩格斯选集》第1卷,人民出版社1995年版,第363页。
② 韩民青:《哲学人类学》,当代世界出版社2000年版,第33—35页。

决定性的作用。劳动的决定作用就在于它创造了社会关系与社会生成的基本条件。根据社会关系与社会生成的历史演进规律，人与社会关系的发生是在人与社会相对分离的条件下实现的，这就意味着社会关系的生成必须具备的条件是：第一，人的意识的发生与原始的自我意识的生成；第二，语言与交往的出现；第三，群体内分工的产生。对于社会关系的生成而言，这三个条件是必须具备的必要条件，缺一不可。倘若没有意识的产生和自我意识的生成，人就不可能摆脱动物种属关系的制约而提升为人，更不可能将自身与自然及他人区别开来；倘若没有语言与交往的出现，人与他人、群体之间就不可能建立起任何关系，当然也就不会有任何形式的社会关系的出现；而倘若没有一定的群体内分工的产生，个人就不可能超越自然属性的限制而成为社会的人即承担一定社会角色的人，人们之间也就不可能建立起任何性质与形式的生产关系。

正如恩格斯所说的那样，在由猿到人的转变中，生产劳动的根本意义就在于它不仅改变了猿的物种关系从而将人从动物中提升出来，而且在有组织的生产劳动中改变了人的存在的自然关系从而将自然的人提升为社会的人。正是人类为了维持生命的存在与种的繁衍所从事的不同形式的生产劳动，在改变着自身的同时，也为社会关系的生成和初始形态社会的形成创造了必要条件。劳动对人类由猿而人的转变及人类社会关系的发生所产生的功能性作用，主要表现在以下三个方面：

第一，劳动和制造工具促进了古猿身体结构及其机能的变化，尤其是促进了大脑的发育与发展，这就为意识、思维和语言的产生创造了必要的物质条件。大脑的发育与发展、意识及其思维和语言的产生，是人类之摆脱动物所属物种关系的根本转折点，是人从物的种属关系中提升出来的基本表征。正是由于劳动对古猿身体结构及其机能变化的促进，才从根本上引发了人类种属关系的改变，促使人类最终摆脱了物种关系的束缚而成为一种社会性与文化性的存在。

第二，劳动的需要直接促进了语言的产生和人际交往的发生。恩格斯说："劳动的发展必然促使社会成员更紧密地互相结合起来，因为它使互相帮助和共同协作的场合增多了,并且使每个人都清楚地意识到这种共同协作的好处。一句话,这些正在形成中的人,已经到了彼此间有些什么非说不可的地步了。需要产生了自己的器官:猿类不发达的喉头,由于音调的抑扬顿挫的不断加多,缓慢地然而肯定地得到改造,而口部的器官也逐渐学会了发出一个个清晰的音节。"① 这就清楚地表明,人类的语言是从劳动中并且是同劳动一起产生的。劳动推动语言的产生,语言是作为人与人交往的工具和中介出现的。语言的产生,则成为人际交往发生的根本标志。

第三,生产劳动及发展促进了社会群体之间及其群体内部分工与协作的出现,从而促进了人的存在的自然关系向社会关系的转变。社会分工并不是从来就有的,它是随着人类实践的发展而发展的,总的趋势是由简单到复杂、由自然分工到产业分工。人类初期的分工是自然分工,这种基于自然性别、年龄、身体状况等因素而出现的分工,虽然不属于社会分工,但却是社会分工的萌芽。随着生产的发展和生产形态的复杂化,社会产业性质的分工开始出现。人类历史上第一次具有产业性质的分工,是从氏族社会开始的。在部落之间出现分工的同时,部落内部的社会生产与社会生活中也开始出现分化,形成了不同的社会职业岗位,分别由不同的人去担任。社会分工的出现及发展,不仅促使人的存在的自然关系向社会关系的转变,从而使自然的人逐渐转变为社会的人,而且"形成了氏族和部落之间的社会分工关系,同时又引出了他们之间的交换关系,这使不同的氏族和部落卷入了更大的生产和经济联系之中,这孕育着更大的社会组合。"②

由此可见,人类社会关系的生成及发展、人类社会的形成及诞生,是与人类有组织的自觉的生产劳动及其所引起的社会分工直接关联在一起的。这种关联,不仅在于社会分工的发展能够不断地提升人的社会本质与社会属性在人的自然构成中的地位,而且成为社会关系变更和新的社会关系不断生成的直接原因。社会关系从人的存在的自然关系中生成,并在人类持续发展的

---

① 《马克思恩格斯选集》第 3 卷,人民出版社 1995 年版,第 510—511 页。
② 韩民青:《哲学人类学》,当代世界出版社 2000 年版,第 83 页。

生产劳动的推动下，随着社会分工和社会实践交往的发展，不断由原始的简单形态向复杂的高级形态发展，这就是社会关系发展的基本规律。与此相应，建立在人的社会关系基础上的人类社会，无疑也是在伴随着人的社会关系的丰富与发展而不断演变和发展的。

（三）人的社会关系的基本结构

人类社会的诞生，标志着人的社会关系结构化的形成与发展。我们知道，早期人类存在的社会关系是基于人的自然性关系而发展起来的简单的劳动关系，一般不具有结构性。结构性社会关系的出现，是人类劳动分工及发展所产生的结果。这就意味着人的任何结构性的社会关系的产生，都是人在一定的感性的实践与交往活动中所建立的。人的存在的社会关系产生及发展所呈现的实践或劳动支配的特征，决定了人的感性的实践与交往活动所具有的性质及其状况，必然对人的社会关系的建立、构成及发展产生着重要的影响与制约。由于人的感性的实践与交往活动具有丰富性与发展性的性质与特征，这就决定了人的社会关系及其结构的复杂性。

人的存在的社会关系结构，可以从不同的侧面进行分析。或者说，人的社会关系的结构性，是通过关系的不同侧面而得到表现与反映的。从人的社会关系的生成过程来看，社会关系与社会交往具有一定的同构性，任何社会关系都是人通过一定的社会交往而建立的，是人的一定的社会交往活动所导向的必然结果。从人的社会关系的构成看，社会关系与人的社会实践活动具有一定的同构性，人从事什么样的社会实践活动，就会建立什么样的社会关系。从人的社会关系的发展看，社会关系具有继承性与生成性的特征，任何人的社会关系都是先在与此在的统一。因此，人的社会关系构成，不仅含有要素结构的形式，而且还有着一定的空间与时间结构的形式。

1. 人的社会关系的要素结构

人的任何社会关系，都是人在一定的感性的实践活动过程中，在与他人的交往中建立的。没有交往，也就没有人的社会关系的生成。因此，从人的社会关系的生成角度而言，交往活动的构成要素即是社会关系生成的结构要素。或者更确切地说，构成一定交往活动的要素，也就是一定社会关系生成的结构要素。正因为如此，所谓人的社会关系的要素结构，也就是决定人的社会关系生成的交往活动诸要素之间的关联及其形式。

人的交往活动所涉及的基本要素包括交往主体、交往对象、交往动机与目的、交往手段与方式和交往行动五个方面的因素。所谓人的社会关系的要素结构，其实质是指人的交往活动要素之间的互动关系及其关联形式。人的任何交往活动，都是在一定的交往活动构成要素的关联互动中展开的。交往活动要素之间一定形式的关联与互动，既是人的交往活动展开的基本要求，也是交往活动展开的基本反映。没有交往活动要素之间的关联与互动，也就不会有人的交往活动的发生，更不会有人的存在的社会关系的建立及发展。

交往主体是交往活动的直接承担者，也是一定的社会关系生成的主体。所谓社会关系，说到底，不过是不同的交往主体之间通过一定的交往行为而建立的彼此协作的关系而已。当然，我们在此所说的交往主体，也并非仅指具有一定的主体意识和独立性的个人，同时还包括了社会群体，自然也包括了国家主体。交往对象是主体间交往所涉及的指向，乃是构成一定的交往内涵的基本要素，因而也是决定交往所生成的社会关系本质所属的基本因素。交往主体的多元化发展，是人类社会关系复杂化的重要表征。

交往对象是构成人类交往活动的重要因素。人类的任何交往，都存在着一定的对象所指。没有交往对象，则不可能构成一定形式的交往活动，人的一定的交往行为也就会因为无所指而无法发生或者无法成为现实态的存在。因此，所谓交往对象，乃是人类交往行为之所指，即人类交往行为所指向的标的性因素。在人类的劳动与社会生活范围内，凡是与人的活动能够发生关联的客体性因素，都可以构成人类交往活动的对象。一般来说，构成人类交往活动对象的客体性因素，不外乎物质与精神两大领域内的因素，主要包括人、自然、社会和人所创造的有意义的精神文化客体。

交往动机与目的，是交往主体价值追求的反映，它决定着交往主体为什么交往，如何交往，以及交往主体通过交往所实现的基本目标。一定的交往动机与目的，既是交往主体对一定的交往所实现结果的预期反映，也是促使交往主体一定的交往行为发生和持续进行的根本内驱力。对于社会关系的生成而言，一定的交往动机与交往目的决定了交往主体间所建立的关系的性质及其关系所达到的密切程度。人类的交往动机与目的，作为人类价值追求的反映，既受到人类实践活动发展水平与发展状况的制约，同时也受到人类自身文化性增长程度的制约，因而人类交往的动机与目的也存在着一定的复杂性。

一定的交往手段与方式，是交往主体之间为实现一定的交往目的而使用的工具和介体，是架通交往主体及交往主体与交往对象之间的桥梁。对于人类交往活动的开展而言，交往手段与交往方式所具有的意义并非仅限于其所具有的工具性价值，而是有着更为广泛的意义。在工具价值上，交往手段与交往方式的重要性就在于其在人类交往活动中的所发挥的无法替代的中介功能，而在工具价值之外，交往手段与交往方式则不仅决定着一定的交往活动展开的可能性与现实性，而且也决定着人类交往所达到的程度与水平。正因为如此，人类交往史上所发生的每一次工具性的革新，都必然引起人类交往的革命性变革，进而引发人类社会关系的大变革。

交往行动是交往主体为了实现一定的交往目的所展开的一系列有意义的行为事件的集合。正是这些有意义的事件的集合，才使得不同的交往主体之间产生了必要的协作与联合，从而在共同事件的参与中生成了一定的社会关系。在人类的交往活动中，交往行动是将交往活动要素联结起来并使交往活动成为现实态的重要现实力量。可以说，在人类的交往与一定的社会关系的生成过程中，主体间的交往行动是决定不同主体间能否建立一定的关系进而实现一定的交往目的的根本因素。缺失了一定的交往行动，则构成交往活动的任何一个要素之间都不可能发生应然的关联，交往活动也就不可能展开，主体之间也就不可能生成任何关系。

2. 人的社会关系的空间结构

人的社会关系的空间结构，也称社会关系的横向结构，是由人的感性实践活动的层次结构所决定的。人的感性实践活动作为人的各种社会关系生成与发展的中介与桥梁，其构成领域与层次结构直接决定着人的社会关系的空间结构。从这一意义上而言，所谓人的社会关系的空间结构，指的不过是人的感性实践活动的不同领域与层次的人的社会关系在关系形式上的反映而已。

人的感性实践活动不外乎发生在自然与社会两大领域，其构成也不外乎是指向自然、他人（社会）和自我三大层面的活动而已。因此，通过人的感性实践活动，人们之间所结成的社会关系也不外乎物质关系与精神关系两大类。其中，人的物质关系主要由一定的生产关系、交换关系、分配关系所构成，而思想关系则主要由一定的认识关系、价值关系、制度与规范关系、情感关系等构成。

生产活动是人的最基本的感性实践活动，因而通过生产实践活动而建立的生产关系是人的最基本的社会关系。生产关系是人们在生产过程中所结成的各种关系的总和，它包括两个方面：一是人与自然的关系，是人在与自然的交往中所建立的物质交换关系；二是人与社会的生产关系，是人们在生产劳动过程中所建立的物质交换关系。

社会活动是建立在一定的生产和物质交换活动基础之上的人的感性实践活动，这一活动涉及人的社会政治、经济、文化等生活领域，因而通过人的感性的社会实践活动，人们之间必然会结成一定的政治关系、经济关系与文化关系。其中，政治关系又包括一定的政治思想关系、政治制度关系（主要是法律关系、阶级关系、民族关系等）、政治道德关系，经济关系包括一定的经济思想关系、经济分配关系、经济道德关系，文化关系包括一定的认识关系、价值关系、情感关系等。

自我认知与发展的活动是旨在确立和发展人自己的主体地位以提高和加强自身本质力量为内容的感性实践活动，是与人的改造自然和改造社会的实践活动密切结合在一起的。通过这一活动，人们必然建立起一定的自我关系，包括自我认识关系、自我评价关系和一定的理想与目标关系。

人通过感性的实践与交往活动而建立的各种社会关系，并非是毫无关联的单一关系，而是非常紧密地联系在一起的。各种关系既相互制约，又错综复杂地交织在一起。因此，对人的社会关系的清晰区分都将是非常困难的事。严格来说，人的社会关系的空间结构，也并非只是层级结构，而是一种网状结构。

在层级间结构形式关系中，人的各种物质关系是最基础的关系，它决定着人的各种制度、规范与思想关系，是人的制度、规范与思想关系生成的基础，而人的制度、规范与思想关系也不过是人的各种物质关系的反映。当然，人的制度、规范与思想关系也并不是完全受动的关系，一定的制度、规范与思想关系对人的各种物质关系的建立，也同样起着重要的指导、制约或促进的作用。

在层级内结构形式关系中，各种社会关系也并非只是纯粹的平行关系，同样也是密切关联和相互影响与制约的。正因为如此，人在感性的实践与交往活动中所建立的各种社会关系，也就不仅仅具有一定个体存在意义，而且也具有了社会组合性的功能和意义。根据我国学者韩民青的研究，从人际交往到一定形态的社会组合的实现，交往经历了四个环节的转换，即"交往—关系""关系—结构""结构—制度""制度—社会"四个环节。[①] 通过这四个环节及其所引致的转换，人类的交往在引致最基本的人际互动层面的关系的生成基础上，经由一定规则与制度的整合，逐渐扩衍为由无数个人经过多级组合而形成有着复杂结构关系的社会体系。也正从在这一意义上而言，人的社会关系与社会具有同构性。

3. 人的社会关系的历时结构

人的社会关系的历时结构，也称社会关系的时间结构或纵向结构，是由人的感性实践活动的历时性与发展性所决定的。与动物的本能性的生存活动不同，人的感性实践活动不仅具有目的性的特征，也具有历史发展性的特征，这就决定了人在自己感性的实践活动过程中所建立的社会关系也具有历史继承性与现实发展性的特征。因此，人的社会关系也就具有了历时结构性。

在时间序列上，人的社会关系是由历史关系、现实关系和未来关系所构成。所谓历史关系，指的是人的既往的社会关系，它包括个人的历史关系和类的历史关系；所谓现实关系，则指的是人的此在的社会关系，它包括了人

[①] 韩民青：《哲学人类学》，当代世界出版社2000年版，第80—81页。

在此在的现实活动过程中所建立的一切社会关系；而所谓未来关系，则指的是人的一切指向未来发展的社会关系，它包括一定的理想关系、目标关系等。人的存在与发展，也就是在人的历史关系、现实关系、未来关系三者的统一中实现的。

历史关系虽然是人的既往的社会关系，但却是人的现实关系建立的基础。对于人的存在与发展而言，没有人的历史关系，也就没有人的现实关系。现实关系是人的历史关系的承续与发展，同样，没有现实关系，也就无所谓历史关系。未来关系是人的现实关系发展的指向，是人的现实关系发展的可能态，没有未来关系，人的社会关系的发展就会失去方向。当然，人的未来关系也绝非是凭空产生的。人的任何未来关系，都是对现实关系的超前反映。现实关系是未来关系产生的基础和条件，因此，没有现实关系，也就没有人的未来关系。

人的历史关系、现实关系和未来关系的统一，是在人的现实的社会实践活动过程中实现的。人们在一定的社会历史条件下展开感性的实践与交往活动，又在这一感性的实践与交往活动中结成一定的社会关系，生成一定结构形态的社会。而此在的社会关系，又成为人们从事一定的感性的实践和交往活动不可回避的现实条件。人类社会及其人类自身，也正是在这种复杂的关系互动中，不断得到进步与发展的。

第二章

社会关系的历史演进与人的发展

作为一种关系性的存在，人的存在的关系并不是凭空而产生的，而是人在现实的感性的实践与交往活动中创造并建立起来的。人的社会关系的生成及发展，同样也是如此。人的关系建立及发展的实践性与活动性特征，决定了人的关系的存在，从本质上而言，乃是一种实践的和活动的存在。因此，人的现实的感性的实践与交往活动，既是人的一切社会关系之所以生成与建立的根源与基础，也是人的一切社会关系之所以不断丰富与发展的根本驱动力。没有人的现实的感性的实践与交往活动，也就不可能有人的一切社会关系的发生、建立及发展，从而也就不可能有人类自身的存在和人类自身的发展。

在人、实践活动与关系三者之间，人既是实践活动的主体，又是实践活动的受动者。作为实践活动的主体，人是一定的社会关系的承担者与创造者，而作为实践活动的受动者，人的任何实践活动都是在一定的历史背景和一定的社会关系条件下展开的，因而人的存在与发展不可能不受到一定的历史条件和既定的社会关系状况的制约。可以说，人既在一定的感性的实践活动中创造着一定的社会关系，又必须在一定的社会关系形式下才能展开一定的感性的实践活动。因此，社会关系之于人，既是人的本质力量表达的结果与反映，又是规约人的本质力量生成和影响人的存在与发展的重要客观力量，二者统一于人的现实的感性的实践活动之中。

人的现实的感性的实践活动，是人的发展与其存在关系尤其是规定人的本质的社会关系统一的基础。正是因为这种统一性，一方面，人的现实的感性的实践活动的发展，不仅促进了人的本质力量的生成与发展，而且也极大地促进了人的存在关系特别是人的社会关系的丰富与发展；另一方面，人的社会关系的丰富与发展，不仅为人的现实的感性实践活动的开展创造了更加优越的社会基础与条件，而且也为人的发展创造了新的社会历史条件。人、实践活动与人的存在关系之间所具有这种有机的统一性，决定了人的感性的实践与交往活动既是推动人自身发展的根本动力，也是推动人的社会关系不断丰富与发展的根本动力。正是在这一力量的不断推动下，人类社会关系形式越来越走向复杂与多元，从而使之具有了历史演变的特征。

一、社会关系的历史演进

人的感性的实践活动的发展性，决定了人类自身的发展性和人类社会关系的历史演进性。我们知道，人的任何社会关系的产生及发展，都是人类在自己现实的感性的实践与交往活动中创造的结果，这就决定了人类社会关系的发展必然与人类实践所达到的水平及其实践主体自身的发展所达到的程度具有高度的统一性。正是这种统一性，才从根本上促使二者互动关系的生成。这种互动关系，集中体现和反映在人类自身的发展与其在现实的感性的实践活动中所创造的社会关系发展的彼此促进或制约的功能作用上。一方面，人类自身的进步与发展是通过人的存在的基本关系尤其是社会关系的丰富与发展而得以表征的；另一方面，人类社会关系的历史演进及发展，则是通过人自身的社会组合方式的发展和社会组合能力的提升而表现出来的。

尽管对人类社会关系的历史演进与发展形态的区分，不同的学者基于对社会关系形态理解的不同而存在着不同的观点，但是，这种观点上的差异，也不过是人们对这一问题所持有的理解性的差异而已，却并未否认人类社会关系的历史发展性。根据人的存在及发展与社会实践、社会关系之间所建立的互动关系的统一性以及在不同的历史发展阶段人类社会组合的基本特征，我们可以将人类社会关系的演进与发展区分为原始社会关系形态、传统社会关系形态和现代社会关系形态等三种不同的历史形态或三个不同的历史发展阶段。对人类社会关系演进与发展不同形态的区分之所以必要，就在于通过这种区分一方面有利于我们对不同历史发展时期人的社会关系的性质、结构与特征进行分析与考察，另一方面也有利于我们对不同社会关系形态下人的存在及发展的特征进行有针对性地分析与考察。

（一）社会关系演进的形态区分

关于人类社会关系发展形态的区分，始终是与人类社会的历史发展直接联系在一起的。社会关系的历史演进与发展，与人类社会的历史发展具有同一性。不同形态的社会关系，实际上构成了人类社会发展的不同的历史形态。在一定程度上，人类社会发展的历史，也就是一部人类社会关系演进的历史。正是社会关系的结构性演进，才构成了人类社会发展的历史。尽管人类社会关系的演进与发展和人类社会历史的发展具有高度的同一性，但是，如何对人类社会关系的发展给出不同形态的区分，却不能用简单的历史分期的方法进行区分。因为历史研究的方法，与社会学、人学的研究方法之间是存在着重要的区别的。

专门对社会关系进行研究的论著，在国内外学术领域都比较少见。其中的原因并不在于人们不关注这一领域，而是因为对社会关系进行单独性分析或者探讨缺乏必要性或者说价值性。社会关系作为人类社会生产与社会生活活动展开过程中的一种必然现象，其产生及发展并不是一个独立的现象，而是始终和社会的发展、人的现实存在与发展紧密地联系在一起的。因此，人们对社会关系的研究，一般是与对人类社会的演进与历史发展、人的现实的存在及发展的分析、考察与研究结合在一起的。单纯从关系的角度对社会关系的研究，一般而言，是缺乏研究的必要性或者说缺乏研究的价值。

基于人的现实的存在及发展与社会关系的统一性，我们认为，对人类社会关系的演变与发展历史的考察，必须和人类社会结构的变化、社会组合的特征以及人自身的发展状况结合起来。从这一认识出发，我们认为法国著名社会学家奥古斯特·孔德（Auguste Comte）依照人类思维方式的发展对人类社会关系的历史发展形态所进行的区分、美国现代社会家塔尔科特·帕森斯（Talcott Parsons）从社会结构与功能分析的视阈对人类社会关系的历史发展形态所进行的区分，以及马克思基于人的发展与社会互动的关系而对社会关系形态所做出的分析，对于我们认识人类社会关系的发展及其形态的演变，有着重要的借鉴与启发意义。

在对人类社会发展历史形态的划分上，孔德依照人类思维方式的发展，将人类社会的演进区分为神学时期、形而上学时期、实证时期等三个不同的历史阶段。他认为，神学时期是军事类型的社会，在这一时期，社会存在着严格的等级秩序与等级关系；形而上学时期是法律类型的社会，在这一时期，社会原有的秩序和关系遭到破坏，法律成为调节社会关系的主要力量；而实证时期则是工业类型的社会，在这一时期，新的社会秩序与社会关系得以建立，人与自然斗争的关系代替了人与人斗争的关系。孔德认为，人类社会的结构形态是由当时人们的思维方式所支配的，或者说，一定的历史发展时期，人类社会结构形态反映着人类思维方式的基本特征。这就意味着，不同历史时期人类社会结构与社会关系的差异，是与人自身的发展直接联系在一起的。

与孔德不同，美国现代社会家塔尔科特·帕森斯则从结构功能分析的视阈出发，将人类社会演进与发展的历史划分为原始阶段、中间阶段和现代阶段三个结构功能不同的时期。帕森斯认为，在原始阶段，整个社会是建立在以血缘和婚姻为纽带的世系或姻亲关系之上的，其主要功能是整合；在中间阶段，阶级阶层制度开始形成，政治形态得到发展，人与社会的联系由纯粹血缘与姻亲关系发展为以阶级、等级关系为主的政治、经济与文化的多元社会关系；在现代阶段，各个功能领域都逐步从社会中分化出来，政治、阶级、职业等的分化使社会发展成为多层次、多元性的结构，人与人、人与社会的关系进一步多元化与复杂化。[①] 在帕森斯看来，一方面，社会结构的不同，意味着社会功能的不同；另一方面，社会结构的差异，则是由人类社会组合的差异所决定的。而社会组合的差异，其实质是人类社会关系形式的差异。

[①] 有关孔德与帕森斯关于社会发展阶段的划分及不同阶段社会关系的思想和观点，可参见张琢、马福云：《发展社会学》，中国社会科学出版社2001年版，第25—64页。

在西方思想家中，马克思是从人的活动状态、社会的历史演进和人的自由程度的同步联系的角度对人类社会关系发展形态给出明确分析与考察的第一人。马克思说："人的依赖关系（起初是完全自然发生的），是最初的社会形态，在这种形态下，人的生产能力只是在狭窄的范围内和孤立的地点上发展着。以物的依赖性为基础的人的独立性，是第二大形态，在这种形态下，才形成普遍的社会物质交换，全面的关系，多方面的需求以及全面的能力体系。建立在个人全面发展和他们共同的社会生产能力成为他们的社会财富这一基础上的自由个性，是第三个形态。第二个阶段为第三个阶段创造条件。"① 如果从时间或者与人类社会发展的历史阶段相对应，马克思所指的三大社会关系形态大体上相当于前资本主义时期、资本主义时期和共产主义时期。

与西方大多数思想家仅仅着眼于社会结构或社会关系形式等方面而对人类社会历史发展形态的分析不同，马克思对人类社会关系形态的考察并非是仅从一般的社会结构变迁这一单一的向度来认识的，而是从人的活动、人自身的发展与社会本质的关联性等多向度的视阈进行考察和分析的。正因为如此，马克思对人类社会关系形态发展所进行的分析及给出的结论，无疑正确地揭示了人的发展与社会关系演进互动的历史规律，因而具有高度的科学性与现实发展的合理性。但是，由于马克思的这一概括具有高度的抽象性，并没有给出人的发展与社会关系演进的具体图景，因而我们在分析与描绘人的发展与社会关系演进互动的具体图景时，尚需要在这一理论指导下进行比较微观的探索。基于问题探讨、分析与人们接受方便的需要，我们在此对人类已经历或正在经历的社会关系发展形态的区分与分析，将以人们普遍认同的分期法进行。

（二）社会关系演进的不同形态

在人类社会关系发展历史形态的区分上，相对而言，人们普遍能够认同的划分方法是社会关系形态的三段分期法，即将人类已经历的社会关系形态

---

① 《马克思恩格斯全集》第46卷上卷，人民出版社1979年版，第104页。

区分为原始社会关系形态、传统社会关系形态和现代社会关系形态等三种不同的历史形态或者历史阶段。应该说，这一划分并不完全是基于时间概念上的差异而给出的区分，而主要是基于人类社会在历史发展的不同时期所具有的结构、形式和特征的差异而做出的划分。由于人类社会发展与演进在时间序列上所呈现的一维性，从而也就决定了任何对社会关系发展形态的划分都不可能完全脱离对时间因素的依赖。因此，所谓人类社会关系的原始形态、传统形态与现代形态，也就不仅仅具有时间所指的内涵，同时也有着各自相区别的结构、形式、性质、特征等一般实指性的内涵。

1. 原始社会关系形态

原始社会关系形态是人类在其现实的存在与发展中所建立的最初的社会关系形态。原始社会关系形态的形成，是以血缘关系为纽带的氏族公社的出现作为标志的。对于人类的存在与发展而言，原始社会关系形态的建立或者出现，一方面标志着人类社会的诞生，另一方面，也标志着人的存在的社会关系结构化发展的开始。我们知道，人类社会的产生或者形成，是以结构化的社会关系的出现为基础和前提的。没有结构化的社会关系的出现，也就不可能有人类社会的形成与诞生。正是从这一意义上而言，原始社会关系形态在原始人社会劳动与社会生活中的形成，为原始社会的产生。

虽然人类社会关系的发生与人类由猿而人的转变具有同一性，但是，人的存在的社会关系的产生，并不意味着人类社会的诞生。我国哲学人类学者韩民青认为，"在氏族公社出现以前，人的群体形式是处于从猿群向社会过渡的原始群，具有半人半动物的性质"[①]，这说明，人类社会并不等于自然的原始人群，不能将二者混同在一起。"原始人类包括正在转变中的原始群及形成中的人，原始社会则是指已经完成形成过程而出现氏族公社以后到文明社会以前的社会形态。从时间上讲，原始社会是晚期智人以后的旧石器时代晚期、中石器时代和新石器时代。在这之前漫长的时间属于人类的原始群

---

① 韩民青：《哲学人类学》，当代世界出版社2000年版，第35页。

或'前社会'历史"①。由此可见，人类最初具有真正社会意义的关系形态，并非是在人类由猿而人转变的初始时期就存在的，而是在人类共同的社会劳动与社会生活实践活动的创造中逐渐形成的。

由于原始社会时期，人类存在的社会关系主要是在基于人的生物性的血缘关系为纽带的群类关系中发生的，因而原始人存在的基本关系均具有自然生成性。其基本表征是：第一，个体之间的联结是以血缘和姻亲关系为纽带的，社会的规模即是族群的规模，成员的多寡，取决于血缘与姻亲所波及的繁衍程度；第二，成员之间的分工是基于人的自然特性的自然选择性的简单分工，具有生存本能要求的高度依赖性；第三，由以上两点所决定的地域性与封闭性。早期人类社会关系生成与发展的自然性，必然决定了人类社会组合的自然性。正因为如此，基于人类社会劳动与社会生活自然性的社会关系基础之上而形成的原始社会关系形态，也就必然是一种自然的社会关系形态。

人类早期的社会组合，由于社会劳动分工与社会生活分化发展有限性的制约，其自然性组合的成分大于社会性组合的成分，因而原始社会关系形态主要是基于人的自然性社会关系（所谓自然性社会关系，主要指的是基于人的生物性血缘关系与自然分工而形成的社会关系，是人类最早产生的社会关系）而建立起来的。尽管这种社会关系形态具有简单性、自然性和原始性的特征，但是，无论如何原始社会关系形态是人类在自己现实的生存与发展中所创造与建立的最初的社会关系形态，是人类最初的社会——原始社会建立的基础，同时也是人类社会关系发展与演进的基础。没有这一基础，一方面，人类社会也就不可能产生和建立；另一方面，人类社会关系形态也就不可能向更高层级的形态演变与发展。

2. 传统社会关系形态

传统社会关系形态（或称古典社会关系形态），是人类在原始社会关系形态基础上创造与发展而形成的相对复杂和高级的社会关系形态。传统社

---

① 韩民青：《哲学人类学》，当代世界出版社2000年版，第35页。

关系形态的建立及发展，始于原始社会的解体和奴隶制国家的兴起，其成熟的形态是封建社会的社会关系形态。传统社会关系形态是建立在农业文明基础上的社会关系形态。由于这一关系形态在人类文明已展开的历史过程中所持续的时间相对较长且相对稳定，因而人们在习惯上将其称为传统社会关系形态。如果从典型意义上理解，中国古代建立于传统农耕文化基础上的社会关系形态则更富有代表性，而欧洲社会则由于手工业和商业的一直存在，其在传统农耕、手工业和商业经济基础上所生成的社会关系形态已具有了一定的异质性。

相对于原始社会关系形态，传统社会关系形态显然已具有了相当的开放性与复杂性。这种复杂性与开放性，既是由于人类存在的现实的感性的实践活动的发展所引发的结果，也是由于人类自身创造与驾驭社会关系能力的不断提升所引发的结果。与原始社会关系形态相比，传统社会关系形态无论是个人与个人之间、个人与社会之间的组合，还是群体与群体之间、群体与社会之间的结构组合，都呈现着更为复杂与开放的特征。在社会的微观性组合上，以人和家庭为组合要素而集合的整体，构成了传统社会关系形态的基本结构性要素。在社会的宏观性组合上，以家庭、职业团体横向组成的自然村落、社区生活群体，成为国家这一社会最高形式组合的基本单元。同时，区域内不同国家之间也开始建立起一定的社会关系，但关系不够密切，更无全球性。

显然，在传统的农业文明时代，人类社会关系（包括个人与个人、个人与群体、群体与社会之间的关系）已相当复杂。各种社会关系之间的结构形式，也出现相对多元化的发展。传统社会关系形态发展所表现出来的这一特征，使得基于传统社会关系形态而形成的人类社会组织也具有了相对的复杂性。如果说原始时期人类基于原始社会关系形态所建立的社会组织有着高度的同一性的话，那么在传统社会关系形态基础之上人类所建立的社会组织形式已经出现了一定的差异性。差异性出现的根本原因，不在于社会关系本身，而在于不同的国家和民族的人们在自身的生存与发展过程中劳动和文化创造的差异。我们知道，社会组织形式的差异，根源于社会关系的差异，而社会关系的差异，则根源于人类劳动与文化创造的差异。当然，这种差异并不是绝对的，是同一社会关系形态下的个别差异。

3. 现代社会关系形态

社会关系形态的变革与发展，现代社会关系形态是在人类社会的发展进入到工业文明时代并伴随着工业文明的发展而建立起来的一种更加开放、更加复杂的社会关系形态。在现代社会关系形态下，不同国家、不同民族、不同地域人们的社会生活组合，无论在性质上，还是在结构关系与形式上，差异性得到进一步扩大。同时，伴随着现代科学技术尤其是现代信息通信技术突飞猛进的发展，人类社会实践与社会交往逐渐突破了地域、民族、国家界域的限制而走向全球一体化，从而促使人类社会组合的国际化发展。可以说，无论在微观组合形式上，还是在宏观组合形态上，现代社会关系形态都是迄今为止人类在自身的生存与发展过程中所建立的最为复杂、最为开放的一种社会关系形态。这种社会关系形态的出现及发展，在为人类的生存与发展创造了更为优越的条件的同时，也对人类的生存与发展提出了新的挑战。

与传统社会关系形态不同，现代社会关系形态是人类在社会劳动专业化分工与社会生活充分分化的基础上建立起来的，因而是一种有着高度开放性、复杂性、多样性与变动性的社会关系形态。在现代社会关系形态之下，独立、自主与自由生存的个体，成为人类社会生活组合的基本单元。现代社会关系形态建立基础的这一变化，使人类社会的组合及其形式也必然发生根本性的转变。在社会的微观组合上，独立个体的自由组合代替了传统社会关系形态下的家庭组合，以发展为价值取向的自由的组合成为人与人联结的主要形态。在社会的宏观组合上，基于高度分工基础上的行业的联合尤其是不同行业之间的联合越来越密切，社区成为一种普遍的生活体系而逐渐走向整体化，国家在政治、行政管理上逐步走上整体化组合。同时，以国家为主体的国际化的联合成为人类整体化生存的主要形式。

现代社会的诞生及其社会关系形态的出现，是人类现代科学技术和工业文明发展所创造的结果，是人类社会进步与社会文明发展的重要表征。人类文明发展在进入现代社会之后，由科学技术进步和社会组合结构变革所激发的人的积极性、主动性与创造性的不断滋长与扩张,将人类文明的演进纳入一个前所未有的加速度发展的轨道。可以说,人类已往的任何一个社会形态所呈现出的结构性的关系图景,其深广性、复杂性和变动性都无法与现代社会关系图景相比拟。当然,这并不是说人类文明演进到现代社会形态就已是尽善尽美。恰恰相反,现代社会的来临和现代社会关系形态的确立及其不断演进,为人类社会的进步与社会文明的进一步加速发展奠定深厚的基础并开辟广阔的发展空间。

(三) 社会关系演进与人的发展的统一性

我们知道,在人与社会关系之间,存在着彼此创造的互动关系。一方面,社会关系作为人类现实存在与活动的基本方式,是人类社会劳动与文化创造的结果;另一方面,社会关系的演变及发展,对人类现实的存在与发展也产生着重要的促进或者制约的作用。人的存在与社会关系之间所具有的这种彼此互动性,决定了人类社会关系的演进与人的发展的统一性。二者统一的基础,在于人类社会实践活动的发展性。正是人类实践所具有的发展性,在促进人类社会关系形式不断演变与发展的同时,也促进了人类自身文化性的不断增长与提升。

社会关系的演进与人的发展的统一性,主要表征在社会关系的演进与人类自身发展的互为性上,或者说彼此发展的互为条件性上。一方面,社会关系的演进与发展是以人的进步及发展为前提的,没有人自身的进步与发展,就不会有新的社会关系的发生和新的社会关系形态的创造;另一方面,人的进步与发展也是以社会关系的演变及发展为基础的,没有社会关系的演变与发展,自然也就不会有人的进步与发展。说到底,任何社会关系都是人自身的创造物,因而人自身进步与发展的程度也就必然决定了社会关系的发展所能达到的状态。同时,任何人都是在一定形式或形态的社会关系条件下存在与发展的人,因而人们创造了什么样的社会关系,也就有着什么样的发展。

社会关系演进与人的发展所具有的统一性,既决定了人的发展对一定的社会关系形态产生的支持性,也决定了一定的社会关系形态对人的发展的规约性。或者更确切地说,在人类社会关系形态的演进与发展中,任何一种社会关系形态的建立及发展,一方面受到人的一定发展的支持,另一方面也对人的现实存在与发展产生着重要的规约作用,成为人的现实存在与发展所必须依赖的重要的社会条件。因此,人类社会关系演进与人的发展所具有的这种统一性,既决定了在人类发展的不同历史阶段所建立的社会关系形态的差异性,同时也决定了在不同的社会关系形态条件下人类存在与发展所具有的特征的差异性。

无论是原始社会关系形态、传统社会关系形态,还是现代社会关系形态,无不是人类在自己现实的感性的实践活动中所创造的结果。这些不同的社会关系形态,既反映着人类社会关系的发展性,同时也反映着人类自身的进步性。虽然原始社会关系形态是原始人劳动创造的结果、传统社会关系形态是传统人劳动创造的结果、现代社会关系形态是现代人劳动创造的结果,但是,不同社会关系形态及其创造者之间并非是完全割裂的,而是非常密切地联系在一起的。这种联系性,既是由社会关系演进与人的发展的统一性所决定的,也是由人类实践发展导致的人类及其社会的发展性所决定的。正是因为这种联系性,才形成了人类社会关系形态由低级到高级、由简单到复杂演变的连续性及发展性。

我们说,原始社会关系形态是由原始人所创造的,传统社会关系形态是由传统人所创造的,而现代社会关系形态则是由现代人所创造的,但是,这并不是说所谓的原始社会关系形态、传统社会关系形态和现代社会关系形态是由不同的人类主体所创造的不同的社会关系形态。事实上,无论是原始社会关系形态、传统社会关系形态,还是现代社会关系形态,都是人类在现实的生存与发展过程中劳动创造的产物,是人类在不同的历史发展阶段创造的不同性质与形式的社会存在及发展关系。因此,人类存在与发展的社会关系由原始形态到现代形态的演变,以及人类自身由原始人到现代人的发展,则是人类发展与其作为存在方式的社会关系的发展在实践的基础上统一发展的必然结果。

二、现代社会人的社会关系的丰富与发展

人的存在的社会关系,是伴随着人类自身现实的感性的实践活动的发展而不断发展的。从总体上而言，人的社会关系的发展呈现着由简单到复杂、由单一到丰富、由封闭到开放的基本态势与规律。其发展既反映在共时态的交往结构要素和关系形式方面的发展，又反映在历时态的交往对象与关系内涵方面的发展。一般而言，二者的发展是统一的，是一定时期人们社会关系整体面貌的综合反映。正是这种持续不断的发展性，在不断促使着人类社会关系形态由低级形态向高级形态日益演进的同时，也为人的现实的存在与发展创造着越来越丰富与多元的社会关系条件和社会环境基础。

现代社会关系是伴随着人类传统社会的解体和现代社会的兴起而生成的一种新兴的社会关系形式，它既是现代人感性的实践与交往活动所创造的结果，也是现代人存在及发展的重要社会基础与社会条件。相对于原始社会关系和传统社会关系而言，现代社会关系发展表现出高度的开放性、多元性、丰富性、多样性与变动性等特征。这些特征的形成及发展，既是现代人感性的社会生产与社会生活实践活动所具有的特征的反映，同时也成为促使现代人发展的新的特征形成的重要原因。正是由于现代社会关系在发展过程中一系列有别于传统社会关系的新的特征的生成，才从根本上促进了传统人向现代人的转变，并且使现代人具有了与传统人完全不同的人格特征。

（一）现代社会关系的基本内涵

如同"现代化""现代社会"一样，现代社会关系这一概念，也是当今时代的人们使用频率相当高的一个词语。但是，就是这样一个人人经常使用的词汇，其内涵到底是什么，却鲜有人给出必要而明确的阐释。虽然人类对现代化问题的研究始终给予高度的关注，有关现代化问题研究的著述可以说汗牛充栋，形形色色的现代化理论亦数不胜数，然而，在众多学者关于现代化问题的论述中，直接为"现代社会关系"这一概念内涵给出明确解释的却十分罕见。究其原因，也许是因为这一概念在现代人生活的词典中，已成为一个人们耳熟能详且能明确而不产生歧义地会意其确切含义的缘故吧。

尽管人们在关于现代社会、现代化问题的研究中，鲜有对"现代社会关系"这一特定范畴的内涵给出明确界定或者解释，但是，不同的研究者在涉及现代社会关系这一概念时的特定语境，事实上对现代社会关系这一概念的内涵已经给出了自己的理解与诠释。一般来说，人们对现代社会关系这一概念的运用，主要是基于以下几种内涵而使用的：一是从时间和形式的角度出发，把现代社会关系视为是一种区别于传统社会的人与人之间的关系形式或联合形式；二是从人的发展与社会关系依存的性质出发，把现代社会关系视为是"人对物的直接依赖关系社会形态"，是一种区别于人对群的依赖关系的社会关系形态；三是从形成的原因出发，把现代社会关系视为是一种由社会专业分工和技术化发展引起的不同社会群体及个人之间的联系与协作形式；四是关系的特征出发，把现代社会关系视为是伴随着社会现代化的发展而生成与发展起来的一种结构复杂且具有开放性、技术性与变动性特征的社会关系形式。

由此可见，现代社会关系这样一个在今天人人耳熟能详的概念，其内涵也并非是如人们想象的那样简单，而是有着一定的复杂性。这种复杂性，一方面是由于现代社会关系本身具有的复杂性所引起的，然而另一方面，不同研究者基于对问题研究语境的差异，必然会对现代社会关系这一概念的内涵进行多元化的理解。应该说，这种基于问题研究语境的差异而对同一概念的内涵给出不同的理解与解释，正是人类社会科学研究所具有的基本特征，不仅是极其自然的事，而且对于丰富人们对问题认识与理解的深入或者深化，有着重要的促进作用。因此，不同学者对现代社会关系这一特定概念内涵所进行的多元化的解释，有助于促进人们对这一概念内涵理解的深入。

基于对现代社会关系与人的存在及发展所具有的彼此互动和统一关系的研究，我们认为对现代社会关系这一概念内涵的理解与界定，应该从对影响或决定现代社会关系本质内涵生成与发展直接相关联的基本因素的考察入手。只有在清楚地了解、认识与把握影响或决定现代社会关系本质内涵生成与发展直接相关联的基本因素的基础上，才能更好地揭示现代社会关系这一概念所具有的本质内涵。

一般而言，规约一个事物本质生成的直接因素有两类，一类是外在的客观因素，一类是内在的结构因素。从这两方面出发，我们认为，与现代社会关系的本质生成直接关联的基本因素主要有以下四个方面的因素：第一，社会生产力和社会生产方式的现代化发展，是决定现代社会关系生成及发展的根本的客观规约力量；第二，人作为推动社会发展的主体力量，他们自身的发展状况以及在这一基础上以怎样的方式联合直接决定着他们所结成关系的结构与形式；第三，作为一种生成的客观存在，现代社会关系所蕴含的结构内容直接与其所具有的本质关联着；第四，现代社会关系在其功能的实现和动态运行中所表现出的基本特征，是其本质内涵外在化的直接表征。

在影响或决定现代社会关系本质内涵生成与发展直接相关联的基本因素中，社会生产力和社会生产方式的现代化发展，是促使人类传统社会结构解体和现代社会结构生成与发展的根本动力因素，而人自身的发展及发展状况，则是决定人们在新的社会生产力条件下怎样联合和以什么样的方式展开其感性的实践活动的重要主体条件。当然，这两个方面的因素只有在人的实践活动中的结合与统一中，才能构成促进人类现代社会关系生成及发展的现实力量。基于现代社会生产方式和现代人的联合而生成的现代社会关系，其构成要素、结构形式和功能特征则直接构成了现代社会关系的现实存在态。二者只有在现代社会关系内在功能的发挥及发展变动中实现统一，才能构成促进人类现代社会关系本质内涵生成及其现实存在与表达的重要的自在规约力量。

基于对影响或决定现代社会关系本质内涵生成与发展直接相关联的基本因素不同维度的考察与认识，我们认为，所谓现代社会关系，指的是伴随着人类传统社会的解体、社会现代化的发展和人自身现代化的演进，在社会分工日益走向专业化、技术化和国际化的条件下结成的人与人、人与社会之间协作与联合关系的总和，由于这种关系内在结构因素的生成性与变动性，因而使其始终呈现出开放性与发展性的特征。从这一概括中我们可以看出，现代社会关系是人类在现代社会生产方式与社会发展条件下创造和建立的具有复杂结构和开放性、发展性与多样性特征的社会关系形式，是迄今为止人类在现实的存在与发展中所建立的最高层级的社会关系形态。这种形态的社会关系的产生及发展，一方面标志着人的存在的社会文化性的进步与发展，另一方面，也为人的自由而多样化的发展创造了前所未有的优越条件。

（二）现代社会关系生成与发展的基础

人类社会由低级形态不断走向高级形态有着其内在的根据，但是，一种社会形态的解体与另一种社会形态的生成与发展，并非是历史人物偶然的选择或是社会主体主观意志改变的结果，而是一个在主体不断成长及其主体力量的表达而不断生成社会变革力量持续推动下的结果。这就意味着，任何社会的变革和社会形态的更替，必须在具备变革或更替的时代条件下，才能够展开并且实现这种变革或更替。现代社会关系的生成及发展，无疑也是在特定的时代际遇中才展开并变为现实的。一般而言，人类社会关系形态的变革或者更替，是在人类社会新的生产技术、生产方式出现并成为社会发展主导力量的背景下而实现的。

作为一种复杂的具有高度开放性的社会关系形式，现代社会关系的产生及发展有着其深刻的历史背景与社会根源。从人类社会现代化的发展、传统社会关系形态的解构及现代社会关系形态产生的历史事实来看，影响或者促使现代社会关系生成及发展的因素虽然是复杂和多样的，但是，其中起到决定性促进作用的主要有三个方面的因素：一是现代科学技术的发展与现代生产方式的诞生，为现代社会关系的产生与发展提供了不竭的动力基础；二是社会劳动分工的专业化、精细化、智能化的发展与社会生活的充分分化，为现代社会关系的产生及发展奠定了充分的社会基础；三是个体从自然群体中的分离、自我意识的觉醒和独立生存能力的提升，为人的自由而多元化的社会组合创造了重要的主体条件。

1. 现代社会关系生成与发展的动力基础

我们知道，人的存在关系发展的根本驱动力在于人的感性实践活动的发展。作为一种感性的实践与活动的存在，人的感性的实践与活动的发展，主要表现或反映在两个方面：其一是实践与活动工具、技术、手段的进步与发展，其二是实践与活动方式的变革及发展。二者的发展统一于人的实践活动之中。在人类感性实践活动推动社会进步与人类文明发展的过程中，劳动的技术创造与文化创造产生了根本性的推动作用。人类在自己感性的实践活动中对新的劳动技术的发明与创造，不仅有力地推动着人类生产技术、生产工具与生产方式的变革及发展，而且也极大地推动着人类自身及社会文明的进步与发展。因此我们可以说，科学技术的进步与发展，对人类社会的变革与人类自身的发展产生着特殊的作用。

现代社会关系的生成及发展，正是在人类近现代科学技术突飞猛进的发展所引起的社会巨大变革中实现的。我们知道，科学技术的进步与发展，是一个伴随着人类劳动与文化创造、人类自身文化性增长而不断加速的过程。在经历了漫长的知识累积之后，到了近现代，随着西方社会的发展对政教合一的中世纪封建专制统治的摆脱、资产阶级民主革命的展开和在欧洲社会的迅速蔓延与发展，人对世界认知和改造的积极性、创造性得到前所未有的激发与调动。人的主体地位的确立、人的文化创造积极性的激发与调动，极大地推动了人类对世界的探索和认知。西方近现代的自然科学技术，就是在这一历史背景下得以迅速发展并广泛运用到社会生产与生活领域的。

新的科学技术知识的发明创造以及在社会生产领域的应用，对社会的发展产生着越来越广泛而深刻的影响，并成为社会变革的强大推动力。这一影响主要表现在：第一，直接地改变着传统落后的生产工具、生产方式和社会实践交往手段，从而日渐消解着建立在传统社会生产方式之上的社会关系形态，为新的社会关系的滋长与发展开辟了道路；第二，新的生产工具和新的生产方式在社会生产领域的应用和发展，不断拓展着人类实践活动的广度与深度，从而日益催生着新的社会生产行业的出现，促使社会分工的迅速发展，为新的社会关系的成长与建立创造了客观条件；第三，社会分工的发展和社会生产关系的日益变革，在改变着原有的传统的社会关系结构的同时，促进了新的社会关系的成长，并为其根据现时代发展要求的整合奠定了现实的基础；第四，科学技术持续不断的发展对社会发展所施予的不断变革的影响，使得现代社会始终处于结构的分解、变迁、生长与整合之中，从而促使现代社会关系的结构因素及其结构形式，也始终处于不断变动与发展之中。

现代科学技术的迅速发展及其在社会生产与社会生活领域的广泛应用，在有力地促进着人类社会生产方式变革与发展的同时，也在极大地改变着人类社会的结构和人类社会生活的组合方式。由现代科学技术发展所促使的人类现代生产方式的出现及发展,一方面促进了社会产业的分工与发展,从而向人类的社会劳动组合提出了新的要求;另一方面也促进了传统社会结构与社会关系形态的解体,为人类社会劳动的现代组合创造了有利条件。新的生产力、生产技术与新的产业的诞生及发展,必然要求人类社会劳动与社会生活方式的变革。这种变革的要求,必然也会通过新的社会关系形式的产生而体现出来。由此可见,现代科学技术发展所促使的人类社会生产方式的变革与发展,正是推动现代社会关系产生与发展的根本动力因素。

2. 现代社会关系生成与发展的社会基础

建立在现代社会生产方式基础之上的人类社会现代化的发展,是促使人类现代社会关系形态建立及发展的重要社会基础。在一定意义上,现代社会关系形态的产生及确立,是人类社会现代化发展的直接产物和主要表征。人类社会现代化的兴起及发展,源于18世纪英国的工业革命,但是,现代化的发展却不仅仅限于人类生产方式与社会经济领域所发生的变革,而是涉及人类社会生产、社会生活各个领域的全面变革与发展。现代化发展所引起的人类社会生产、社会生活各个领域的全面变革与发展,既是现代社会关系不断生成与发展的最为直接的强大的动力,也为现代社会关系不断生成与发展奠定了重要的社会基础。

人类社会现代化不断发展的过程,正是现代社会关系不断生成与发展的过程。现代社会关系的产生,是以人类社会现代化的发端作为基本标志的;现代社会关系的发展,也是以人类社会现代化的发展作为重要条件与基础的。现代化的发展之所以能够成为现代社会关系生成与发展的重要社会基础,其根本原因就在于人类社会现代化发展的过程乃是一个传统社会解体和现代社会诞生与发展的过程。在这一过程中,人类社会生产和社会生活的各个方面都必然会发生深刻的变革和根本性的转变,其实质是实现人类社会由传统形态向现代形态的全面转型。这一转型的过程,也正是现代化发展促进现代社会关系生长、发展及其关系形态建立的过程。

现代化首先是一个产业革命和经济革命的过程,是一个社会产业发展由工业产业主导代替农业产业主导的过程。在现代化的发展过程中,农业时代的传统社会产业以及与此相应的经济制度逐渐消失、退缩和消解，而新型的工业产业、社会服务产业则不断涌现并迅速发展。与之相应，新的经济制度和经济运行机制也必然会在新型产业发展的推动下，逐步得到确立。新的经济制度和经济运行机制的确立，既是新的社会关系即现代社会关系形式化发展的结果，同时也为现代社会关系的进一步发展创造了重要的物质基础与制度保障。

现代化也是一个社会分工与社会生活分化不断发展的过程。伴随着产业革命和经济革命的发展，社会分工日益精细化、智能化与复杂化，新的行业和职业不断从社会产业的变革中分化出来。与此相应，社会利益集团的发展，也呈现出日益多元化的趋势。新的行业和职业的产生、社会利益集团的多元化发展，必然会不断催生出新的社会交往主体和新的实践交往需求，这就为现代社会关系的生成与发展创造了直接而现实的需求。

同时，现代化还是一个政治民主化与文化多元化发展的过程。伴随着社会现代化的发展，建立在传统社会结构和社会关系形态之上的专制政治制度以及大一统的文化格局逐渐被打破，代之而起的是民主政治制度的发展和多元文化的共存。人类社会现代化的过程，本质上是一个人的解放和实现独立发展的过程。无论是社会政治的民主化发展，还是文化的多元化发展，都是建立在人的自我意识、主体意识和社会参与意识不断增长与增强的基础之上的。没有人的解放、人的主体意识的增长与人的主体地位的确立，也就不可能有社会的民主化与文化的多元化发展。当然，与之相应，社会的民主化与文化的多元化发展，也必然会为人的解放、人的主体意识的增长与人的主体地位的确立创造出必要的社会现实基础与现实条件。

由此可见，人类社会现代化的发展过程，乃是一个人类不断实现从对自然的依赖关系中解放从而推动社会全面变革与发展的过程。在这一过程中，人类自身的解放和社会的全面变革，不仅体现在社会生产力的发展与社会生产方式的变革上，而且也体现在人的社会组合关系的重大变化上。新的生产技术与新的生产方式的出现及发展，不仅会要求与之相适应的社会关系形式的生成，而且也必然会创造出促使新的社会关系形式生成与发展的现实的社会基础与条件。正是从这一意义上而言，人类社会现代化发展的过程，也是一个现代社会关系不断生成、发展并不断被形式化与制度化的过程。

3. 现代社会关系生成与发展的主体基础

一定的社会关系作为人的存在与发展的重要关系形式，它的产生及发展不仅是由于人的现实的具体的社会实践活动的发展而引起的，同时人自身的进步与发展，也是促使其存在的社会关系不断变革与发展的重要推动力。如果说科学技术的进步、社会生产力的发展、社会生产方式的变革以及社会现代化的发展为现代社会关系的生成及发展奠定了必要的社会基础与客观条件的话，那么，在现代化的过程中人的自我意识的觉醒、主体意识的增强和社会实践交往能力的不断提升，则为现代社会关系的生成与发展创造了充分的主体基础与条件。

作为一种社会文化性的存在，人类自身的进步与发展，是一个伴随着社会的发展而逐渐实现的过程。在人的发展与社会发展之间，存在着高度的统一性。这种统一性表明，人的发展与社会的发展是互为前在条件和互为基础的。一方面，人的自我意识的觉醒、主体意识的增长和实践能力的不断提升，是社会进步与发展的主体条件；另一方面，社会的进步与文明程度的提升，则是人的觉醒、人的进步与发展的重要客观条件。没有人自身的进步与发展，也就不会有人类社会现代化的发生与发展；而没有人类社会的进步与人类文明程度的不断提升，则同样也不会有人类自身的进步与发展。因此，现代社会关系的生成与社会现代化的发展，是与人类自身的进步与发展分不开的。

应该说，在人类社会的历史演进中，社会现代化的发生是以人自身的解放、人自身的文化性觉醒与发展作为重要基础的。我们知道，人类社会现代化的发生源于18世纪的欧洲，这并不是历史的偶然，而是有着历史的必然性。西方社会在经历了漫长的中世纪人神合一的黑暗统治之后，长期被禁锢的人性的力量如火山爆破一样喷发出来。历史开始重新发现了人。文艺复兴运动对人性的高度张扬，催生了普遍的人性觉醒；资产阶级民主革命的成功，则通过政治与法律的手段确立了人在社会中的主体地位。无疑，正是在这一历史发展的过程中，人的自我意识的发现、人性的复归、主体意识的觉醒和主体地位的确立，为工业革命的到来和现代化的发生准备了充分的主体性条件。

现代化在人的解放、人的文化觉醒与人性的张扬中展开，同时又为人的现代性的生成与成长不断创造出新的时代条件并廓清了道路。现代化发展对人的解放与人的发展所具有的促进意义或者价值，主要体现在以下几个方面：第一，现代化的发展在促进传统社会的解体和传统社会关系的消解的同时，不断将人从对传统社会关系的依赖中解放出来，从而必然会促使人的发展获得更为广泛的独立、自由的发展空间与机遇；第二，现代化发展对人的自我意识、主体意识的成长与发展的促进，为人的素质的开发和多种能力的培养创造了重要的主体条件；第三，现代科学技术尤其是现代通信信息技术突飞猛进的发展，也为人的社会实践能力和社会交往能力的提升创造了越来越丰富的条件和先进的手段，并为人的社会实践能力和社会交往能力的提升奠定了基础。

人的解放及发展，是促使人的存在关系不断发展的重要前提。一方面，人的解放与生存独立性、自主性、自由性的获得，为人的自由的社会组合和多样化的社会关系的建立创造了重要的主体条件；另一方面，现代化发展过程中人的自我意识、主体意识的成长及发展，对于促进人的潜能和各种技能尤其是人对各种关系驾驭能力的发展必然会产生重要的作用。正因为如此，人类社会现代化发展的过程，不仅是一个促使传统社会解构和传统社会关系形态消解的过程，而且更是一个促进现代社会关系产生并且为现代社会关系形态的建立及发展不断创造着重要的社会客观基础与主体条件的过程。现代社会关系的生成、发展和现代社会关系形态的建立，也正是在人类社会现代化的不断发展中而实现的。

（三）现代社会关系发展的主要方面

现代社会关系是伴随着传统社会的解体和人类社会现代化的发展生成并且得到发展的。虽然现代社会关系与传统社会关系有着重要的区别，但是，现代社会关系也并非完全与传统社会关系没有任何关联性，而是相反。我们知道，人类存在与发展的任何关系，其发展与变化都是一个持续演进的过程。现代社会关系也并非是凭空产生的，而是从传统社会关系中脱胎与演变而来的，是传统社会关系在新的历史条件下的提升与发展。当然，与传统社会关系的自闭、自足与自为性相比，现代社会关系具有更高的开放性、自觉性和发展性。倘若从这一意义上而言，现代社会关系形态乃是现代人在自己的生存与发展的社会实践中所创造的完全不同于传统社会关系的一种新型的社会关系形式。

如果说传统社会关系形态是人类在封闭的生存状态下所建立的一种相对稳定的社会关系的形式的话，那么，现代社会关系形态则是在高度开放的条件下所建立的一种社会关系形式，因而开放性、多元性与发展性就成为现代社会关系所具有的重要的特征。现代社会关系的发展是一种整体性与结构性的发展。与传统社会关系相比，现代社会关系无论在关系的主体、对象、生成的方式、结构的形式、持续的时效，还是在关系的性质、类型、所涉及的领域和范围等诸方面都获得了前所未有的发展，并且这种发展已经和正在随着现代社会生产与生活的迅速分化、重组而呈现出越来越加速和复杂的趋势。因此，在今天这样一个日新月异的时代，没有什么东西能比变化与发展更加引人注目的了。

1. 现代社会关系结构要素的发展

人类存在关系的劳动创造性决定了其发展性。无论是原始社会关系，还是传统社会关系，都无不是一种发展态的社会关系形式。但是，由于不同的社会关系形态是人类在不同的社会生存状态下所建立的，因而其发展所表现出来的特征存在着一定的差别。与原始社会关系和传统社会关系发展的缓慢变动不同，现代社会关系是一种开放的社会关系形式，因而其发展是一种整体性与结构性的发展。所谓整体性与结构性的发展，指的是随着社会现代化的发展，构成现代社会关系这一形态的各种关系要素都始终处于变动不居的发展状态。各种关系要素的发展，必然促使现代社会关系在发展中不断获得和生成新的特性。正是由于新的特性的生成和不断增长，才使得现代社会关系与传统社会关系具有了根本的区别。

现代社会关系结构要素的发展，首先体现在交往关系的主体发展上。一方面，伴随着现代社会生产、生活的分化与重组进程的日益加速发展，现代社会交往主体越来越走向多元化和专业化；另一方面，伴随着现代人主体意识的增强和现代通信信息技术的迅速发展，现代社会交往主体无论在交往的自觉性还是在交往的能力方面，都远远超越了传统社会形态下的交往主体。在现代社会，交往已不局限于在传统社会形态下的个人主体、家族主体和自然群体主体之间进行，而是超越了这些主体的限制主要在各类专业性生产与流通组织、社会生活公共组织、国家以及各类跨国与跨区域的政治、经济、教育与文化组织之间展开。

相对于传统社会形态下的交往主体，现代社会交往主体在形式的发展中呈现出两个明显的特征（或者说发展的趋势）。这两个特征是：其一，交往主体的多元性代替了单一性；其二，交往主体的专业组织性代替了地域自然性。显然，这两个特征的出现，一方面与现代社会生产、生活的专业化和市场化发展相关，另一方面又直接与交往主体所具有的交往意识和交往能力关联着。我们知道，传统社会是一个相对单一与封闭的社会，传统人的社会生产与社会生活具有高度的自然性，这就决定了传统人既不会拥有交往的高度自觉性，更不会具有超越自然性交往的社会交往能力。与此相反，现代社会的日益开放化、专业技术化、市场化发展，促使现代人的主体意识和自我意识不断得以提升与增长。因此，相对于传统人而言，现代人所具有的高度的交往自觉性和超越自然地域限制的能力，都是传统人所不能企及的。

与交往主体多元化发展相伴生的必然是交往对象的丰富与多元化发展，这是现代社会关系结构要素发展的另一方面的表现。一般来说，主体间的交往具有互为性，即当一种主体成为另一主体交往所指的时候，那么这一主体也就同时成为交往主体的互为交往对象。但是，在这里我们必须指出的是，主体间的这种互为性并不是发生在人类所有交往的领域内，只有在人人之间和群类之间所发生的交往才具有主体之间的互为性，而其他领域之内所发生的交往则并不具有这种互为性。在这一意义上，现代社会交往主体的多元化发展，也就意味着交往对象的多元化发展。当然，现代社会交往对象的发展并不仅仅表现为交往主体的多元性所引起的对象的丰富性上。虽然人类交往对象的发展与交往主体的分化有着一定的关联性，但是从根本上来说，交往对象的拓展与丰富取决于人的社会实践活动领域的拓展程度。

在现代社会关系结构要素的发展中，交往技术与手段的变革及发展，乃是最令人注目的。这不仅仅是因为现代交往技术与现代交往手段的发展引起了人类交往方式的革命性变化，更重要的是因为这种技术与手段的变革引发了人类社会生产与社会生活的整体变革，因而其意义早已超越了自身。从一定意义上而言，正是由于现代科学技术的迅速发展所引起的人类交往方式与手段的变革，才引致了现代社会关系结构要素的整体性变革与全面发展，从而也使现代社会具有了与传统社会完全不同的面貌。

如果单从交往方式的发展看，现代社会关系在交往方式上所发生的一切变化都根源于现代通信信息技术与手段的产生及其迅速发展。这主要表征在交往工具和交往技术手段的发展两个方面：在交往工具方面，现代通信工具如电话、电报、电视、电影、电子图书、计算机网络等工具产生及发展，突破了传统的语言文字交往工具的限制，从而使现代人的交往方式更加丰富、多元和便捷化；在交往技术手段方面，以互联网和多媒体技术为代表的现代通信信息技术的发展及其在社会生产与生活诸领域的广泛应用，使得现代人的交往完全突破了地域和时空的限制，从而使现代交往具有了虚拟性、无时空和无边界制约性。也正是因为现代交往技术、交往工具的不断更新与发展，才使得人类社会的发展越来越走向一个全球一体化的时代。

2. 现代社会关系领域与范围的发展

现代社会关系是在现代社会生产与社会生活不断分化和重组、现代人的主体意识和本质力量不断增长，以及现代科学技术迅猛发展的历史条件下生长与发展的一种新型的社会关系形式。因此，相对于传统社会关系而言，现代社会关系具有极强的扩张性与渗透性。如果说传统社会关系主要是在人的自然性的社会生产与生活的领域与范围发生的话，那么现代社会关系则借助现代科学技术手段和现代专业性的社会组织的力量延伸到人类生产与生活所涉及的各个领域和各个方面。

现代社会关系的领域发展是随着现代社会人类生产与生活领域的不断拓展而得到发展的。在社会生产领域，现代工业和一系列高新技术产业的发展，在不断开辟着新的生产领域的同时，也日益催生着新的生产关系，从而推动着人类社会生产关系的由低级形态向高级形态的变革与发展。农业社会的生产关系主要是基于家庭或家族血缘关系而结成的自然经济关系，并且这种简单的生产关系也只是生产领域内的关系，尚未分化出复杂的市场关系和分配关系。与此相反，现代社会的生产关系是一种基于社会化大生产组织关系而结成的商品经济关系，并且这种关系由生产领域延伸到流通和分配领域，形成了新的所有制关系、市场关系和社会分配关系。

在社会生活领域，围绕着现代人各种需求的满足和发展的需要，各种政治的、经济的、文化的和一系列社会服务性的组织不断滋生和发展，从而使得现代人所面临的各种生活关系更为多元与复杂。可以说，现代社会关系除在传统的社会生活领域如政治、经济、文化、道德生活领域有着重大的拓展与发展外，还在现代人社会公共生活与私人生活领域产生了一系列复杂的责任与服务性的关系，如各种咨询、代理关系等，这些关系在本质上是现代人生活的一种契约关系。

伴随着现代科学技术的进步和现代社会关系发展领域的拓展，现代社会交往所能达及的范围也越来越广阔。相对于传统社会自然交往的时空有限性而言，现代社会交往凭借着先进的技术手段彻底打破了时空对人们交往的制约，从而使不同国家、不同地域、不同民族之间人与人的交往具有了高度的自主性与自由性。在今天，只要人们愿意交往，无论地区与国家，都可以凭借现代先进的通信技术手段将关系发展到世界的各个角落。

在空间范围上，现代交往不仅打破了国家与区域之间的限制，而且将交往延伸到了更为浩渺的宇宙空间范围，登月的实现和一系列空间探测器的发射成功，使人类的足迹与活动冲出了地球而延展到整个太阳系。在时间范围上，虽然人类仍无法改变时间的进程，但是，人们凭借互联网和多媒体虚拟技术，构建了一个不受时空制约的虚拟实在世界。在这个世界里，现代人成功地摆脱了时空的制约而实现了绝对自主与自由的交往。因此，无论在空间范围还是在时间范围,现代社会关系的发展都是传统社会关系所无法比拟的。

3. 现代社会关系性质与类型的发展

与传统社会关系形成的自然性和封闭性不同,现代社会关系是在现代科学技术的迅速发展促使交往方式的不断变革、现代社会生产与生活的不断分化重组,以及现代人主体意识和自我意识的不断增强和扩张的历史条件下所结成并发展的人与人之间的联合关系,这就决定了现代社会关系与传统社会关系的本质区别。较之传统社会关系形态,无疑,现代社会关系是一种更为丰富、多元、开放与复杂的社会关系形态。

现代交往和现代社会关系的建立是在主体成为独立的个体条件下自觉展开的,是交往主体明确的价值追求和个体意识的表达,因而现代社会关系在性质上已完全不同于传统社会关系。如果说传统社会关系是在个人对群的依赖条件下所建立的一种具有人身依附性质的关系的话,那么现代社会关系则与此完全相反,它是在人人平等即交往主体完全平等的条件下所建立的一种新型的社会关系,不具有任何人身依附的性质与色彩。

当然,这并不是说现代社会关系就完全是一种绝对自由的关系或者说自由人的联合关系。在现代社会生活条件下,人的自由始终是相对的。现代人虽然摆脱了如传统社会中传统人对群的那种特殊依赖关系,但是却并未获得真正的自由。现代人欲望的过度扩张和主体关系的私有性,决定了现代人的交往并不完全是出于劳动和类的发展需要的自由自觉的交往,而是与之相反,是一种在私有欲望即对物的追逐的欲望驱动下的交往,因而所反映或折射出的只不过是一种人对物的依赖关系而已。

现代社会交往主体所具有的自由性、自主性和自我性,以及现代交往手段与技术的便捷化,促使现代社会关系高度的开放性、扩张性的出现与生成。正因为如此,现代社会关系无论在结构的方式、类型,还是在关系所指的对象、领域与范围,都始终是处于一个动态发展的过程之中。这一点,在现代社会关系发展类型的拓展上也得到了充分的体现。

相对于传统社会关系而言,现代社会关系所具有的复杂性与之是不可同日而语的,因而对于现代社会关系类型的划分也就成为一件相当困难的事。从发展的角度看,现代社会关系无论是在时间范围还是在空间范围,无论是在现实层面还是在虚拟层面,无论是在社会物质生产与生活领域还是在社会精神生产与生活领域等诸方面,较之传统社会关系都获得了巨大的发展。

在时间关系上,如同传统社会人们所建立的关系一样,现代社会人们的时间关系也包含了指向过去的历史关系、指向当下的现实关系和指向未来的理想关系。但是,在现代人的生活世界里,不同指向的时间关系对现代人所具有的意义也许与传统人完全不同。如果说传统人的现实生活更多地受到历史法则制约的话,那么现代人的现实生活则更多地受到现实法则和未来理想的支配。历史的关系在传统人那里是厚重的,是切实可感知的,但却在现代人的观念与生活中是遥远的和淡漠的,只有现实的存在对现代人来说是更重要的。所以,在传统人那里,一切历史的、现实的或者未来的关系都具有相对的稳定性与持久性,而在现代人那里,一切关系都有着变动不居的瞬时性和不可测性。

在空间关系上,现代人的交往由于新的先进的交往技术和手段的创造及广泛运用,已完全打破了传统社会交往中的地域限制,不同地域之间、不同国家之间的交往越来越频繁,关系也越来越密切。一个新的世界和全球一体化时代的开辟,正是现代人引以为豪的骄傲。可以毫不夸张地说,人类社会交往空间制约界域的突破,不仅迎来了一个全球交往的新时代,同时也开创了一个人类全球化整体生存与发展的时代。

随着交往时空界域的突破,现代人的社会生产与社会生活交往也跃进到一个全新的阶段。在越来越专业化的生产劳动和越来越丰富多元的社会公共生活中,现代人不断创造出越来越复杂多样的社会关系形式,无论是反映产权关系的现代生产关系制度还是反映公民权利关系的现代民主政治制度,抑或是反映公民物质与精神诉求关系的现代社会经济制度和文化教育制度,都完全突破了传统社会关系形式类型的局限而成为反映现代人生存与发展本质需求的新的关系形式。

在现实关系形式不断丰富与发展的同时,现代人还通过计算机及互联网技术、多媒体集成技术创造了一个由有意义的文化符号系统所构成的现代虚拟世界，从而将传统社会的单向的纯粹虚拟交往关系发展为一种自由的实在虚拟交往关系。现代信息与虚拟关系的产生及发展，一方面表征着人类存在关系的重大发展和人的生命存在本质力量的极大提升，另一方面也表征着现代社会关系发展形式的丰富化与多样化。总之，作为一种新兴的社会关系形式，现代社会关系始终是伴随着现代人感性的实践与交往活动的发展而不断发展的，新的关系形式的不断创造和生长乃是现代社会关系发展的基本特征。

三、现代社会关系的特征及对人发展的规约性

作为人类存在与发展的一种新兴的社会关系形式，现代社会关系的生成、嬗变与发展，无疑为人的独立、自主的存在与自由而多样化的发展创造了新的社会基础与社会关系条件。由于现代社会关系的生成及发展，不仅促使传统社会形态向现代社会形态的转变，同时也促使传统人向现代人的转变。当然，这一转变是一个过程的两个方面。传统社会形态的解体与现代社会形态的形成、传统人向现代人的转变，都是在人类社会不断走向现代化的过程之中而实现的。现代社会关系的生成与发展，为这一转变的实现，奠定和创造了必要的社会关系基础。

与传统的社会关系不同，现代社会关系是人类在劳动专业化分工与社会生活不断分化条件下所创造的社会关系形式，因而现代社会关系的发展表现出与传统社会关系完全不同的特征。如果说传统社会关系是一种相对封闭、稳定与简单的社会关系形式的话，那么，现代社会关系则是一种具有高度开放性、变动性与复杂性的社会关系形式。人作为一种关系性的存在，不同的社会关系必然会对其现实的存在与发展产生不同的规约性影响。无疑，现代社会关系发展所具有的开放性、变动性与复杂性等特征，对于人的存在与发展由传统向现代的转变，必然会产生重要的促进与规约作用。

（一）现代社会关系的主要特征

我们知道，人的存在与发展的任何关系，都是人在自己感性的实践活动

中创造的结果。人的社会关系生成与发展的这一特征，决定了人的社会关系特征与其感性的实践与交往活动特征的一致性。或者说，人的存在与发展的社会关系所具有的特征，是由其感性的实践与交往活动所决定的。与传统社会关系的形成与发展不同，现代社会关系是人类在现代社会专业化、精细化、智能化劳动分工与现代社会生产方式条件下所创造的一种社会关系形式，因而必然是一种具有高度开放性、丰富性、复杂性和多样性特征的社会关系形式。现代社会关系在发展中所呈现的这些基本特征，一方面使现代社会关系的发展获得了内在的自在驱动力，另一方面也使其获得了区别于传统社会关系的内在本质。

1. 现代社会关系的开放性

开放性是现代社会关系在发展中所获得的区别于传统社会关系的重要特征。这一特征的获得，根源于人类现代社会生产方式的扩张性与现代社会生活的开放性。由于这一特征的获得，既为现代社会关系的自组织与内在结构因素的联动性发展奠定了基础，更为与之相关联的其他发展特征的生成创造了必然条件。可以说，正是由于现代社会关系对发展的开放性特征的获得，才使得现代社会关系具有了自我发展与自我更新的基本功能，也使得现代社会关系在发展中获得了多样性、复杂性与丰富性的特征。倘若没有开放性，现代社会关系也不可能获得自我发展与自我更新的功能，同时也不可能与传统社会关系从本质上区别开来。

现代社会关系作为现代人劳动与生活的创造，无疑反映着现代社会生产与社会生活所具有的本质特征，是人类现代社会生产与社会生活所具有的特征在人的社会组合关系中的体现。与传统社会形态下的社会生产与社会生活不同，现代社会人类的社会生产与社会生活是建立在专业化分工和现代大生产方式的基础之上的，开放性、多元性与扩张性是其所具有的基本特征。现代生产与现代社会生活所具有的开放性、多元性与扩张性的特征，正是促使现代社会关系开放性特征形成的根源。一方面，现代社会生产方式的扩张性促进了人类社会劳动与社会交往对地域限制的不断突破；另一方面，现代社会生活的开放性与多元性则日益推动着人类社会关系的发展不断走向丰富与多样。

现代社会关系发展的开放性既反映在关系构成内在要素之间的依存与联动性方面,也体现在关系整体发展的开放性上。或者说,现代社会关系所具有的开放性,不是一种被动性的开放,而是现代社会关系自身具有的内在自组织性的开放。具体来说,这种开放性主要表现在以下两个方面:一是构成现代社会关系系统的所有结构要素都是相互依存的,任何一个要素的存在与发展都必然依赖其他要素的存在与发展;二是所有的系统要素都是一种开放性的存在,因而也是一种动态性的存在,任何一个系统要素都必须通过与其他系统要素的信息及能量的交换,才能获得存在与发展的理由。由此可见,现代社会关系的开放性是结构性与系统性的开放。

构成现代社会关系形式的任何一个结构要素之间都存在着彼此的依存性与相互依赖性的。虽然这种依存性和相互依赖性的产生,是由现代社会人类社会生产与社会生活的整体性特征所决定的,但是,现代社会关系形式构成要素之间的这种依存性和相互依赖性的产生,却必然使其发展获得了内在的联动性与开放性。正因为如此,现代社会关系形式构成的任何一个结构要素,无论是过程结构的要素,还是形式结构的要素,相对于关系系统整体而言,一方面必须在相互的依存中才能存在,另一方面也必须在相互的依存中才能实现整体性的变动与发展。一般而言,现代社会关系形式中不同结构要素之间的相互依存,是通过结构要素之间的能量与信息的交流与交换而获得的,是一种系统结构性联动效应的体现。

由此可见,现代社会关系发展开放性特征,既是现代社会关系在生成与发展过程中由于现代社会生产方式与现代社会生活发展所具有的扩张性、开放性与多元性而获得的,同时这一特征的获得,也为现代社会关系自组织的自我发展注入了强大的动力。正是由于这一特征的获得,不仅使现代社会关系的发展具有了比传统社会关系更高的开放性,而且也为现代人多样化的存在与发展创造了前所未有的开放性的社会关系环境。此外,现代社会关系发展开放性特征的获得,也成为其发展的多样性、变动性、复杂性与丰富性等特征生成与形成的重要促进力。因此,基于这一意义而言,开放性乃是现代社会发展所具有的根本性特征。

2. 现代社会关系的发展性

现代社会关系的变动性与发展性特征是与其所具有的开放性特征直接联系在一起的。一般来说，开放是促使事物发展与变动的根源。与之相反，一个自闭的系统，是不可能生成持续发展的动力的。与传统社会关系演变所表现出来的相对稳定性不同，现代社会关系由于具有高度的开放性，因而变动性与发展性就成为其重要的特征。对于人的存在与发展而言，现代社会关系所具有的变动性与发展性的特征，一方面无疑反映着现代人社会生活的多变性、流动性与发展性，另一方面也成为支持与促进现代人自由和多样化发展的重要社会基础。显然，现代社会关系变动性与发展性特征的获得，对于现代人的存在与发展，产生并发挥着重要的功能推动作用。

开放性的社会关系必然是变动与发展的社会关系形式。我们知道，开放是事物发展获得动力的重要条件，没有开放，则事物不可能获得发展的动力，因而也就不可能获得发展。只有在开放的条件下，事物的内在构成要素才能与外界发生必要的信息与能量交换。一定的信息与能量的交换是促使事物改变与发展的必要条件。如果没有一定的信息与能量的交换，则任何事物的发展都必然会因为能量的枯竭而失去发展的动力。现代社会关系所具有的开放性，正是现代社会关系保持变动与发展的重要基础。开放性的存在，不仅使得现代社会关系的内在构成要素始终处于与外在环境互动的激活状态，而且也使得关系的主客体之间始终处于彼此作用与改变的状态。因此，开放则必然意味着变化与发展。

当然，如同现代社会关系发展开放性特征的获得对于现代人类社会生产与社会生活的依赖一样，现代社会关系变动性与发展性特征的获得，是与现代社会人类社会生产与生活的扩张性和流动性直接联系在一起的。开放性、扩张性与流动性，是人类现代社会生产与社会生活区别于传统社会的重要特征。这些特征的产生及其出现，虽然是人类社会生产与社会生活自身演变与发展的结果，但是却无疑表征着人类社会生产与社会生活的巨大进步与发展。社会关系作为人类社会生产与社会生活的形式化的反映，其存在与发展的状态及特征，毫无疑问是由促使其生成及发展的社会生产与社会生活的基本状况所决定的。因此，根本上来说，现代社会生产与社会生活发展所具有的开放性、扩张性与流动性特征，乃是促使现代社会关系变动与发展的根源之所在。

现代社会关系的变动性与发展性的特征既反映在构成关系的内在要素的不断生成与变化方面，同时也反映在社会关系形式的变更与发展方面。由于决定现代人存在关系生成与发展的社会生产与社会生活始终处于持续的分化、流动与变动之中，因而必然注定了现代人存在关系的变动性与发展性。一方面，现代社会生产与社会生活的持续分化与变动，必然会促使新的社会关系构成因素的不断生成与发展，从而为现代人在现实的生存与发展过程中对新的社会关系形式的建立奠定了现实的条件与基础；另一方面，现代社会生产与社会生活的快速变革、流动与发展，在不断解构着现代人现实的存在关系的同时，也必然会不断创造和生产出更加丰富与多样的新的社会关系形式。在一个开放与不断变动的社会条件下，现代人生存与发展的各种关系也必然会获得持续变动与发展的特征。

3. 现代社会关系的丰富性

与变动性和发展性特征相适应，丰富性也是现代社会关系在发展中所表现出来的重要特征。与人类社会发展与演进的基本趋势相应，人的存在与发展的社会关系形式在总体上呈现着由简单到复杂、由单一到多元的发展态势。所以，社会关系的日益丰富化发展，是人的感性的实践与活动的存在所表现出来的一个基本特征，并且随着人类社会劳动分工与社会生活分化的持续发展，人的存在的社会关系所具有的这种丰富化发展的特征，必然呈现着日益加速化的趋势。我们知道，与人类早期存在与发展的原始社会关系和传统社会关系相比，现代社会关系的发展则不仅具有了日益加速化发展的特征，而且也由于加速化的发展具有了越来越多元与丰富化的特征。

人类社会生产与社会生活的分化及多元化发展是现代社会关系丰富化发展特征生成的根本原因。作为人类现实的感性的实践活动展开的重要形式，人的存在的社会关系的发展必然受到人类社会实践活动分化与发展整体程度的制约。一般而言，人的存在的社会关系发展的复杂性、丰富性是与人类社会劳动分工、社会生活分化发展所达到的程度保持着高度的正相关性的。通常社会劳动分工与社会生活分化发展的程度越高，人的存在的社会关系的丰富性与复杂性程度也就越高；反之，人的存在的社会关系也就越简单和单一。由于现代社会人类劳动分工的精细化程度以及社会生活分化所达到的复杂性的程度都是人类传统社会无法比拟的，因而与传统社会人类的存在与发展相比较而言，现代人存在与发展的社会关系的丰富与复杂程度，同样是传统人所无法比拟的。

现代社会关系的丰富化发展主要表现在两个方面：一是新的社会关系形式在现代人的社会生产与社会生活实践过程中得到不断生成和发展，二是构成现代社会关系的每一个结构要素都始终处于不断地丰富与发展过程之中。新的社会关系的产生及发展是由现代社会人类改造自然、社会能力的不断提升，以及用以实践的生产工具、交往技术手段的日益智能化发展所引发的；而现代社会关系结构要素的丰富与发展，则是由于现代社会关系的开放性、变动性与发展性所决定的。现代人社会存在与发展过程中新的社会关系的不断产生及社会关系内在构成要素的不断变化与发展，无疑是现代社会关系多样化与丰富化发展特征的基本表征。

4. 现代社会关系的复杂性

现代社会生活的多变性与一体性，决定了现代社会关系发展的系统性与联动性。一方面，现代社会关系的发展是人的存在关系的整体发展，而不是局部的或单一性的发展；另一方面，构成人的存在的社会关系形式的任何一个结构要素的变化与发展，必然会引发关系的整体性变化与发展。现代社会关系发展所表现出来的这种系统性与联动性，决定了现代社会关系发展的不同特征之间必然也存在着高度的互动性。现代社会关系发展的复杂性，无疑既是对现代社会人类社会生活的多元性、丰富性与复杂性特征的反映，同时也是与现代社会关系的开放性、丰富性与发展性的特征直接联系在一起的。在一定意义上来说，现代社会关系多样化与丰富化的发展，必然也意味着其发展的复杂性。

现代社会关系的复杂性，根源于现代社会人的社会生活的多元性、丰富性与流动性，是对现代人丰富而多样化的现实生活的反映与体现。人的存在的现实生活的复杂性，决定了人的存在关系的复杂性。我们知道，在人的现实的存在与发展中，一方面，一定的存在关系是人在现实的感性的实践与交往活动中创造的结果，另一方面，人们在现实的存在与发展中创造了什么样的关系，也就意味着有着什么样的存在和什么样的发展。人的存在与其存在的关系有着高度的一致性。与传统社会条件下人们的社会生活的单纯性与稳定性不同，在现代社会人们的社会生活不仅具有多元性与丰富性，而且也具有高度的开放性与变动性。这些特征，无疑都是现代社会生活复杂化发展的体现。这种复杂性，也必然会反映在人们现实存在的社会关系中，从而形成社会关系发展的复杂性特征。

现代社会关系发展的复杂性主要表现在由人类现代社会生产与社会生活开放性、多元性发展所引起的结构性演变与发展中。这种结构性的变化与发展，不仅使得现代社会人类存在与发展的社会关系具有了日益趋向多元与复杂化的特征，而且也使得人类存在与发展的社会关系具有了结构性联动的特征。现代社会关系发展的复杂性是与人类社会生产和社会生活结构化、系统化的发展特征直接联系在一起的。由于现代社会生产与社会生活结构化与系统化的发展，因而必然会促使人类社会关系的发展日益呈现出丰富化与多元化的特征，从而也必然会促使人的存在与发展的社会关系变得越来越多元和复杂。

现代社会生产与社会生活的结构化和系统化的发展，同时也决定了现代社会关系发展的系统性与联动性。这种发展的系统性与联动性，也是现代社会关系发展复杂性特征的重要表现。现代社会是基于现代科学技术、现代社会生产方式而建立的一种具有高度开放性、结构性、系统性与变动性特征的社会形态，这就决定了现代社会发展的自为性、联动性与整体性，也必然决定了现代人现实存在的社会关系发展的自为性、联动性与系统性。在现代社会生活过程中，人类社会生活的任何一个领域、任何一个部门的任何一项变迁，都会影响到其他领域其他部门和其他事项的变迁，从而引起社会结构性、系统性与整体性的变动或发展。现代社会发展的这种趋势与特征，正是引发现代社会关系内在构成要素联动与整体性发展的根源，也是促使人的现实存在的社会关系越来越复杂化的重要社会原因。

（二）现代社会关系对人的发展的主要规约性

人的本质的生成性以及人的存在与社会关系的统一性，决定了社会关系的发展对人的发展具有重要的功能性规约作用。无论是人类由猿而人的转变，还是人类在自身的发展过程中由原始人向传统人的转变、由传统人向现代人的转变，都无不是以社会关系形态的转变作为前提条件的。或者说，人类的发展由原始人向传统人的转变、由传统人向现代人的转变的实现，是伴随着原始社会关系形态向传统社会关系形态的转变、传统社会关系形态向现代社会关系形态的转变而实现的。倘若没有新的社会关系形式的生成与发展和新的社会关系形态的确立，那么，也就不可能有人类整体性的进步与发展，原始人也就不可能转变为传统人，而传统人则也不可能转变为现代人。

人、活动、关系三者之间所存在关系的辩证性与统一性，决定了三者在人类存在与发展过程中的彼此创造和彼此制约性。一方面，人类自身进步与发展所达到或所实现的程度，极大地影响和制约着人类实践活动与人类社会关系的发展所能达到的水平和状态；另一方面，人类社会实践及现实存在的社会关系发展的状况，也极大地影响和制约着人类自身的发展。人、活动、关系三者之间所存在的这种彼此创造和彼此制约的互动性，无疑表明了人类社会实践与社会关系的发展对人的存在及发展具有重要的功能性促进或制约的作用。这种功能性的作用主要表征为：人类在自己感性的实践活动中创造了什么样的社会关系形式，人类就有着什么样的存在与发展。相对于传统社会关系而言，现代社会关系的产生及发展，必然会对人类自身的发展带来巨大的推动与促进作用。

人类社会现代化的发生及其向全球的蔓延与扩张，应该说是人类社会发展真正步入巨大变革的开始。这一巨大变革的动力，无疑源自人类自身的解放和人的本质力量在新的历史条件下的发展与表达，其主要表征在于科学技术的进步、现代生产方式的诞生、现代社会关系的生成及相应形态的逐渐形成与建立。所有这一切变化，都从根本上改变了人类生存与发展的社会基础与社会方式。基于现代生产方式和现代交往手段而生成的现代社会关系形态，不仅有力地促进了人类个体从自然性群体依赖关系中的解放，而且也为个体自由、自主与独立的存在与发展创造了前所未有的社会基础和广阔的空间。尤其是随着现代信息通信技术的发展对人类实践与交往时空限制的突破，则更使得人类的存在与发展获得了空前的自由度。正是从这一意义上而言，社会现代化的发展与现代社会关系形态的确立，无疑将人类自身的现实存在与发展推进到了一个新的境界。

现代社会关系作为人类自身的创造和社会现代化的产物，它既是现代人在现实的生存与发展中生命本质力量表达的基本形式，同时也是规约、促进现代人新的本质力量生成与发展的重要社会文化条件，对现代人现实的存在与发展产生着重要的作用。从现代社会关系生成及发展所具有的性质、特征来看，现代社会关系对现代人的存在及发展所具有的规约价值或者说作用，主要表现为对现代人独立自主与自由多样发展条件的创造及推动等两个方面。当然，人的独立自主与自由多样发展之间存在着密切的联系。独立自主是自由多样化发展的前提与基础，自由而多样化的发展则是人的独立与自主的重要体现。人只有在获得独立性、自主性的条件下，才有可能实现自由而多样化的发展；而人的自由与多样化的发展，则是人的独立与自主性生存的结果和重要表现。

现代社会关系的生成、发展及相应形态的确立是人类基于社会现代化的发展而实现的。人类社会现代化的发展，既是一个传统社会结构与传统社会关系形态逐渐解体的过程，同时也是一个社会现代性生成、发展和现代社会关系形态逐渐得到形成与确立的过程。在这一过程中，一方面，传统社会关系形态的解构与消解，必然会促使人类个体从对自然性社会群体依赖关系中解放出来，从而使个体的存在与发展获得一定的独立性与自主性；另一方面，现代社会关系的生成、发展与现代社会关系形态的确立，必然会为人类个体自由而多样化的发展创造出广阔的社会基础与社会条件，从而必然会极大地促进人的自由而多样化的发展。由此可见，人类社会现代化发展与现代社会关系生长的过程，其本质是一个人类实现自我解放与自我发展的过程。

在人类社会现代化发展的进程中，现代社会关系的生成与发展，既是传统社会关系解体的结果，也是促进传统社会关系解体的重要推动力。与传统社会关系不同，现代社会关系是与现代社会生产方式和社会生活相适应的关系形式。这种关系生成与发展的基础不是农业时代的自然生产方式，而是基于劳动专业分工与专业组织化条件下的现代生产方式，因而无论其性质还是关系特征都与传统社会关系存在着根本的区别。就性质上而言，现代社会关系既是一种专业化的组合关系，又是一种个体自由的组合关系。现代社会关系的这种组合方式及其所具有的性质，是促使其开放性、多元性、丰富性与发展性等特征生成的重要根源。因此，现代社会关系的生成及发展，无疑是促使传统社会关系解体和传统人向现代人转变的重要客观力量。

现代社会关系的生成及发展，对现代人的存在与发展所具有的规约作用具体体现在以下四个方面：第一，现代社会关系的生成与发展，不仅促进了个体的解放，而且也为个体独立与自主的生存创造了现实的环境与条件；第二，现代社会关系发展的开放性、多元性、丰富性的特征，对促进个体自由而多样化的发展创造了充分的社会规约性条件，有利于促进人的自由而全面发展；第三，现代交往技术的诞生及其迅速发展，完全打破了人类实践交往的时空制约性，为现代人自由的个性化发展开辟了广阔的空间与前景；第四，现代社会关系的多元化发展，在为现代人的生存与发展创造出越来越广阔的自由选择的同时，也带来了选择与发展的困惑。

由此可见，现代社会关系对人的存在与发展的规约也具有二重性。正是由于这种二重性的存在，才使得现代社会关系的发展对人的存在与发展的规约具有了一定的复杂性。一方面，现代社会关系的发展必然会对现代人的生存与发展带来巨大的机遇和广阔的空间，但是，另一方面也必然会对现代人的生存与发展提出前所未有的挑战，甚至可能会对现代人现实生存的幸福与发展的健康而造成重大的障碍。关于这一点，应该是现代人在自身现实的生存与发展过程中所必须高度重视的问题。

（三）从传统人到现代人的发展

传统人向现代人的发展或者说传统人向现代人的转变，是一个伴随着人类社会现代化的发展和传统社会关系向现代社会关系的转变而逐渐实现的过程。作为传统人生存与发展主要形式的传统社会关系形态的解体，是传统人实现向现代人转变的前提。传统社会关系向现代社会关系的转变，是一个与传统人向现代人的转变互为条件和相互作用的过程。传统社会关系形态的解体以及向现代社会关系形态的转变，是传统人向现代人转变的必然要求。当然，传统人向现代人的转变及发展，无疑也为传统社会关系形态的解体以及向现代社会关系形态的转变与发展创造着必要条件，同时也有力地促进着这一转变的实现。

1. 关于"传统人"与"现代人"内涵的理解

人类的发展是一个漫长而持续的历史演进过程。在历史发展的不同时期，由于劳动与文化创造的差异而造成不同历史时期人类存在与发展差异性特征的产生是极其自然的现象。尽管差异的产生是一种历史的必然现象，但是，差异并不意味着人类历史的中断，而是意味着人类自身的发展与进步。所以，所谓"原始人""传统人""现代人"的称谓，也就不仅仅是一个时间序列上的称谓，同时也包含着内在特征或者内涵上的差异。

对于"传统人""现代人"的区分，在理论上虽然我们可以给出比较清晰的界定与区分，但是，在现实中却肯定无法做到如理论上那样纯粹与清晰。由于人类的发展是一个连续不断的过程，在传统人与现代人之间并不存在一条明确的界沟，因而现实中的区分显然就成为一件非常困难的事情。何况现代人是由传统人发展而来的，没有传统人的发展，也就不会有现代人的产生。当然，传统人的发展也必然会通向现代人，而不可能回归到原始人。人的发展历史的连续性，决定了相邻时代人的存在与发展界线的模糊性。

根据人的本质的生成与历史活动的关系，我们认为对于"传统人"与"现代人"的区分应该从两个维度进行划定，才能比较准确地揭示二者在发展上的本质差异。这两个维度是：一是社会发展的时间维度，二是人的发展的历史维度。在社会发展的时间维度上，我们可以确定现代人本质生成与传统人本质生成的客体规约条件的差异；而在人的发展的历史维度上，我们可以确定现代人与传统人活动本质以及外显人格特质上的差异。只有在这两个维度结合的基础上,我们才有可能对构成现代人与传统人本质差异的内外根据给出比较科学与合理的解释。

基于社会发展的时间维度与人的发展的历史维度的结合,我们认为:所谓传统人,指的是生活在传统社会条件下并在传统社会关系和传统社会生活中形成了传统人格特质的人;而所谓现代人,则指的是生活在现代社会条件下并在现代社会关系和现代社会生活中形成了现代人格特质的人。因此,在我们看来,所谓传统人与现代人,主要不是一个时间概念上的称谓,而是一个人的发展的本质差异性的界定。现代人与传统人的本质差异,并不在于现实存在时间上的差异,而在于其人格特质之间存在着重大的差异。

2. "现代人"与"传统人"的本质区别

作为一种文化性与社会性的存在,人的本质的生成及发展,并不是由其生物性的遗传特征所决定的,而是由其现实的感性的劳动与文化创造所决定的。所以,人的存在与发展的本质差别,主要不是表征在通过种的遗传而获得的生物性特征的差异上,而是表征在人在其现实的存在与发展过程中由于劳动与文化创造的差异而形成的社会文化性特征的差异上。或者说,人的差异主要指的是人的存在与发展的社会性差异,即人格特质的差异,而不是别的什么差异。因此,现代人与传统人的本质差异,也主要是体现在由于他们各自存在与发展的社会条件的不同而造成的人格特质的差异上,而不是表征或体现在作为一般人所具有的共同特征上。

我们说,现代人与传统人的本质区别在于反映现代人与传统人社会文化性本质内涵的人格特征的差异。虽然在这一点上,大多数人学研究者持有一致的观点,但是在对现代人格与传统人格特征的认识上,不同的研究者之间却存在着一定的分歧。应该说,分歧的产生既有对现代人格与传统人格特征内涵认识方面的原因,也有对这一问题认识视阈与方法差异性的原因。从对现代人格与传统人格特征认识的深化这一角度而言,这种多元视阈的研究和不同论点的共存,有利于促进人们对这一问题的深入思考和问题研究的深入。从人格的特质及发展的倾向性出发,我们认为,现代人与传统人的本质差异主要体现在人格的独立性与依附性、开放性与封闭性、多样性与稳定性等三个方面的差别。

第一，传统人的生存与发展是建立在传统的社会关系基础之上的，由于传统社会关系主要是基于自然性的血缘关系而建立的一种社会关系形式，因而这种关系具有比较高的稳定性、封闭性与黏附力。在这一关系形式下，传统人所形成的人格必然有着依附性的特征，所以依附性是传统人格特质中的一个重要特征。与传统人不同，现代人的生存与发展是建立在现代社会关系基础之上的。由于现代社会关系的生成及发展是以个体从人类自然性群体中的分化与解放为前提的，因而这就必然决定了现代人在现实的存在与发展中独立人格的形成。因此，人格的独立性与依附性是现代人与传统人彼此区别的重要表征。

第二，与人格的独立性相应，现代人的独立存在与发展是现代人在现实的生存与发展中获得自主性、自由性与开放性的基础。现代社会劳动分工与现代社会生活的分化，不仅极大地促进了个体从传统社会关系中的解放，而且也为个体独立和自由的生存与发展创造了重要的社会条件。正是这种独立、自主与自由的生存与发展，促使现代人开放性人格特质的形成。与之相反的是，传统社会关系所具有的稳定性与封闭性特征，决定了传统人不可能在现实的存在与发展过程中形成开放性的人格，而只能形成封闭性的人格或者说形成人格的封闭性特征。由此可见，现代人的人格本质上是一种开放型的人格，而传统人从总体上而言则是一种封闭型的人格。

第三，封闭型的人格，其人格特质必然表现出单一性与稳定性的特征，而开放型的人格则与之相反，多样性与丰富性是其基本的特征。正是由于传统人的人格是一种封闭性的人格，所以与现代人相比，传统人的人格特质相对比较单一和稳定，缺乏灵活性与变通性。而现代人则与此完全不同，现代人在人格发展上的开放性，决定了现代人人格特征的丰富性与多样性。这种丰富性与多样性，既是现代人适应现代社会生活发展的要求，也是现代人之所以能够获得现实存在与发展的重要主体条件。当然，从这意义上而言，传统人人格特征的单一性与稳定性也是传统人适应传统社会生活的必然要求，是传统社会生活特征在传统人人格形成与发展上的反映与体现。

一定的人格作为人的存在与发展的社会文化性特征的反映，它是人的存在与发展的时代特征的体现。因此，所谓人格特征的差异，其本质是人的现实的劳动与文化创造的差异。正如马克思所指出的那样，人们是什么是同他们生产什么和怎样生产直接联系在一起的。不是上帝创造了人类，而是人类自己创造了自己。无论是传统人与原始人的差异，还是现代人与传统人的差异，其本质乃不是人类在不同的历史发展阶段社会生活和劳动创造的差异。人的存在与其感性的实践活动之间所具有的高度同一性，既决定了不同时代人们存在及发展的差异与区别，同时也决定了人的发展的连续性。

3. 传统人向现代人的转变

尽管传统人与现代人在人格发展特质与倾向上存在着巨大的差异，但是，我们也不能因此就把传统人与现代人看作是两种完全不同的人。所谓现代人与传统人，只不过是人的发展历程所经历的两个不同的阶段或过程而已。因此，不能把传统人和现代人截然分开并且完全对立起来。事实上，传统人与现代人之间存在着密切的联系。对于人类的存在与发展而言，传统人与现代人都只不过是一个历史的称谓而已。传统人与原始人、现代人与传统人之间虽然存在着人格特质与发展程度的重大差异，然而传统人代替原始人、现代人代替传统人，则是人类历史发展的必然结果。正如没有原始人就没有传统人一样，没有传统人也就无所谓现代人。

人的感性的活动的存在特征决定了人的发展的必然性。无论是原始人向传统人的发展，还是传统人向现代人的发展都是人类历史发展的必然。当然，这也并不是意味着人的发展的无条件性。事实上，原始人向传统人的转变或传统人向现代人的转变都是需要一定的条件的。只有在具备相应的现实条件的基础上，这种转变才能够实现。否则，人的发展转变也只能是一种美好的愿望。根据马克思关于人的本质及人的发展的理论，传统人倘要转变为现代人，必须具备两个方面的条件：其一是促使传统人转变为现代人的客观条件，即社会关系环境条件；其二是促使传统人转变为现代人的主观条件，即传统人自身转变的内在条件。只有在这两个条件同时具备的状态下，传统人才可能在发展中转变为现代人。

我们知道，传统人向现代人的发展转变是伴随着人类社会现代化的发生及发展而实现的，因而人的现代化的发展也并不是一个独立于人的创造与人的社会存在之外而展开的。传统人向现代人的转变与传统社会向现代社会的发展是同一个过程的不同方面，二者是合二为一的过程。没有传统社会的现代转型，也就不可能有传统人向现代人的转变；与此相应，没有传统人向现代人的转变，人类社会由传统向现代的转型也同样不可能实现。从人的发展与社会发展的统一性角度而言，无论是促使传统人向现代人转变的客观条件还是主观条件，则无不是在人类社会现代化的发展中得到实现的。因此，现代化的发生及发展是促使人类社会由传统向现代转型，以及人类自身由传统人向现代人发展转变的真正动力源。

现代化的发生及发展所引起的传统社会结构与社会关系形态的解体以及现代社会关系的生成与发展，是促使人类自身的发展由传统人向现代人发展转变的重要客观条件。正是由于人类社会现代化的发生及发展，才为人类自身由传统人向现代人的转变与发展创造了充分的社会基础与客观推动力量。具体来说，这一基础与条件主要反映在以下几个方面：第一，现代生产方式的产生及发展在瓦解传统社会基础的同时，也为人类的社会组合创造了新的方式；第二，社会劳动的专业化分工与社会生活的分化，有力地促进了传统社会关系形态的解构和现代社会关系的生成与发展，为传统人向现代人的转变奠定了重要的社会关系基础；第三，现代科学技术尤其是信息通信技术的诞生及发展，既为人类感性的实践活动的发展创造了重要的技术支持，也为人类存在与发展实现自由的社会组合奠定了坚实的基础。由此可见，现代化发展过程中人类社会所发生的一系列变化，正是促使人类由传统人向现代人发展转变的根本社会原因。

现代化的发生及发展在为人类由传统人向现代人的转变创造了必要的社会客观条件的同时，也为传统人向现代人的发展创造了充分的主体条件。我们知道，传统人向现代人的转变，必须同时具备的两个主体条件是：一是传统人在发展中的主体意识的觉醒和增强，二是自我发展能力的不断提升。只有在这两个条件同时具备的条件下，传统人才能够转变与发展为现代人。显然，传统人发展为现代人的这两个基本条件都是在人类社会不断现代化的过程中而实现的。具体表现为：第一，社会现代化发展的过程，是一个人类个体实现解放的过程，也是一个个体获得独立自主生存权利的过程；第二，个体的独立、自主与自由，既是人的主体意识觉醒和成长的前提，也是促进人的主体意识觉醒与成长的重要驱动力；第三，人文主义思潮的兴起、现代科学技术的发展，不仅促使人的主体地位得到确立，而且也极大地促进了人的自身潜能的开发与发展。所有这些，无不为人类由传统人向现代人的转变奠定了基础和准备了重要的充分的主体条件。

人类的发展既是一个永无止境和永不停息的过程，也是一个具体的历史的发展过程，这就决定了人类的发展必然是一个具体性与无限性相统一过程。人类在现实的存在与发展过程中的每一点进步，都无不在为更大的进步与发展积累和创造着必要的条件。没有这种积累和一点一点的创造，人类的整体的发展与进步也就不可能实现。同时，人类的发展也是一种自我发展，是人类自我创造与自我发展的结果。人类在一定的历史条件下展开的感性的实践活动，既是一个改造自然、改造社会的过程，也是一个自我改造与自我创造的过程。可以说，人类的任何发展与进步，都是人类在为实现生存而展开的感性的实践活动中创造的结果。正是由于这种创造性的活动，人类才在改变着世界的同时也改变着自身。无论是原始人向传统人的发展，还是传统人向现代人的转变与发展，无疑都遵循着这样的一种规律。

第三章

现代社会关系促进人的发展的机制

人的存在及发展在本质上是一个人类实践的过程。离开了具体的现实的实践活动，人既不可能存在，也不可能获得任何发展。因此，对于人的存在与发展而言，一定形式的感性的实践活动既是其存在的基本方式，也是其在现实的存在中获得发展的唯一途径。只有在具体的感性的实践活动中，人的存在的社会关系才能变成现实的规约人的本质生成的力量，并且这种力量，只有在人的具体的感性的实践活动过程中，才能和人自身的主体规约力量发生关联，从而凝聚成人的发展的现实推动力。也只有在现实的感性的实践活动中，规约人的主客观力量才能够实现彼此的互动而促使人生成新的内在品质，人的发展也才能够由可能态转变为现实态。人的存在及发展与其感性的实践活动之间所具有的这一关系，决定了人的实践与活动关系是其存在与发展一切关系生成与建立的基础。

人的感性的实践与活动的存在，决定了人类的存在。虽然人类的存在及发展，呈现着个体与群类两种不同的形式，但是，任何个体的存在都无法离开群类的存在而独立存在。因此，人的存在，也始终是一种关系性的存在。感性的实践与活动的存在，正是人的关系性存在的基本方式。我们知道，人的感性的实践与活动的过程，既是一个人的存在的社会关系集合的过程，也是一个新的社会关系的生成过程。只有在一定的感性的实践与活动之中，人的存在与发展的一切社会关系才能够实现一定形式的集合，并才有可能由客观的隐性态转变为现实的显性态；也只有在一定的感性的实践与活动之中，人的发展的主体规约力量才能够与其存在的现实的社会关系相结合，主体客体化、客体主体化的互动才有可能变成现实。与此相应，人的存在与发展也才能够由可能态转变为现实态。

在人的存在与发展的感性的实践与活动中，由于人的实践与活动关系的结成，人的存在与发展的基本社会关系才能够得到有效的集合，并由此而形成推动人的发展的直接的现实驱动力。在人的感性的实践与活动对人的存在与发展的社会关系的现实集合中，一定形式的现实的实践与活动关系的形成，则成为社会关系促进人的发展机制生成的基础。只有在这一基础上，才有可能生成具体的社会关系与人的发展的互动机制系统，从而推动人的现实的发展。在基于一定形式的现实的实践与活动关系这一基础之上而形成的人的发展的社会关系促进机制系统中，理想与目标关系的生成，成为促进人的发展的价值导向机制；竞争与合作关系的生成，成为促进人的发展的主要动力机制；信息与虚拟关系的形成，成为促进人的发展的选择机制；而道德与法纪关系的生成，则成为规范人的存在与发展的主要保障机制。

一、实践与活动关系：人的发展机制生成的基础

无论是作为一种自然的生命存在现象，还是作为一种社会文化性的存在现象，人的存在及发展都必须建立在现实的感性的实践与活动关系的基础上。一方面，人的生命的维系必须通过在一定形式的实践与活动关系下展开的具体的现实的实践与活动才能够实现，没有一定的实践与活动对物质生活资料的生产与创造，人的自然生命就不可能得到维系；另一方面，人的成长及发展也必须通过在一定形式的实践与活动关系下展开具体的现实的实践与活动才能够实现，只有在具体的现实的实践活动中，人的新的本质力量才能够生成并才能获得不断地进步与发展。因此，对于人的存在与发展而言，一定形式的实践与活动关系的建立及发展，是其生命维系和社会文化性增长与发展的必然要求。

人的存在及发展，之所以必须通过或者说只能在一定的感性的实践活动中才能够实现，乃是有实践活动的本质特征及其所具有的基本功能所决定的。人在感性的实践活动中所建立的关系即实践与活动关系，不仅是人的一

切现实的社会关系的集合态，而且也是人的新的社会关系生成与发展的基础。作为人的存在的现实的社会关系的集合态，一定的实践与活动关系的建立，是人的主体力量的表达与人的存在的客观环境因素，即作为隐性态存在的社会关系环境相统一的现实态的直接表征；而作为人的新的社会关系生成与发展的基础，一定的实践与活动关系的建立及发展，既是人的新的本质力量生成与提升的重要表征，也是人的存在的现实关系发展的基本标志。由此可见，人的存在的实践与活动关系的结成及发展，是决定人的现实社会关系的生成并由此而形成促进人的发展机制的基础。

（一）人的存在及发展的实践与活动关系的结成

人的存在及发展对实践与活动的依存性，决定了人必须在一定形式的实践与活动关系形态下，才能展开具体的现实的实践活动，也才能够通过这种具体的现实的实践活动而实现现实的存在与发展。正是从这一意义上而言，一定形式的实践与活动关系的建立及发展，是人的存在与发展获得实现的必然要求。一方面，人的存在与发展的感性的实践活动，只有在一定形式的实践与活动关系的形态下才能得以展开；另一方面，人的存在与发展的社会关系的集合、生成及发展，也只有在一定形式的实践与活动关系的形态下才能够变成现实。所以，人的存在及发展的实践与活动关系的结成，既是人的感性的实践活动存在特征的根本要求，同时也是人的感性的实践活动发展特征的根本要求。

人的实践与活动关系的结成，是由人的生物性存在与社会文化性存在的特征所决定的。作为一种生物性的存在，人的生命体的存在是建立在生命有机体与周围环境物质能量交换的基础上的。如果没有一定的能量与信息的交换，人的生命体必然会因为无法得到必需的物质营养而难以维系和存续。作为一种社会文化性的存在，人的社会文化性的生成及增长是建立在一定的感性的实践与活动基础上的。没有一定的感性实践活动的展开，人的主体力量和社会文化性的特征也就无法生成，更无法得到发展和增长。因此，人无论是作为一种自然的生物性的存在，还是作为一种实践的活动的社会文化性的存在，都必须通过一定形式的交往和自然、他人建立起必要的对象化的关系即实践与活动的关系，才能够在维系自然生命体存在的同时，获得社会文化性的发展与增长。

无论是作为一种生物性的存在，还是作为一种社会文化性的存在，人的实践与活动关系的结成虽然具有一定自然性和必然性，但是，这也并不意味着一定的实践与活动关系的结成就是无条件的。事实上，人的存在与发展的任何实践活动关系的结成都是在一定的条件下实现的。只有在具备相应的主客观条件的状态下，人的现实的实践与活动关系才能够结成，并且也只有在形成与建立起一定的实践与活动关系的基础上，人的现实的具体的实践活动才能够得以展开。从人的实践活动构成及展开所需要具备的基本要素来看，一定的实践与活动关系的建立必须具备的基本条件主要包括三个方面：一是主体条件，二是客体条件，三是媒介或沟通条件。只有在这三方面的因素同时具备且处于激活状态的条件下，人的现实的实践与活动关系才能够建立和生成。

在构成人的现实的实践与活动关系的基本条件中，所谓主体条件，主要指的是作为关系主体的人所具备的能够开展一定的实践活动的素质与能力条件，主要包括人的实践与活动的需求与动机、生理机能和所从事实践活动的素质与技能状况等；所谓客体条件，主要指的是人的实践与活动所指向的对象，既包括自然世界中的存在物，也包括人的实践的创造物，同时还包括人类自身；而所谓媒介或沟通条件，则指的是将人与实践活动所指对象联结起来的一切工具性因素，主要包括自然的媒介物和人的劳动及文化创造的媒介物两大类。这些条件因素，既是人的感性的实践活动构成的基本因素，同时也是形成人的实践与活动关系的基本因素。可以说，没有这些基本条件因素的同时具备，人的实践与活动的关系也就不可能建立。

当然，人的现实的实践与活动关系基本条件的具备，只是为人的现实的实践与活动关系的建立做了基本的准备。没有这些基本条件，人的现实的实践与活动关系的生成及其建立就不会有任何可能性。但是，人的现实的实践与活动关系的建立，并不是仅仅具备这些必要的基本条件因素就可以实现的。一般来说，只有当构成人的现实的实践与活动关系的基本条件同时具备且处于激活状态时，各种条件才能彼此发生关联而建立起一定的实践与活动的关系。所谓激活状态，指的是由于人的现实的实践活动需求的驱动而促使各种条件因素进入实践活动展开的状态。只有在激活状态下，构成人的现实的实践与活动关系条件因素才能够进入到彼此互动的关联状态，才有可能在人的现实的感性活动中建立起一定形式的实践与活动关系。

（二）实践与活动关系是人的存在关系的现实集合

人的存在的实践与活动关系，是一种基于人的社会活动组合而结成的特殊的关系形式。这种关系与其说是一种关系形式，还不如说是一种构成人的实践活动的一切现实关系的集合。正是从这意义上而言，人的实践与活动的关系并不是一种单纯的关系，而是一种复杂的关系集合系统。我们知道，人类的任何实践活动，都不是建立在一种单纯的关系形式的基础之上的，而是构成人的现实的感性的实践活动的一切关系的综合。在人的现实的实践活动的关系体系里，既包括了人与实践活动对象之间的关系、人与人之间的关系，而且还包括了人与实践活动技术、手段、工具等媒介物之间的关系，以及人与自我之间的关系等。这种集合，是由现实的具体的实践活动对人的存在与发展的一切关系的集合，因而是一种关系的综合形态或者说是一种综合形态的关系。

由于人类的实践创造和历史的发展，因而如今人类所展开的一切实践活动越来越摆脱了纯粹自然力的束缚而具有了更为丰富的社会文化色彩。可以说，现时代人们所开展的任何实践活动都不是从历史的原点开始的，而是在既在的社会历史条件下展开的。所谓既在的社会历史条件，指的是被形式化而存在的人的一切社会关系，它们以符号或物化的形式存在着，但它们无不是人类实践与活动关系的凝结态。如作为劳动工具的现代动力机械，作为交往手段的现代网络通信技术手段，作为人际交流媒介的语言文字，作为劳动对象的一切人化的物体，等等，都是人类以往实践创造的结晶，是被形式化了的社会关系的体现，即是作为感性的实践活动主体的人，其此在的状态也是历史发展着的现实态，是其以往所建立的一切社会关系的形式化的体现。

在人的感性的实践活动中，作为以往人类社会实践活动结晶的既在的社会历史条件，无不是人类以往实践与活动关系集合的形式化体现。正是这些被形式化了的社会关系，才构成了人的现实的感性实践活动开展的基本要素。以社会关系形式化而存在的一切社会历史条件，当其在进入人的现实的感性实践活动之前，只不过是一种彼此毫无关联的形式化的关系性存在，因而这种关系只能称之为形式化的关系或者说是一种物化的关系，是一种隐性的存在。但是，当它们一旦进入到人类新的实践活动之中，则必然会作为新的实践活动的构成要素而被充分激活，并由实践活动的联结而建立起彼此关联的现实关系。由此可见，只有在新的实践与活动关系的生成中，作为形式化存在的隐性态的社会关系才能被激活而成为现实态的关系因素。

人的实践与活动关系的生成，意味着人的存在与发展的集合关系的形成。在这种集合中，一切包含在人的现实的实践与活动关系之中而成为新的实践与活动关系构成要素的被形式化存在的历史的社会文化关系，都将被新的实践与活动关系激活而转变为此在的存在。当然，在这种此在的存在关系状态下，作为形式化存在的人的社会文化关系虽然还保留着历史积淀的意义，但是，作为此在的存在，它们都必然会被新的实践与活动关系所改变，从而在新的关系联结中获得新的关系内涵。只有作为构成人的新的实践与活动关系要素的形式化存在的社会文化关系，才能被纳入人的现实的实践与活动关系之中。因此，人的实践与活动关系对人的存在及发展关系的集合，也并非一种简单的要素组合，而是一种生成性与创造性的组合。

（三）实践与活动关系是人的社会关系生成的基础

我们说，人的感性的实践与活动关系的结成过程，其本质既是一个此在现实关系的集合过程，也是一个新的社会关系生成的过程。由于人的感性的实践与活动关系对人的社会关系的集合并不是一种简单的形式化的组合，而是一种生成性与创造性的集合，因而这就决定了人的感性的实践与活动关系对人的现实的社会关系的集合过程，同样也是一个人的新的存在关系的生成过程。在这一过程中，不仅形式化的社会关系会由隐性状态转变为显性的现实状态，而且由于新的实践与活动关系的建立，必然会直接将与人的感性的实践和活动所关联的此在的现实关系带入到新的实践活动关系之中。这种带人的过程，既是一个人的存在关系的集合过程，也是一个人的此在的社会关系的生成过程。

对人的存在关系的集合，是人类实践活动展开的必然要求。作为一种社会文化性的存在，群体的形式是人的存在的基本方式。尤其是人类现实的感性实践活动的开展，则主要是以群的方式而进行的。不仅如此，人类的文化性存在特征，决定了人类感性的实践活动也并非是在群的自然形态下展开的，而是遵循着一定的规则、规范或制度，以其在当下最恰当的程序与方式而进行的。这就意味着，人的任何现实的感性实践活动的开展，都必然是在此在的现实关系的集合状态下所展开的。没有这一集合过程，则人的任何感性的实践活动都无法得以展开。因此，我们可以说，人的存在关系在实践与活动关系中的集合是人类一切感性的实践活动开展所必然要求的，是人类新的存在与发展关系创造及其生成的重要基础。

人的实践与活动关系的结成对人的现实的此在关系的集合之所以具有生成性，其根本原因就在于这种集合是一种实践性与目的性的集合，是人的存在的此在关系在特定的实践活动目的支配下的集合。在这一集合过程中，所有形式化存在的隐性的关系都必然会在新的被集合的关系形态下激活并成为新的实践与活动关系的重要构成，从而获得了新的意义与价值。正是基于这一事实，我们认为，人的感性的实践与活动关系的结成过程，既是一个人的现实存在关系的集合过程，也是一个新的此在关系的再生过程。无论是与实践主体关联的主体关系，还是与实践客体、实践技术手段关联的客体关系，当它们被纳入一定的实践与活动关系中时，则与它们的存在所关联的此在关系也必然会同时带入到实践与活动关系之中。由此可见，实践与活动关系对人的现实的此在关系的集合，必然是一个人类社会关系的再生过程。

人的实践与活动关系的结成，是人类新的社会关系生成与创造的基础。没有人的实践与活动关系的结成，既不可能有人类形式化的社会文化关系的激活与再生，也不可能有人类新的社会文化关系的生成和被创造。在一定的实践与活动关系下，由于感性的实践活动的开展促使人类新的社会文化关系的生成，主要表现在过程生成和结果生成两个方面。就过程生成来看，当所有的实践活动构成要素被纳入一定的实践与活动关系之中时，这些要素之间必然会生成新的关系，即主体间关系、客体间关系和主客体间关系的生成。正是这些新的关系的生成，才使一定的感性的实践活动的展开具有了现实性。从结果生成看，实践与交往活动中人的主体力量外化表达的每一个成果都会生成新的关系，即实践活动所创造出来的产品，既是主体客体化的结果，又是新的实践与活动关系生成的构成要素。没有人的感性的实践活动，就不会有人类存在关系的发展。

（四）实践与活动关系是社会关系促进人的发展的基础

实践与活动关系是一切构成现实的感性实践活动的此在关系的现实集合，是人的主体性规约力量与社会关系的客体性规约力量的统一，因而必然成为一切社会关系促进人的发展机制生成的基础。我们知道，作为一种关系性的存在，人的存在及发展与其在感性的实践活动过程中所建立的关系具有高度的同一性。关系的存在，即人的存在；关系的发展，即人的发展。人的存在与发展的这一特征，决定了其对实践与活动关系的依赖性。只有在一定的实践与活动关系之中，人的存在与发展的社会文化关系才能够得到创造与生成；也只有在一定的实践与活动关系之中，人的存在的此在关系才能变成现实的客观力量，从而对人的发展产生规约性的功能影响。正是从这意义上而言，人的实践与活动关系是人的一切关系对人的发展产生功能作用的基础。

在人的存在与发展中，人的一切社会关系即构成人的现实本质和社会性特征规约的客观力量，只有在一定的现实的感性的实践与活动关系中，才能由形式化的、隐性的或者分散的状态集合成此在的、显性的、现实状态的关系形式。只有在这种关系形式之下，在这种关系形式的实践与交往活动中，社会关系作为规约人的本质的客观力量，才能由可能态转变为现实态。在新的实践与活动关系建立之前而彼此毫无关联的实践活动要素，虽然是一种隐性存在的形式化的社会关系，但是，这种隐性存在的形式化的社会关系，对人的现实的存在与发展只存在着规约的可能性，而不具有规约的现实性。只有当这种隐性存在的形式化的社会关系在新的实践活动关系中转变为一种显性的活动态的存在时，才能与新的关系一起构成促进人的发展的重要客观力量。

作为社会实践与活动主体的人，实践与活动关系的形成及其感性的具体的实践活动的开展，既是其生命本质力量存在及其外化表达的体现，也是其新的生命本质力量得以创造与生成的唯一途径。只有在具体的感性的实践活动之中，在一定的现实的社会实践与交往关系中，人所具有的基于自然生命体和社会文化而生成的本质力量才能表达出来，才能由潜在的能量状态转变为现实的状态。只有在人的生命本质力量表达与外化的过程中，即在人对客观世界的改造过程中，人的新的本质的力量才能够在这种主客统一互动的过程中得到创造、生成与发展。与之相反，如果没有一定的现实的实践与活动关系的结成，则不仅人的内在的本质的力量无法由潜在的状态转变为现实的状态，而且人的新的生命本质的力量也不可能得到创造与生成，人的发展也就成为不可能。

在感性的实践活动中，人的发展是主体性规约力量和客体性规约力量协同作用的结果，是主客观力量统一的结晶。人的发展的主客规约性力量的统一，只有在能够将主客观力量结合在一起的具体的感性的实践与活动关系中才能够变成现实。除此之外，则无它途。只有在具体的感性的实践与活动关系之中，作为人的本质及其社会性生成的客体性规约的力量才能够通过人的具体的活动显现出来。并且也只有在具体的感性的实践与活动关系之中，人的本质力量的表达才能够与人的本质力量的创造结合起来，人也才能够因为新的内在品质的生成和新本质力量的创造而得到一定的发展。由此可见，在具体的现实的感性的实践与活动关系之中，人的存在的现实的社会关系与人自身内在本质力量的统一，是推动人不断发展与成长的真正的决定性力量。因此，实践与活动关系既是人的存在的社会关系集成与生成的基础，也是人的社会关系促进人的发展的现实基础。

二、理想与目标关系：人的发展的导向机制

有意识有目的的存在，是人的存在区别于动物的重要社会文化性特征。

理想与目标关系作为人的存在的意识性、目的性的反映，是人在自身感性的实践与交往活动中生成的重要社会关系。一定的理想与目标关系，是人的发展需要和价值追求的反映，因而在本质上是人的存在的一种价值关系。作为人的存在的价值关系形式，一定的理想、信仰和人生发展目标的形成，不仅受到人自身发展的程度及其价值追求的制约与影响，而且也受到时代发展状况和个人所处社会生活环境的影响和制约。但是，无论如何，一定的理想与目标关系的建立，对于人自身现实的存在及发展而言，都是非常重要的。不仅对人的现实存在与具体的社会生活产生着重要的规约作用，而且对人的发展也产生着重要的导向作用。

（一）人的存在与发展的理想与目标关系

理想与目标关系是人的存在与发展的自我关系在其感性的实践与交往活动中的体现和反映，是人类价值追求的基本表现形式。与一切动物活动的本能性不同，人的任何活动都是在明确的意识指导和支配下进行的，是一种有意识有目的性的活动。人的活动的这种意识性和目的性，决定了人的存在与发展的理想与目标关系生成的必然性。与人的存在的任何社会关系的生成一样，一定的理想与目标关系也是在人的感性的实践活动过程中形成的，是人的发展需求和客观现实相统一而形成的一种特殊的自我关系，它反映着人基于现实要求而对发展未来的追求。

作为一种价值关系，理想与目标关系是人的存在与发展的一种特殊的关系。在关系的性质上，理想关系与目标关系是一致的，是人在自身感性的实践与交往活动中通过对人的存在和发展及其与客观世界关系的认识而建立的一种自我关系。在这一关系中，关系的指向不是客观存在的事物，而是个人在感性的实践与交往活动中生成并确立的理想与目标。因此，理想与目标关系的生成及发展，无疑与人自身的存在、活动和发展的理想与目标直接关联着。也就是说，理想与目标关系只有在个人确立了明确的理想与目标并清楚地意识到其存在的条件下才是存在的，同时这一关系也是随着个人理想与目标的变更而发展变化的。

理想与目标关系虽然在关系的性质上具有一致性，但是，由于理想与目标在内涵上存在着一定的差异性,因而理想关系与目标关系在关系指向的意蕴上也存在着一定的差别。所谓理想,指的是人对自身或者社会发展的未来的向往和追求,"是人们的世界观和政治立场在奋斗目标上的集中体现"①;而所谓目标,则指的是人的行为与活动所要达到或者实现的结果。因此,理想关系一般含有发展性的指向,具有稳定性和长效性;而目标关系则含有行动或活动性的指向,其时效具有权变性与情境性。当然,理想在本质上也是一种目标,是人的活动在人自身或社会发展指向上的目标,因而理想关系与目标关系对人的存在与发展的规约具有一致性。

作为一种特殊的自我关系,理想与目标关系是人与自身的发展理想和活动目标之间所建立的一种关系,因此,个人确立什么样的理想和目标,无疑对理想与目标关系的生成有着重要的影响。对于人或者人类的存在与发展而言,所谓理想和目标,其本质都不过是人或者人类对自身某种需求指向的超前反映,是被意识所反映的人为了实现一定的需求而拟展开的行动的结果。显然,人自身的需求及其为实现这种需求所做出的反应直接决定着理想与目标关系的生成和生成的状况。当然,在不同的历史发展阶段和不同的社会生活环境条件下,人的发展的理想与目标关系是存在着巨大的差异的。同时,对于不同的个体而言,其一定的理想与目标关系也必然会因为对理想与目标追求的不同而产生一定的差异。

人的理想与目标关系的差异,是与人的发展需求的多元性直接联系在一起的。人的需求不仅是多层次和多元化的,而且也是随着人的实践与交往的拓展、人的自我意识的发展和对客观世界认识的深入而不断发展的。社会生活的分化、社会文化发展的多元性,是促使人的需求发展多样性产生的根本原因。特别是在现代社会,由于社会的发展越来越呈现出开放性与多元性的态势,因而在现代社会关系形态下人的各种需求越来越多元化、丰富化和瞬时化,这就使得反映人的价值追求的理想与目标关系也越来越复杂化。虽然如此,我们对理想与目标关系的认识和区分,仍然可以透过人的需求及其与

---

① 罗国杰主编:《思想道德修养》,高等教育出版社 2003 年版,第 167 页。

需求之间的关系进行认识与区分。

从需求主体的不同区分,理想与目标关系可以区分为个人理想与目标关系、群体理想与目标关系、社会共同理想与目标关系;从需求对象指向的不同区分,理想与目标关系可以区分为活动性理想与目标关系、发展性理想与目标关系;从需求的性质区分,理想与目标关系可以区分为积极的理想与目标关系、消极的理科想与目标关系;从需求指向的可实现性区分,理想与目标关系可以区分为可实现的理想与目标关系、虚幻的理想与目标关系;从需求指向及实现的时间不同区分,理想与目标关系可以区分为暂时性理想与目标关系、长远性理想与目标关系;从需求指向对需求主体的重要程度区分,理想与目标关系可以区分为主体理想与目标关系、一般理想与目标关系。

人的需求的多层次、多元化与多样化,决定了人的理想与目标关系的多层次、多元化与多样化。同时,由于人的需求是在人的感性的实践与交往活动中不断被创造和发展的,因而人的理想与目标及其与之所建立的关系也就是不断变化与发展的。其变化与发展,不仅体现与反映在不同时代、不同社会的人们对不同的人生发展理想与目标的追求上,而且也反映与体现在同一时代、同一社会不同的人们对人生发展理想与目标的追求上。正是由于不同时代、不同社会和不同的人们对人生发展理想与目标追求的差异性,因而才显出了人的存在及发展的理想与目标关系的多样性、丰富性和复杂性。

不同的理想与目标关系对人的发展有着不同的意义。一般来说,积极的科学的理想与目标关系,由于是建立在正确的认识关系与健康的需求关系之上的,因而有利于促进人及人类社会的健康与和谐发展;而消极的虚幻的理想与目标关系,由于是建立在错误的认识关系和非健康的需求关系之上的,因而不利于或者有害于人及人类社会的健康与和谐发展。长期的稳定的理想与目标关系由于与人的发展直接关联着,是一种发展性的理想与目标关系,因而对人的存在与发展有着持续的规约作用;而短期的暂时性的理想与目标关系由于与人的具体活动直接关联着,是一种活动性的理想与目标关系。发展性的理想与目标关系对人的规约具有持久与持续性,但却缺乏直接性;而活动性的理想与目标关系虽然对人的活动的指导是直接的,但是却缺乏持久性与持续性，其作用会随着活动的结束而终结。因此，对于人的全面发展和社会的和谐发展来说，科学的稳定的理想与目标关系的确立，当是非常重要的。

（二）人的理想与目标关系的生成

如同任何社会关系一样，人的理想与目标关系的生成与发展，同样离不开人自身的感性实践与交往活动。作为一种自我关系，理想与目标的确立或生成必须建立在一定的认识关系之上；而作为一种价值关系，理想与目标的确立或生成必须建立在人的有指向的需求关系之上。无论是认识关系还是需求关系，都莫不是在人的感性的实践与交往活动关系中生成的。只有在人的感性的实践与活动关系形式下所展开的具体的现实的实践活动，人的存在与发展的理想与目标关系才能够得到生成，并且也才能够得到强化或者发展。离开了人的感性的实践与交往活动，人的存在与发展的任何关系都不可能生成和建立。

人的感性的实践与交往活动是促使人的认识关系和需求关系产生和发展的根本原因。我们知道，人的认识关系和需求关系的生成与发展必须具备的基本条件是人的自我意识的觉醒和有指向的发展性需求的产生，而人的自我意识的觉醒和有指向的发展性需求都是在感性的实践与交往活动中出现并产生的。其根本原因有三点：第一，作为人的意识产生基础的人脑是在人的感性活动即生产劳动中不断得到进化与发展的；第二，人的思维、语言以及人对客观世界和人自身的认识能力，也是在人的感性实践与交往活动中生成与发展的；第三，人的各种生存性与发展性的需求，无不是在人的感性的实践与交往活动中产生并得到创造与发展的。

在感性的实践与交往活动中，人的自我意识的觉醒和有指向的发展性需求的产生及发展，必然会促进人与自然、与他人的分离，从而使个人获得相对的独立性。这种相对独立性的获得，为人将自然、他人、社会以及自我作为客观化的对象进行审视和认知，从而与自我和自我以外的世界建立起一定的认识关系创造了必要的条件。正是由于人的意识的觉醒，才能够使人清楚地认识和意识到自身的存在、自身的需求以及自身与自然和他人的区别。人对物的认识和需求关系，也才能在这种有意识的区别中建立起来。

认识关系和需求关系的形成与发展，对于人的存在与发展的价值关系的产生有着重要的意义。其意义在于：第一，只有在一定的认识关系与需求关系中，人类才能将客观存在的事物作为认识的对象进行审视和认知，并且才能通过这种审视和认知而获得关于世界的映像和知识，从而为人类科学地利用或改造客观世界奠定了必要的条件；第二，认识关系和需求关系的生成，促进了人类对自身的认识，为人类建立正确的自我关系从而生成一定的价值关系创造了必要的条件；第三，认识关系和需求关系的形成及发展，促进了人与自然、社会的有机结合，为人类在感性的实践与交往活动中实现一定的价值追求（即有指向的发展性的需要）与价值行为的统一创造了必要的条件；第四，人的认识的科学性与需求的健康性，决定了理想与目标的性质，从而也决定了理想与目标关系对人的发展规约的方向性。

作为人类价值关系的一种基本形式，理想与目标关系正是在感性的实践与交往活动之中，在一定的认识关系和需求关系之中而建立的，并且也是随着人的实践与交往活动、人的认识关系与需求关系的变动与发展而发展的。个人能否在自身的感性的实践与交往活动中确立科学的正确的理想与目标从而建立起积极的稳定的理想与目标关系，取决于个人能否科学正确地把握自身的发展需求与时代进步的关系。也就是说，个人必须在对自身发展与社会发展关系的准确把握和认知的条件下，才能确立科学正确的理想与目标并建立相应的理想与目标关系。当然，人的任何理想与目标都是有时效性的，实践的发展、环境的变化和主体需求的改变或认识水平的提高，都必然会促使个人调整或改变原有的理想与目标关系。因此，对于人的存在与发展而言，理想与目标关系如同其他关系一样并不是一成不变的，而是始终处于不断发展的变动态之中。

（三）理想与目标关系对人的发展的导向

我们说人的存在是一种感性而有意识的实践性的存在，这就意味着人不仅是一种社会文化性的存在物，而且也是一种追求一定的价值的实践的存在物。人对一定的人生理想与目标的追求，是其作为社会实践性存在和社会文化性存在本质的最集中的反映。因此，一定的理想与目标关系作为人的存在与发展的价值关系，是人的有意识的实践性存在的体现与反映。无论是对于人类个体，还是对于人类群体，一定形式的理想与目标关系的确立，既是有目的有意识的人的感性的实践与交往活动展开的必然要求，同时对人类社会的进步与和谐发展，以及个人的健康成长与全面发展，都有着非常重要的保证和促进作用。

理想与目标关系是自人类自我意识觉醒后就存在的一种价值关系。正是由于这一关系的规约与导引，人类才能够在追求理想生活目标的过程中逐渐摆脱盲目自然关系和社会关系的束缚从而一步步走出愚昧和黑暗；也正是由于理想与目标关系的规约与导引，人类才能够在自己有目的有意识的感性活动中根据自己的理想与目标创造出灿烂的物质文明与精神文明。在人类和人类社会的发展中，理想和目标关系的规约与导引，始终是促使人类不断积极向上和争取美好生活的不竭动力和根本保证。无论是过去，还是现在与未来，理想与目标关系都将是规约和导引人及人类社会健康发展的重要的社会关系。

在现代社会，理想与目标关系的建立，对于人的健康发展有着特别重要的意义。现代社会是一个高度分化的个体化的社会，社会劳动的专业化分工与社会生活的分化发展，不仅有力地促进了个体从对自然群体依赖关系中的解放，而且也极大地促进了人的自我意识与主体意识的增长和发展。人的主体意识的不断高涨和自我意识的迅速膨胀、人的各种欲求被花样不断翻新的消费市场所刺激并受到铺天盖地的媒识广告的蓄意诱导与操控，不仅导致了现代人自我本位主义的膨胀与分裂，而且也使得现代人变得越来越媚俗化、物质化、感官化和瞬时化。因此，在这样一个迅速分化而又快速流变的物质消费主义时代，人的存在及其健康的发展，则更需要得到崇高理想与信念的支持。

一般来说，理想与目标关系对于人的发展的价值主要表现在规约、导引和驱动三个方面。这三个方面既相互区别又密切关联，共同构成了对人的存在与发展的价值驱动力量。所谓规约，就是个人在自己的存在与发展中自觉地以一定的理想与目标关系的要求约束自己，使自己的行为符合一定的人生发展理想与目标的要求；所谓导引，就是个人在自己的感性的实践与交往活动中以一定的理想与目标关系的要求为旨归，使自己的存在与发展符合一定的理想与目标的方向要求；所谓驱动，就是个人将一定的理想与目标关系的要求内化为一定的人生发展信念和主体需求，从而使这种理想和目标成为展开相应的感性实践与交往活动的内在推动力。理想与目标关系所具有的这种规约、导引和驱动的内在属性，使其成为人的存在与发展的重要价值导向关系。

理想与目标关系对人的发展的导向是其价值功能的主要体现，这种导向主要表征为一定的理想与目标关系的内涵要求为人的发展设定了发展的价值取向和预期的行动目标。一定的理想与目标关系总是内含着一定的人生发展目标和发展的价值取向，因而这一关系性的内涵在关系确立的同时就已明确设定了个体人生追求的目标和人生价值之所在。对一定意义和目的的追求，既是人获得存在和发展理由的根本支持，也是人的存在及发展的社会文化性特征的基本表现。一定的理想与目标关系内含着个体对人的存在及发展的一定价值与意义的理解，是个体人生追求目的与价值的体现。因此，理想与目标关系的要求对人的存在与发展而言，无疑有着巨大的导向功能。

对人的发展的驱动，也是理想与目标关系的基本价值功能。一定的理想与目标关系既内含着人对自身存在与发展价值意义的理解，也内含着人对实现这一人生价值与意义的目标预期，因而反映着人对自身存在与发展的一定美好状态的渴望和追求。这种追求，由于是与人的生命的存在与发展的根本意义和价值相联系的，是人的生命存在的本质需求的体现，因之必然成为人的发展的强大内在驱动力。只有在一定的理想与目标关系中，个人才有了明确的发展方向与人生奋斗目标；只有确立了明确的发展方向和人生奋斗目标，个人才会产生向着既定目标和方向前进的内在驱动力。当然，一定的理想与目标对个人发展的驱动力的大小与强弱，既取决于个人确立的人生理想与目标的性质如何，也取决于个人与所确立的人生理想和目标之间建立的关系性质如何。一般来说，个人所确立的人生理想和奋斗目标愈明确、层次愈高远，则提供的人生动力就愈强大；个人与自身确立的人生理想与奋斗目标之间所建立的关系愈紧密愈直接，则对人的发展的驱动也就愈直接和愈强大。

理想与目标关系对人的发展的另一个重要价值功能是规约。其规约主要表现在一定的理想与目标关系的要求对个人行为的制约与促进两个方面。在一定的理想与目标关系之中，个人会因为对自我发展理想与目标的高度认同而形成密切互动的关系。一方面，个人所确立的理想与目标作为个人人生发展的方向和奋斗的目标，必然会成为个人行动与行为的强大的内在驱动力量。在一定的理想与目标关系中，个人的一切行动与行为都将会围绕着一定的理想与目标的实现而展开。另一方面，个人所确立的理想与目标作为个人行动与行为的准则，必然会成为个人行动与行为的重要制约力量。在一定的理想与目标关系之中，个人的行动与行为都将受到一定理想与目标关系要求的制约。对影响理想与目标实现的一切因素，个人都将予以排斥或克服，反之，则予以积极接纳或利用。

三、竞争与合作关系：人的发展的动力机制

竞争与合作关系是由人类个体或者群体之间的竞争与合作行为而生成的一种社会文化性的关系。虽然人类竞争与合作行为的发生都有其生物性的基础，但是，从总体上而言，无论是竞争还是合作，都是人类有意识有目的的社会行为活动。人类的任何竞争或者合作行为，都是一种对象性的行为，因而也必然是一种关系性的行为。当然，竞争与合作行为所反映的人类关系的性质并不是相同的，而是相反的。竞争行为反映着人类个体或群体之间的矛盾性的关系，而合作行为则反映的是个体或群体之间的统一性的关系。竞争关系与合作关系之间所存在的这种差异性，必然决定了两种关系对人的存在与发展所具有的功能影响的差异性。

（一）人的存在的竞争与合作关系

竞争与合作并非是人类社会所独有的行为现象，而是一切生命物质之间都有可能出现的一种相当普遍的行为现象。达尔文所揭示的自然物种之间所

普遍存在的"物竞天择,适者生存"的规律,就是自然界的竞争现象。不过,在不同种类的生命物质之间,由于不同种类生命物质生命存在方式的差异,因而其竞争与合作行为表现形式也存在着一定的差异性。生命物质之间的生存竞争行为,必然是与一定的合作行为密切联系在一起的。竞争关系中必然隐含着合作。因为竞争与合作是必然联结的现象。竞争与合作是一切生命物质生存与发展的需要,是一种生命存在与发展的自然现象。没有竞争,也就没有合作;没有合作,也就无所谓竞争。

人类社会的竞争与合作,虽然直接从人的物性中演化而来,但是,作为一种社会文化性的存在物,人类的竞争与合作毕竟与其他生命物质不同。一般生命物质之间的竞争与合作,是一种生存的本能行为,而人类社会的竞争与合作,则不仅仅是一种生存的本能行为,而是一种基于生存基础之上而又超越了生存本能的社会文化性的行为。与一般生命物质之间的本能性生存竞争与合作不同,人类社会的竞争与合作,不仅是一种有意识、有目的和自觉的行为,而且也是一种自觉的实践与发展性的行为。人类之间的竞争与合作关系是随着社会文明的演进和人自身的进步而不断发展的。在今天,人类的竞争不仅与合作密切相连,而且也更具有了温情脉脉的人性化的色彩。在竞争中合作,在合作中竞争,已成为人类社会竞争与合作行为关系所呈现出的最显著的特征。

作为人类社会文化性存在与发展的一种普遍现象,竞争与合作既存在并发生于人类个体之间,也存在并发生于人类群体之间。对于人类的存在与发展而言,竞争是人类个体与群体发展的基本动力,而合作则是人类个体与群体发展的必要条件。竞争反映着人类存在与发展的差异性、矛盾性和对立性,而合作则反映着人类存在与发展的依存性、共同性和统一性。合作基础上的竞争与竞争过程中的合作,有利于推动人类自身的进步与发展。失去合作基础的竞争,必然导致冲突与对立,不仅不会促进人类社会的进步与发展,反而会造成人类的巨大灾难。失去竞争的合作,则会丧失发展的动力,同样不利于人类自身的进步与发展。因此,在人类现实的存在与发展过程中,竞争与合作始终是密切联系在一起的人类社会行为活动。

人类的竞争与合作，既是伴随着人类社会的发展与人自身的进步而不断发展的，同时也是伴随着人类社会不同领域、不同部门和不同群体之间劳动与生活密切度的提升而广泛渗透到社会生产和社会生活的各个领域的。与传统社会的竞争与合作不同，现代社会的竞争与合作关系，是在广泛的社会分工与协作，以及市场经济成为全球经济主要形式的基础上发展而来的。我们知道，人类社会的竞争与合作是与人类社会劳动的分工发展、社会生活的分化程度以及人类自身社会文化性的增长直接联系在一起的。一般而言，社会劳动分工的专业化程度越高、社会生活的分化程度越高、人们的主体意识越强，则对人类社会存在及发展的竞争与合作的要求也就越加普遍和强烈。与原始社会和传统社会相比，现代社会人类的生存及发展，无疑有着更加强烈的竞争与合作的需求。

现代社会条件下，竞争与合作已渗透到了人类社会生产与社会生活的各个领域，因此，现代社会人类生存及发展的竞争与合作的关系存在着一定的复杂性。在总体上来说，现代社会人类的竞争与合作，其所具有的深度和广度，都是已往人类社会所不能比拟的，因而对于竞争与合作的类型及其关系的区分，也就成为一件比较困难的事。如果从主体分，有个体竞争与合作、群体竞争与合作；从地域分，有地区竞争与合作、国家竞争与合作、区域竞争与合作；从内容领域分，有政治领域的竞争与合作、经济领域的竞争与合作、文化教育思想领域的竞争与合作；从性质分，有积极的竞争与合作、破坏性的竞争与合作，等等，不一而足。可以说，现代社会的人类，时时处处生活在一个充满着竞争与合作的世界之中。

现代社会人类的竞争，根源于人类社会生活的矛盾性，而合作，则根源于人类社会生活的统一性。现代社会既是一个充满了矛盾与悖论的社会，也是一个人类社会生产与社会生活产生高度依存性和一体性的时代。一方面，现代科学技术的发展和人的主体力量的提升不断创造着越来越丰富的社会产品；另一方面，人类无止境的贪婪和攫取又导致了各种资源的严重短缺。资源的短缺与社会财富分配的严重不公，造成了社会的紧张和人与人之间竞争关系的出现及激烈化的发展。在一个充满了矛盾与悖论的时代，国家的发展、民族的存亡和个人的生存,一方面出现了高度的依存性与依赖性,任何国家、民族和个人的生存及发展,都必须通过不同形式的密切合作才能实现,另一方面也出现尖锐的矛盾性与对立性,任何国家、民族和个人的生存及发展,只有通过激烈的竞争,才能获得生存与发展的机遇和条件。

现代社会内在的矛盾性,决定了现代社会关系条件下的生存与竞争必然是密切地联系在一起的。竞争与合作本身,就是一对对立统一的矛盾范畴。二者互为前提与条件,彼此依存和斗争。二者之间的这种特殊关系,就决定了它们的共存性。竞争与合作之间的这种矛盾的共存性,在人类社会发展的不同历史时期,由于人类实践与活动关系的演变而呈现出不同的特征或者状况。在原始社会关系和传统社会关系下,人与人、人与自然、人与社会依存与合作的一面居主导地位,所以不具有尖锐的矛盾性,但是到了现代社会,社会发展的高度分化与高度综合,不仅使得人类生存与发展的合作性与依存性得到了进一步的提升,而且也使得人类社会生存与发展的矛盾性与竞争性得到了彰显和凸显。因此,在现代社会人类现实的生存与发展中,人与人之间、民族与民族之间、国家与国家之间、同一行业及不同的行业之间,既存在着越来越激烈的竞争,又存在越来越密切的合作。在竞争中合作,在合作中竞争,已成为现代社会关系条件下竞争与合作最为显著的特征。

(二) 竞争与合作关系的生成

如同人类一切社会关系的生成一样,竞争与合作关系无疑也是在人的现实的感性的实践与活动关系中生成并且得到发展的。一定的竞争与合作关系作为人类社会生存与发展矛盾统一性的体现,它既是在人类为生存而展开的现实的感性的实践活动中生成的,也必然是在人类现实的感性的实践活动中存在与发展的。因此,人类存在与发展而展开的实践与交往活动,乃是促使人类不同国家、不同地域、不同民族、不同群体以及个体之间竞争与合作关系生成及发展的根本动力因素。正因为如此,人类的竞争与合作关系,自然也就成为人的现实的感性的实践与活动关系的重要构成内容。

我们说人类现实的感性的实践活动是人类存在与发展的一切关系产生的根源,而基于一定的现实的感性的实践活动而结成的实践与活动关系则是人类存在与发展的现实关系的集合，这就意味着人的存在与发展的一切现实关系无不根源于其感性的实践活动并作为一定的现实的实践与活动关系而存在。人的存在及发展的竞争与合作关系作为人的现实的感性的实践活动的产物，同样是以人的现实的实践与活动关系的集合形式而存在，并且也只有被一定的具体的感性的实践活动集合到现实的实践与活动关系之中，才能够存在和发挥其功能性的作用。失去了感性的实践活动的支持，不仅人的存在及发展的关系不可能生成，而且这些关系也必然会因为无法得到现实的实践与活动关系的集合而失去存在的价值与意义。

人的存在及发展的竞争与合作关系，既根源于人的现实的感性的实践活动，又必须在人的现实的感性的实践活动的过程中才能得到集合和发挥现实的功能作用。其根本的原因并不是由竞争与合作关系本身所决定的，而是由人的存在与发展的实践性所决定的。从总体上而言，人类感性的实践活动对人的存在及发展的竞争与合作关系的生成、发展及功能实现所具有的作用，主要表现在以下三个方面：

第一，实践是促使主客体之间和不同主体的人们发生关系的唯一途径。只有在一定的感性的实践与交往活动中，人才能与自然、社会和他人等构成实践活动的要素之间发生一定形式的关联，从而生成一定的形式的实践与活动关系。当然，在这种实践与活动关系之中，自然也包括人与人之间的竞争与合作关系。

第二，在感性的实践活动中对目标实现机会和效率的追求，是竞争与合作关系及其行为生成的直接原因。人类的存在是一种自觉的文化性的存在，因而对于实践的目标性与价值性的追求，正是人类存在与发展的社会文化性特征的基本反映。实践目标的确定性和发展价值的稀缺性，是诱发和引致人与人之间竞争与合作关系及其相应的行为产生的现实根源。

第三，感性的实践活动也是人的存在及发展的竞争与合作关系功能实现的唯一形式。人的存在及发展的任何关系既在一定的感性的实践活动中生成，也必然在一定的感性的实践活动中存在、发展，并且也只能在具体的感性的实践活动之中才能实现其对人的发展所具有的功能价值。人的存在及发展的竞争与合作关系，同样也是如此。

人的存在及发展的关系与其实践活动之间所具有的这种高度密切的关联性，决定了人类实践活动发展程度人的存在及发展的关系性质、特征和表现形态的高度制约性。或者更确切地说，人类在感性的实践活动中生成什么样的关系，主要不是取决于人的存在及发展的主观意愿，而是取决于人类社会实践发展的程度及其所呈现的现实状况。在人类社会发展的不同历史阶段，由于人类现实的实践活动在性质、特征、表现形态和发展程度等方面的差异，因而必然决定了基于感性的实践活动而产生的人的现实的存在及发展关系的不同。与传统社会人们基于自然性实践活动所形成的自然性的存在关系不同，现代社会人们的感性的实践活动不是自然性的活动，而是基于社会劳动专业化分工而产生的职业活动。一方面，不同的职业活动之间具有高度的依存性，另一方面，职业活动之间也存在着激烈的竞争。所以，现代人的竞争与合作关系，主要不是发生在人的生活的私人领域，而是发生在人的社会职业活动领域。

在职业活动过程中，现代人的竞争与合作关系直接导因于竞争或合作主体之间对于共同目标的追求。无论是竞争还是合作，对于共同目标和发展价值实现的追求，是促使不同群体或人与人之间生成现实的竞争与合作关系的直接驱动力。当然，在竞争关系与合作关系之中，人们行为的目标指向是存在着一定差别的。在竞争关系中，目标的实现是唯一的，一方实现，其余各方必然会因此而丧失机会。但是，在合作的关系中，目标的实现并不具有唯一性。由于目标的一致性，一方实现，其余各方则会同时实现或者在利益交叉的目标点上实现。在竞争与合作关系中，人们行为追求目标实现的这种差异性，正是实践与合作关系引起实践活动主体不同反应并对其造成不同发展影响的重要客观原因。由于现代人现实的存在及发展，必须通过一定的竞争与合作行为才能得到实现，因而各种形式的竞争与合作关系在现代人职业活动中的生成与彰显，就成为一种不可回避的现实。

（三）竞争与合作关系对人的发展的促进

现代社会发展的开放性、多元性与整体性，使得竞争与合作成为现代人们生存与发展的主要活动方式,从而决定了竞争与合作关系在现代人们社会存在与发展的重要性。作为现代人社会存在与发展的一种重要的社会关系形式,竞争与合作关系在人的现实的感性的实践活动中的生成,不仅会极大地影响和促进着人类社会实践活动的发展,同时也必然会给现代人的生存与发展带来重大的影响。如果从价值学的角度看,尽管竞争关系与合作关系由于各自的特殊性而在人的现实的存在与发展中会表现出不同的价值倾向与价值特点,然而无论如何,在作为现代人发展的动力这一点上,竞争关系与合作关系却存在着高度的一致性。

对于人的现实的存在与发展而言,基于感性的实践活动而生成的竞争与合作关系,之所以对人的现实的存在与发展能够产生重要的驱动作用,其根源就在于:第一,竞争与合作关系生成的桥梁是一定的目的或目标,而一定的目的或目标的确立,乃是人的发展的内在驱动力生成的基础;第二,在现实的竞争与合作关系中,人们对一定活动目的或目标的追求过程,实际上是一个调动和激发人的潜能和各种内在能力现实表达的过程,因而也是一个人的本质力量实现外化的过程;第三,在现实的竞争与合作关系下,人们对一定的活动目的或目标的追求过程,也是一个促使人的新的内在品质不断生成的过程,因而必然是一个人获得自我发展的过程。由此可见,在感性的实践活动过程中人与人之间一定形式的竞争与合作关系的结成,对于人的现实的发展有着重要的促进与推动作用。

从竞争与合作关系的价值性导向来看,一定的竞争与合作关系对人的发展所具有的动力价值,主要表现为正反两个向度的价值功能:其一是正向的推动,其二是反向的制约。一般而言,当人们在一定的竞争与合作关系中所追求的目的或目标如果是科学、正确和符合社会道德与法律规范的,会所带给人的发展的以积极、健康的正向驱动;反之,则会给人们现实的生存与发展带来负向的制约,甚至造成人的非健康或畸形的发展。当然,由于现代社会人的存在及发展的竞争与合作关系具有一定的复杂性,并且一定的竞争与合作关系总是与人的具体的感性的实践活动直接联系在一起,从而必然导致一定的竞争与合作关系对人的发展的影响产生一定的不确定性。因此,对于竞争与合作关系对人的现实存在及发展的功能价值，我们不可能仅仅通过简单化的目的或目标概括的方法，就能给出准确的说明或解释的。

我们说，在一定的竞争与合作关系中展开的人与人之间的竞争与合作的行为实践活动对人的现实的存在及发展的影响具有一定复杂性和不确定性，因而这也就意味着人在具体的现实的竞争与合作关系中能否获得发展，并不单纯或简单地取决于竞争与合作的目的或者目标的追求，而是涉及更多更复杂的因素。从主体角度而言，不仅人们在竞争与合作过程中的目标追求对人们的发展产生着重要的影响，而且竞争与合作者具体的动机、需求以及在竞争与合作过程中所使用的手段与方法，都会对人的存在与发展产生重要的影响或者制约作用。从客体角度而言，竞争与合作行为所指的客体对象、竞争与合作的关系环境等因素，都在一定程度上影响和制约着人们的存在与发展。因此，一定的竞争与合作关系对人的现实的存在及发展产生怎样的影响，并非是既定的或完全以人的主观愿望就能够控制的，而是具有一定的情境性与权变性。

此外，竞争与合作作为反映人类现实存在与发展不同关系的行为活动，对于人的存在及发展所具有的功能性影响必然存在着一定的差异性。这种差异性，主要是基于竞争关系与合作关系各自所具有的内涵的差异而产生的。竞争关系主要反映的是人们在生存与发展过程中的矛盾性和排斥性，而合作关系则主要反映的是人们在生存与发展过程中的依存性和统一性。人的存在及发展的竞争关系与合作关系之间所具有的这种差异性，必然决定了二者在人的发展过程中所具有的功能性影响的不同性。一般而言，竞争的关系更有利于促进个体主体意识、自主意识和独立意识的培养，有利于促进人的自我素质的开发和生存技能的提升；而合作的关系，则更有利于个人团体意识、合作意识与奉献精神的养成，有利于促进人的良好品性及其社会适应能力的培养与发展。当然，现代社会生活中人与人之间的合作与竞争不仅具有多元性，而且也具有彼此渗透与相互交融性，这就意味着，一定的竞争与合作关系对人现实的存在及发展的影响，也具有一定的交互性。

四、信息与虚拟关系：人的发展的选择机制

信息与虚拟关系并不是现代社会人们存在及发展所独有的一种社会关系。事实上，信息与虚拟关系作为人的存在与发展的一种特殊的社会文化关系，在人类生存与发展的历程中始终存在着并且发挥着非常重要的功能作用。如果没有这种关系的创造、存在及发展，则人既不可能从动物的种属关系中提升出来而成为真正意义上的人，也不可能得到有效的发展。正是由于人类在自己现实的生存与劳动创造中创造并建构了一个有意义的虚拟世界，因而才使得人的存在与物的存在出现了根本的区别，并且也使人的发展有了广阔的空间和无限的可能。

所谓信息虚拟关系，指的是人与自己的文化创造而构建的有意义的虚拟世界之间所形成的一种特殊的社会文化关系，是人的社会文化性存在特征的集中体现与反映。与人的存在与发展的其他关系不同，信息虚拟关系并不是人与实体物质之间所建立的关系，而是与由信息技术支持的符号系统构建的有意义的虚拟世界之间所建立的一种关系。由于基于一定的信息技术支持的符号系统所构建的有意义的世界是一个虚拟世界，具有虚拟性，因而人与这一世界所建立的关系也就是一种虚拟关系，而非实体关系。虚拟世界的产生与虚拟关系形成，既是人的文化创造的结果，同时也是人的存在的文化本质力量生成与发展的根源。

（一）现代信息技术与人的虚拟世界

人的存在的虚拟世界的创造与虚拟关系的生成，是人作为一种文化性存在物的最本质特征的反映。正是在这一意义上，卡西尔（E. Cassirer）认为，"人是符号性存在的动物"。卡西尔的这一观点无疑具有深刻的洞见性，它准确地揭示了人的存在与动物存在的本质差异。可以说，人对信息符号世界的创造，正是人的本质力量外化表达的最本质的表现，是人作为文化性存在的最重要的表征。因此，信息符号世界的创造与人的存在及发展的虚拟关系的出现，可以看作是人的历史与动物历史的分野和人的历史的真正开始。倘若没有信息符号的创造，没有有意义的虚拟世界的建立，人的存在与发展的信息虚拟关系也就不可能产生,体现人的生命本质的文化性特征自然也就不可能生成,更不可能得到有效开发与发展。

有意义的信息符号世界的产生是人的存在与发展的虚拟关系生成的前提与基础。没有有意义的信息符号世界的创造,也就不会有人的存在与发展的虚拟关系生成。有意义的信息符号世界的创造与存在,是通过一定的有意义的信息符号系统和支持这一系统存在的技术手段所构建的。信息符号世界存在的这一特征,决定了它对信息符号系统与信息技术手段的依赖性。可以说,人类交流与交往所使用的信息符号系统与信息技术手段的创造与发展,是决定人的存在的虚拟世界与虚拟关系发展的直接推动力。当然,人类交流与交往所使用的信息符号系统与信息技术手段也并非是自然生成的,而是人类劳动与文化创造的产物。因此,人类用以创造和构建虚拟世界的信息符号系统与信息技术手段的发展,同样是一个人类劳动与文化创造的过程。

早期人类社会,由于劳动与文化创造的落后性,因而不仅人类在日常的交流与交往活动中所使用的信息符号系统具有原始性与简单性,而且更谈不到一定的信息技术手段。在这一背景下,人类在现实的生存中所能够创造的虚拟世界及其虚拟关系,也必然是非常原始与简单的,不具有多元性与交互性。人类存在的虚拟世界与虚拟关系发展的根本动力,来自人类在感性的实践与交往活动中对信息符号系统和信息技术手段的发明与创造。从总体上而言,人类对信息符号系统和信息技术手段的发明与创造,是一个伴随着人类科学技术的发展和人类自身文化性的增长而不断发展的过程。在这一过程中,人类科学知识的每一次重大发现、信息技术的每一项重大发明与创造,都无不有力地推动着人类信息符号系统和信息技术手段的进步与发展。现代信息符号系统与信息通信技术的诞生及发展,正是人类在现代文明与科学技术迅速发展的基础上创造的结果。

以计算机及互联网技术为代表的现代信息技术的出现及迅猛发展,不仅完全改变了人类虚拟世界与虚拟关系的性质,而且也极大地改变了人类社会生产、社会生活与社会交往的方式。所谓现代信息与虚拟世界,就是现代人在集合了人类所创造的一切符号系统并运用现代通信技术手段的支持而构建的一个有意义的虚拟实在世界。与传统社会人们相对简单的虚拟关系不同，现代社会人类存在的虚拟世界和虚拟关系由于虚拟技术手段的发展而产生了革命性的变化。这一革命性的变化，集中体现在现代虚拟技术手段对虚拟世界的集合与创造上。在对符号系统的集合上，将传统的语言、文字、声音、图像集合于一体，形成了所谓的多媒体符号系统。在对媒体技术的集合上，集合了传统的电、磁、光等通信技术手段而创造出了计算机及其互联网技术。现代信息与虚拟世界，正是在这一双重性集合的基础上所产生的。也正是这一双重性的集合，使得现代社会人类的虚拟世界与虚拟关系获得了前所未有的新特征。

虽然现代信息与虚拟世界产生了许多新的特征，但是，与传统社会人类基于语言、文字等信息符号系统及相应的技术手段所集合创造的虚拟世界一样，现代信息与虚拟世界同样是一个虚拟的世界，与现实世界有着本质的区别。如果说人类存在的现实世界是一个由形形色色的各种有形的物质实体及它们之间的关联性活动所构成的充满了生机盎然的有形世界的话，那么，现代信息与虚拟世界则是一个由人类所创造的形形色色的符号系统及支持这些符号系统生成与传播的技术手段所构建的符号世界。现实世界是由有形的实体物质所构成的，因而是客观存在的，也是可以感知的。虚拟世界则与之不同，虚拟世界所构建与呈现出来的一切，虽然是可感的，但却不是实在的，具有虚拟性。电脑一关，这个由符号所构建的世界，也就随此而消失。

任何虚拟世界，都是由人类有意义的信息符号系统所集合而成的，因此，有意义性是一切虚拟世界所具有的共同特征。可以说，意义性是一切虚拟世界之所以存在的根本理由。倘若虚拟世界失去了意义性，则其必然会失去存在的价值。正是由于意义的存在，才使得一切虚拟世界获得了存在的价值并且有了巨大的魅力。虚拟世界意义的产生，是与人类信息符号系统的特征及其功能直接联系在一起的。人类所创造的一切符号的基本功能，就是负载一定的意义和传达或传播一定的信息。符号之所以具有这样的功能，就在于所有的符号都是一定信息的承载者。因此，由符号所构建的世界，尽管是虚拟的，但却是有意义的。当然，信息符号系统所构建的虚拟世界，从本质上而言是人类文化创造的结果,是人的现实世界生活的对象化反映。从这个意义上而言,虚拟世界意义的获得,根源于人类的现实生活。

如果说虚拟性与意义性是一切虚拟关系和虚拟世界所具的共同特征的话,那么开放性、自主性、自由性与交互性,则是现代虚拟关系与信息虚拟世界所具有的显著特征。与传统虚拟世界单向度的虚拟关系不同,现代信息与虚拟世界不仅是一个高度开放与自主的世界,而且也是一个全方位交往互动的自由的世界。正是由于这一特征,在现代虚拟世界的人际交往与互动中,一切限制人的自由、自主交流与交往的界域都被完全打破,从而使人类的交流与交往真正获得了完全的开放性、自主性、自由性与多元交互性。正如有的学者所说:"国际互联网的产生,使人类的交往突破了原有的时空限制,使信息传播不受时间、地点的限制,只要'网'撒到哪里,网上的传播就能通到哪里。网络媒体传播的无地域性,是人类交往发展的一个质的飞跃。"① 不仅如此,在现代信息与虚拟的符号世界里,由于交往的匿名性、交往的无时空界域性,从而使个体获得了比现实世界还要更多的独立性、自主性和自由性。

(二) 信息与虚拟关系的生成及发展

虽然任何虚拟世界都是由一定的信息符号系统及相应的技术支持手段所构建的有意义的世界,具有一定的虚拟性,是一种虚拟的实在,但是,所谓的虚拟世界也并非是一个与人类现实世界完全无关联的世界,而是人类现实世界的延伸和有机构成。可以说,信息虚拟世界所具有的一切意义无不根源于现实世界人们的社会生活,是人类现实世界社会生活在时空中的延伸与反映。因此,现实世界是信息与虚拟世界存在的基础,倘若失去了这样一个基础,也就无所谓信息与虚拟世界的存在。信息虚拟世界生成的这一特征,不仅决定了信息虚拟世界自身的现实性,而且也决定了人类存在与发展虚拟关系的现实性。

---

① 张华金:《试论网络文明》,见鲍宗豪主编《网络与当代社会文化》,上海三联书店2001年版,第6页。

一定的信息与虚拟关系的产生，无疑根源于人类现实存在的需要以及人类为实现这一需要而进行的劳动与文化创造。没有人类现实的需要和现实的文化创造，也就不会有人类信息虚拟世界的产生，同时也不可能有基于虚拟世界而生成的虚拟关系的出现。现代信息虚拟世界的出现、现代虚拟信息关系的产生及发展，既是人类社会发展的需求，也是通过人类文化本质力量的外化表达的实践创造而实现的。毫无疑问，现代信息与虚拟关系如同人类所有的社会关系一样，都是在人的现实的感性的实践活动之中生成与创造的，并且也必然是在人的现实的感性的实践与交往活动之中得到发展的。当然，信息与虚拟关系毕竟不同于人类的其他现实关系，它有着自身的特殊性。这种特殊性，既反映在虚拟关系所具有的虚拟性的性质与特征上，也反映在其生成与发展的方式上。

虚拟关系虽然也是人的存在的现实关系，但是这种关系由于其生成及其建立对象的非实体性，因而有着一定的特殊性。如果说人的存在的实体关系是人与现实世界所建立的关系的话，那么虚拟关系则是人与虚拟世界发生的关系。与实体关系不同的是，任何信息与虚拟关系在形式上都表现为人与信息符号之间的关系，而不是与物质实体之间的关系。当然，虚拟关系在本质上仍然是人与人之间思想、情感、知识等交流与交换关系的反映，只不过这种交流和交换关系是由于人与有意义的符号系统的联结而生成的，而不是人与实体对象之间生成的。因此，如果没有有意义的符号的存在，则必然不会有人的信息与虚拟关系的存在。可以说，符号的产生及有意义的集合，是决定人的存在的虚拟关系生成的基础。与此相应，符号系统及其集合形式、技术手段等的变革与发展，则必然成为促进人的信息与虚拟关系不断发展的主要推动力。

人类所创造的符号，是一种特殊的文化现象。符号的存在，是以内容与形式的集合状态呈现的。符号所标示的意义，即为符号的内容；而符号意义存在的载体，即为符号的形式。由于符号存在形式的不同，符号还可以区分为有形支持的符号系统和无形支持的符号系统两类。当然，我们在此所说的无形也只是相对而言的，并不是说无形的符号就不存在物质的载体，而是其载体我们无法用肉眼看得见而已。作为人类文化创造的结果，符号一经产生，便具有了独立化运动的倾向。正是因为任何符号系统都存在着独立化运动的倾向，所以人类才能够通过一定符号系统的集合而实现对虚拟的信息化世界的构建。也正是由于符号具有独立化存在的特征，因而才能够将人与人之间的直接交往关系转变为人与符号之间的间接交往关系，从而形成人与虚拟世界的交往关系。

人的信息与虚拟关系的发生，源于人与有意义的符号系统对象化关系的建立。但是，符号及由符号系统所构建的有意义的世界，也并非是自然结成的，而是人类劳动与文化创造的结果。符号的产生及独立化发展、符号的集合及有意义的虚拟世界的创造，对于人类虚拟关系的生成及发展有着特别重要的意义。由于符号的产生及独立化的发展、符号的集合及其有意义的虚拟世界的创造，无不是在人类认识活动领域的实践中得以创造的，因而就决定了人的信息与虚拟关系也主要是在人的认识实践与交往之中生成并发展的。人的存在的虚拟关系，本质上是人类基于一定的认识实践活动而建立的一种特殊的认识关系。

在人类的认识活动中，作为认识主体的人必然要和作为认识对象的有意义的虚拟世界发生彼此互动的关系，才能展开一定的认识活动。在一定的认识活动关系中，有意义的符号系统既是作为物化的客观对象而独立存在的，又是作为人的实践活动的作用的对象以及认知实践与交往的工具而存在的。人与一定的符号系统集成的虚拟世界关系的建立，使有意义的符号系统由此获得了双重性的功能。一方面，作为人的认识实践活动的对象，一定的符号系统是一个客观存在的信息与虚拟世界；另一方面，作为人的认识实践活动的工具，一定的符号系统又成为人的内心世界外化而建构信息与虚拟世界的媒体和基本材料。所以，一定的虚拟关系，是人与虚拟世界或者说符号世界所建立的一种认识关系，是基于人类对客观世界的认识活动而生成的。

由于人的存在的任何虚拟关系都是基于一定的认识活动而生成的，因而在人类发展的不同历史阶段，人们与符号世界所建立的虚拟关系必然存在着一定的差异性。传统的虚拟交往是一种单向的认知关系，如阅读、写作、影视欣赏等活动中人与符号所建立的关系。在这种认知关系中，交往的对象由具体的人变成了符号所构建的意义世界。至于这个世界的创造者，则隐匿在了这个意义世界的背后。因此，在传统的虚拟交往关系中，有意义的符号世界即虚拟世界的创造者始终是一个隐匿者。但是，现代信息与虚拟交往则与之完全不同，计算机及互联网技术的出现，完全改变了传统虚拟交往的单向认知关系，而使人类的虚拟交往发展成为一种自主、自由的多向互动关系。由此可见，人的存在的虚拟关系的发展，不仅有赖于人类实践活动自身发展的驱动，而且还有赖于人类对符号系统及其信息技术系统变革与创新的支持。

（三）信息虚拟关系的选择与人的发展

信息虚拟关系作为人的存在与发展的一种特殊的社会文化关系，它既是人的文化性存在的重要表征，又是促使人的文化性不断生成和不断增长的重要客观力量。尤其是现代信息与虚拟关系的产生及发展，为现代人本质力量的生成和发展创造了前所未有的广阔的平台与空间。无论是人的自我意识与主体意识的增长、自由与权利的拓展，还是人的基本素质的发展、实践与交往能力的提升，在信息与虚拟关系所构建的世界里都可以获得广阔的自由度和发展的无限选择的空间。可以说，由于现代信息与虚拟关系的出现及迅猛发展，从而使得现代人在现实的生存与感性的实践活动中不仅获得了自由而多样化发展的广阔的平台与空间，而且也获得了现实的新的社会文化关系形式的有力支持。

在人的信息虚拟关系里，个人所面对的是一个由一定的信息符号信息系统所集合与构建的有意义的世界。这个世界虽然是虚拟性的，但它却是人的精神世界的外化存在形式，因而这个世界所具有的特征对于人的精神世界的开发就有了独特的价值。尽管其价值在具体的实现形式上也许是多元化的，然而无疑其根本的价值就在于对人的内在精神品质的培养与开发所具有的特殊意义。我们知道，人的发展本质上是一个人的存在的文化性生成与开发的过程。在这一过程中，人的文化性特征的改变和新的文化性特征的生成，也就意味着人自身的发展与改变。显然，人的文化性特征的改变和新的文化性特征的生成，则主要是在人与有意义的虚拟世界所建立的虚拟关系的认识活动中所实现的。离开了对象化的有意义的虚拟世界，则人的文化性的生成、增长、发展或者改变就失去了客观的规约力量。

人的文化性存在与发展的特征，决定了信息与虚拟关系对于人的发展的重要性。一定的信息与虚拟关系是人与有意义的符号系统创造的意义世界所建立的一种对象化的认识关系。在这一关系中，个人认识活动的所指与交往所面对的并不是一堆无意义的符号系统，而是由承载着一定的思想、知识、情感与意义的符号系统所构造的一个丰富而又多元的生活世界。这个世界的一切虽然是虚拟的，但是，它却是对人类活生生的现实生活的客观化反映。因此，在这种对象化的认识关系中，符号世界所承载的一切思想、知识、情感与意义无疑都成为影响和规约人的内在文化性品质生成的客观力量。正因为如此，在一定的信息与虚拟关系中个人与有意义的虚拟世界的互动，必然会直接促进个人社会内在的文化性品质的生成、改变或者发展。

虚拟关系对人的存在与发展的影响具有一定的复杂性。这种复杂性既同虚拟关系的性质及发展特征有关，也同人与虚拟世界所建立的对象化关系的性质及彼此互动的状况有关。从总体上而言，人在一定的虚拟关系中能够实现的自由性、自主性与交互性程度越高，则虚拟关系对人的存在与发展的影响也就越复杂；反之，则不具有更高的复杂性。当然，在一定的虚拟关系条件下，人自身的发展状况以及人的认识活动所指对象的状况，对虚拟关系对人的存在与发展影响的复杂性也产生着重要的影响。一般来说，现代信息与虚拟关系对人的存在及发展所施予影响的复杂程度要比传统虚拟关系高，而缺乏自主选择能力的人在信息与虚拟关系中与虚拟世界所产生的互动关系的复杂程度要比具有自主选择能力的人高。由此可见，虚拟关系对人的存在及发展可能产生的功能性影响，具有一定的复杂性与不确定性。

相对于传统的虚拟关系而言，现代信息与虚拟关系对人的存在及发展创造和奠定了更为广阔和自由的空间与平台。正因为如此，现代信息与虚拟关系比传统信息与虚拟关系更加有利于促进人的独立、自主与自由的发展。首先，现代信息与虚拟关系的开放性，对所有人打开了通向有意义的虚拟世界的大门，为每一个人平等地参与虚拟交往建构了一个无差别的平台与空间；其次，现代信息与虚拟关系的自由性，为每一个人自由的互动、创造与自我展示建造了一个无界域限制的广阔舞台；再次，现代信息与虚拟关系的丰富性，在为每一个人提供了充分的资讯交往交流的同时，也创造了一个自由自主的选择空间；此外，现代信息与虚拟关系的自主性，为每个人的独立存在、自我塑造与自主发展提供了重要的空间平台。现代信息与虚拟关系所具有的开放性、自由性、自主性与丰富性的特征，对于现代人自我意识、主体意识、平等意识、独立意识和创造精神的培养与激发，以及现代人的自由而多样化的发展，无疑有着重要的促进作用。

现代信息与虚拟关系的生成及发展，虽然为现代人自由自主的发展创造了一个丰富多元而又多彩多姿的意义互动世界，但是，现代人能否在与这一虚拟的有意义的世界的互动中获得发展或者获得怎样的发展，却并不完全取决于虚拟世界所呈现的状态，而是与个人的选择与自我塑造有着直接的关系。或者说，与个人对虚拟关系的把握直接相关。由于现代虚拟关系是一种具有高度开放性、自由性、自主性与丰富性的社会文化关系，因而这种关系在为现代人独立、自主、自由和多样化的发展创造了重要的对象化世界和宽广的舞台的同时，也向现代人提出了自我把握、自我塑造与自我发展的要求。如果一个人在对象化的虚拟关系的意义世界中不能有效地选择与把握资讯信息和自我发展的关系，那么他不仅不能够得到有效的发展，反而可能会迷失在海量的信息世界之中而丧失掉自我，甚至于不自觉地接收到不良信息的影响而损害到自我健康的发展。由此可见，现代信息与虚拟关系对人的自由而多样化发展的促进，并不是无条件的，而是以个体对这种关系的科学而有效的把握为基础与前提的。

五、道德与法纪关系：人的发展的保障机制

在人的社会文化性的存在与发展中，一定的道德与法纪关系的建立，不仅是人的感性的实践活动有序展开的需要，而且也是人的健康发展获得有效保障的需要。作为一种社会文化性的存在，人的存在及发展是建立在有秩序的群体形式的感性的社会实践活动基础之上的。没有一定的道德与法纪关系的规约，不仅人的现实的社会生产与社会生活实践活动无法得以有效展开，而且人的健康的发展也得不到有效的保障。因此，所谓的道德与法纪关系，也就是为了规范人们的社会实践与交往行为、保证社会实践与交往的秩序性以及维护人们的共同利益而建立的一种规约性的社会文化关系。

如同人的存在的任何社会关系一样，人的存在及发展的道德与法纪关系也是在人们感性的实践与交往活动中生成的，同时也是在人们感性的实践与交往活动中得到发展的。人的存在及发展的道德与法纪关系生成的实践性特征，决定了它的发展性与历史性。不仅在不同的历史发展阶段人们有着不同内涵和特征的道德与法纪关系，而且在不同的社会和不同的人群，由于劳动与文化创造的差异，人与人之间所结成的道德与法纪关系也是不同的。作为一种规约性的社会文化关系，道德与法纪关系对人的现实的存在及发展有着重要的规约功能。道德关系的规约指向人的内在行为倾向，而法纪关系的规约则指向人的外显的行为，二者的结合，构成了人的存在与发展的现实规约与保障的客观力量。

（一）人的存在的道德与法纪关系

作为人的存在的一种社会文化关系，道德与法纪关系虽然是人类社会所特有的一种现象，但是，如果从其历史的缘起看，它与人的存在的生物性也有着直接的关系。我们知道，任何集群性存在的动物，其生存活动的展开都存在着对一定的秩序与规则的需求。倘若没有一定的必要的秩序与规则的规约，则自然世界也无法建立起生存的秩序和生命活动之间的共存的平衡关系。当然，动物世界生存及其生命活动所遵循的秩序，是基于生命本能的物性原则和群的规则关系，而非自觉和有意识建造的社会文化性的关系。无疑，动物世界的物性原则和群的规则关系，正是人类道德与法纪关系产生的源头，是对人类作为生物性集群存在本能的反映。

虽然我们说，人类的道德与法纪关系源起于人类作为生物性集群存在的物性关系，但是，这也并不是说动物世界的物性原则和群的规则关系就可以与人类社会的道德与法纪关系相提并论。事实上，人的道德与法纪关系同动物世界的物性原则和群的规则关系之间存在着根本的区别，二者是对生命世界不同存在关系的反映。与动物存在的物性原则与群的规则关系不同，人类存在的道德与法纪关系从本质上而言不是一种遗传获得的生物性生存关系，而是人类基于生存的自觉在劳动过程中进行文化创造的结果，是人类社会文化性存在关系的反映。因此，一定的道德与法纪关系并不是与人的存在的生物性本质直接联系在一起的，而是与人的存在的社会文化性本质直接联系在一起的。

作为人类存在的一种社会文化现象，一定的道德与法纪关系根源于人类生存与发展实践的需要。这就意味着任何道德与法纪关系，都必然是在人类一定的社会实践与交往活动中产生的，也必然是随着人类感性的实践活动的发展而得到不断发展的。如同人的存在在任何社会文化性关系中一样，人类的道德与法纪关系同样是一种具有实践性、历史性与发展性特征的社会文化关系。不仅不同时代人们的社会生活的道德与法纪关系的内涵存在着一定的差异，而且同一时代不同社会人们的社会生活的道德与法纪关系也存在着巨大的差异。道德与法纪关系的这种历史发展性，决定了其时代的差异性与国家、民族、地区的差异性。

在总的趋势上，人类社会生活道德与法纪关系的发展呈现着从简单到多元、从野蛮到文明的态势。在人类道德与法纪关系的发展中，社会劳动的分工与社会生活的分化程度，决定了道德与法纪关系发展所能实现的多元程度；而人类自身文化性增长和文明发展的程度，则决定了道德与法纪关系的发展对物的法则的远离和对文明的实现程度。因此，与原始社会和传统农业社会相比，现代社会人类的道德与法纪关系不仅呈现着丰富性与多元性的特征，而且也更加符合人类文化性发展的要求，具有相当程度的文明性。

现代社会人类道德与法纪关系发展所表现出的趋势与特征，是与人类现代社会劳动与社会生活的发展对多样化的道德与法纪关系的要求直接联系在一起的。第一，现代社会劳动持续的专业化分工与社会生活的充分分化，在不断制造和催生着越来越多元化的社会生活主体的同时，也必然会促使人们社会生活道德与法纪关系的多元化与丰富化发展；第二，与现代社会高度分化与高度综合发展的趋势相适应，现代社会人们的道德与法纪关系在越来越走向丰富化与多元化的同时，也出现了普适化与统一性的要求；第三，现代社会生活的法制化、规则化与民主化的发展，在促进个体生存获得更多的独立、自由与民主权利的同时，也使得道德与法纪关系成为现代人参与社会生活不可或缺的社会文化关系。

一般来说，社会发展的个体化倾向与个体化特征越明显，个体在社会生活中获得的自由度、独立性与民主权利越多，对道德与法制的依赖程度也就越高，道德与法纪关系对人的现实的生存与发展所具有的功能性规约和保障价值也就愈加凸显。作为迄今为止人类社会发展的最高形态，现代社会的发展始终建立在人的解放和个体自由独立的基础上，因而一定的道德与法纪关系是现代社会人们现实生存与发展所必须依赖的重要的社会文化关系。任何一个人，只要他想进入社会生活，就必然要和他人建立一定的道德与法纪关系，也必然会受到一定的社会道德与法纪关系的规范与规约。只有如此，个体才能把自己融入到一定的社会生活之中，从而才能获得现实的生存与发展。

人的存在与发展的道德关系与法纪关系虽然同为规约人的行为的社会文化关系，但是，二者也并非是完全相同的，而是存在着一定的差别的。一定的道德关系与法纪关系虽然都是调节和规范人们的行为的重要关系，然而其调节和规范人们行为的内在机理却存在着重要的差别。道德关系的指向主要是人的内在世界，而法纪关系的指向主要是人的外在行为。因此，道德关系的维系，主要依赖于每一个社会成员的自觉与自律；而法纪关系的维系，则主要依赖于社会制度强制力的他律。当然，无论是道德关系对人的行为的规约，还是法纪关系对人的行为的规约，都必须建立在社会成员的高度认同与自我自觉规约的基础之上。没有人的内在的文化自觉与认同，任何道德的或法纪关系的规约，其成效都是有限的。

(二) 道德与法纪关系的生成及发展

我们知道，人的存在及发展的任何社会关系都根源于人的社会生活的需要，并且也只能在人的感性的社会实践活动中生成和得到发展。现代社会人的存在的道德与法纪关系的生成及发展，同样也是如此。正如传统的道德与法纪关系是对传统社会人们社会生活的秩序与规则关系的反映那样，现代道德与法纪关系也无非是对现代社会人们社会生活的秩序与规则关系的反映而已。因此，对于人类的存在与发展而言，任何道德与法纪关系的生成，都既是人类现实社会生活发展要求的必然反映，也是人类在一定的社会发展条件下劳动和文化创造的结果。正因为如此，我们可以说，感性的社会生活与社会实践不仅是人类一切道德与法纪关系生成的基础，而且也是人类社会道德与法纪关系得以不断发展的根本推动力。

一定的道德与法纪关系在人类现实的生存与社会实践活动中的生成及发展，既源于人类社会生活实践活动的开展对一定的规则与秩序的要求，同时也源于人们对共同利益和自身权益实现的保障诉求。法国著名社会学家爱弥尔·涂尔干（Durkheim）认为，人类社会生活中的道德与法纪关系的生成，主要是基于人类生存对个人安全、自由与权利保障和社会生活目的的实现等三个方面的原因而产生的。① 应该说，涂尔干的这一观点是非常有见地的，它从人类道德、法纪这一独特的社会文化现象与人类自身现实生存及发展所具有的密切的关系出发，揭示了人与人之间道德与法纪关系产生的必然性。由此可见，道德与法纪关系的产生及发展，从根本上而言取决于人类社会生活的需要和社会生活的发展。

首先，一定的道德与法纪关系的生成与建立是个人对群体归属的安全需要。作为一种社会文化性的存在物，人类的存在并不是一种单个人的存在，而是一种集群和社会性的存在。正因为如此，在现实的存在与发展中，每一个人的内心世界都存在着与生俱来的对一定群体归属的安全需求。这种安全需要的满足，必须通过个人对一定群体的归属才能实现。而一个人是否归属到群体，基本的表征就是否与群体内的其他成员建立起道德的与纪律的规约关系。这种道德与法纪关系的建立，是一个人认同并归属于该群体和获得该群体成员认同的重要条件。

其次，一定的道德与法纪关系的生成与建立是个人自由和权利保障的需

---

① ［法］爱弥尔·涂尔干：《道德教育》，陈光金、沈杰、朱谐汉译，上海人民出版社2001年版，第20—112页。

要。任何一种群体的生存及发展，都必然对生存的秩序与规范有着内在的要求。或者说，群体的生存及发展必须建立在必要的规范与秩序的基础之上才能得到保障。在一个群体内，每一个成员都在追求着自己的自由与相应的权利，并且都毫无例外地追求着一种最大化的目标，这就意味着一些成员的权利的实现，必然会损害到另外一些成员的利益与权利。因此，为了保证每一个成员的自由与权利从而保证群体的存在，就必须在群体的成员之间建立起一种道德的与纪律的规约关系。倘若失去了道德与法纪关系的规约，则不仅群体的生存无法实现，而且个人的权益也无法得到保障。

最后，一定的道德与法纪关系的生成与建立是群体生存与发展的实践目的达成的需要。实践的存在，是人类群体存在与发展的基本方式。人类群体生存与发展的实践性特征，决定了群体规则与秩序产生与发展的必然性。我们知道，以群的形式而展开的任何实践活动，都需要一定的规则与秩序的保障，而一定的道德与法纪关系的生成，则正是这一需求的基本反映。一方面，任何实践活动的开展，都需要得到一定的秩序与规则的保障，没有这种保障，群体的任何活动都将无法展开；另一方面，只有在一定的秩序与规则的保障下，群体实践活动的效率才能够得到提高，群体活动的目标也才能够实现。由此可见，无论是实践活动的有序展开，还是实践活动效率的提升和实践活动目标的实现，都需要得到一定的道德与法纪关系的规约与保障。

一定的道德与法纪关系总是反映着人类社会生活的发展对一定的规则与秩序的要求，这就意味着人类的道德与法纪关系并非是一种抽象的存在，而是一种具体的现实的和历史的存在。一定的道德与法纪关系既是在人们一定的现实的实践活动中生成的，同时也必然会在人们现实的实践活动的发展中而得到不断发展。可以说，人类有着怎样的社会生活实践的需求，也就必然会创造出怎样的社会道德与法纪关系。因此，社会生活实践的发展性必然决定了人类社会道德与法纪关系的发展性，而社会生活实践发展的丰富性和多元性，则必然决定了人类社会道德与法纪关系发展的丰富性与多样性。

（三）道德与法纪关系对人的发展的规约及保障

人类社会分化的程度越高，社会生活越复杂、越丰富与多样，则对秩序与规则的要求与依赖程度也就越高。现代社会不仅是一个高度分化的社会，而且也是一个高度开放和高度自由的社会，因而也必然是一个具有广泛道德与法制性的社会。因此，在现代社会，任何人对现实社会生活的参与，都必然要和他人、社会建立一定的道德与法纪关系，并必须遵循一定的社会道德与法律规范。否则，个人既不可能参与到一定的社会现实生活中去，更不可能获得现实的生存与发展。由此可见，一定的道德与法纪关系对于人的现实的存在与发展而言，不仅是必要的，而且是不可或缺的重要的社会文化性关系。

人的发展虽然是一个具体的历史的过程，但是，却绝对不是一个主观意志决定的过程。在人的发展过程中，一切美好的内在品质和良好的、健康的行为习惯并非都是在现实的生长过程中自然生成的，而是在人的文化性的不断增长和一定的社会道德与法纪关系的规约下实现的。没有人的社会文化性的增长、没有一定的社会道德与法纪关系的规约，人不仅不可能生成美好的内在品质和良好的、健康的行为习惯，甚至可能恰恰相反。因此，一定的社会道德与法纪关系作为人的存在及发展的重要客观规约力量，对于人的现实存在与健康发展而言，发挥着重要的方向性规约与保证功能。

社会道德与法纪关系作为一种客观的规约性力量，对人的存在及发展的规约价值主要表现在两个方面：一是对人的内在的具有破坏性的自然倾向和外在的具有破坏性的行为予以规约；二是对危及个人的自由、权利和个人健康发展的社会影响或社会行为予以规约。当然，一定的道德与法纪关系对人的发展的规约，事实上包含着对人的发展方向性的导引和保证。只不过这种导引和保证不是通过正向的促进实现的，而是通过对人的有害品质和行为的约束、遏制而实现的。

社会道德与法纪关系对人的内在具有破坏性自然倾向和外在具有破坏性行为的规约，主要是抑制人的动物性而规约人性的发展方向。我们知道，人既是一种自然性的存在，也是一种社会文化性的存在。作为自然性的存在，人有着各种各样的自然的欲望。这些自然性的欲望，既可能成为人的发展的动力因素，也可能成为人的发展的阻力因素。作为社会性的存在，人在社会生活中所生成的内在品质并非都是积极的、健康的，而是存在着反向发展的可能。因此，无论是作为自然性存在的人，还是作为社会文化性的人，其内在具有破坏性的自然倾向和外在具有破坏性的行为倾向，都必须通过一定的社会道德与法纪关系的规约，才能够引导和保证其沿着积极健康的方向发展。

社会道德与法纪关系对危及个人的自由、权利和个人健康发展的社会影响或社会行为的规约，主要是抑制危及个人自由与权利、生存与发展安全以及对个人的发展会造成不良后果的社会影响与社会行为。人既是社会环境的创造者，又是社会环境的塑造者。社会生活的丰富性、多样性和复杂性，决定了人所创造的社会环境对人的发展并不必然具有积极健康的功能作用。人自身的人性弱点，毫无疑问，也必然会通过人的活动而渗透到其所创造的社会环境之中成为影响人的存在及健康发展的负向制约力量。是以，只有通过一定的道德与法纪关系对社会反向制约力的遏制，才能够为人的积极健康发展创造良好的社会环境条件。唯其如此，才能保障人的积极健康发展的实现。

在对人的发展的规约中，由于道德关系与法纪关系所具有的性质及其对人的发展规约方式的差异，因而也决定它们对人的发展所具有的功能价值的差异。道德关系重在规约人的内心世界，因而其功能重在对人的精神世界的开发；而法纪关系则重在规约人的外在行为，因而其功能重在对人的行为习惯的开发。一定的道德关系对人的发展的规约，旨在促使人形成美好的人性特征和高尚的道德品质；而一定的法纪关系的规约，则旨在促使人形成合乎社会法纪规范要求的行为方式与行为习惯。当然，人的道德的内在品质必须通过一定的道德行为，才能得以外化和表达；而人的行为规范，也只有在规范内化为人的自觉意识与品质时，才能够得到巩固。所以，对于人的现实的存在与发展而言，只有将道德关系的规约与法纪关系的规约密切结合起来，才能真正实现对人的健康发展的保障。

第四章

现代社会关系促进人的发展的实现路径

　　人类群体的发展，总是通过个体的发展而实现的。虽然个体的发展不能脱离群体的发展而发展，但是，从发生学意义上而言，没有个体的发展，也就无所谓群体的发展。正是每一个个体的发展，才形成了群体的发展。因此，从发生学的角度探讨人的发展与社会关系之间所存有的互动机理与机制，对于我们更好地认识现代社会关系对人的发展所具有的现实价值，以及如何通过现代社会关系的培植来促进现代人健康的发展，有着重要的意义。

　　人在关系中存在，又在存在着的现实关系中改造着世界，也改造着自身。在这种改造世界与改造自身的过程中，又创造出无限丰富和多样的关系。可以说，没有人能够外在于关系而存在。尤其是在现代社会，越来越丰富多样的关系包裹着我们，影响着我们，改造着我们，成为规定我们存在的强大的客观力量。关系已如此深刻地渗入到我们的生活和我们的心灵之中，或者说我们的心灵、我们的生活就是存在着的关系，正是关系构成了我们的心灵和我们生活的内容。但是，关系并不是自动走入我们的心灵与生活的，而是我们的心灵与生活必须走入关系之中。只有在关系中，我们才有我们自己，也才有我们自己的生活。

　　对于个体的存在与发展而言，关系的适应是个人获得发展的前提和基础，关系的选择是个人之所以获得发展和获得怎样的发展的关键，而关系的发展则是个人获得发展的主要表征。没有对一定社会关系的适应，就不会有个体的存在；没有对一定社会关系的选择，就不会有个体的发展；而没有一定社会关系的发展，就不会有个体发展的实现。

一、关系的适应是人的发展的基础

人作为一种关系性的存在物,关系乃成为其存在的基本方式。因此,任何人的存在,首先是一种关系的存在;任何人的发展,也首先是一种关系的发展。关系的存在,意味着个人对关系的适应;关系的发展,则意味着个人对关系的创造与丰富。

(一)人的发展对社会关系适应的必然性

人的存在并不是一种抽象的存在,而是一种具体的历史的存在。这就意味着,任何个人的存在,任何个人的发展,并非是脱离了一定的现实的具体的社会关系环境的存在与发展,而必然是在一定的具体的现实的社会关系环境中的存在与发展。正因为如此,无论是存在也好,还是发展也好,个人始终不能脱离具体的现实的社会关系环境,因而对一定的社会关系环境的适应,就成为个人存在与发展的前在条件与基础。

1. 适应是一切生命物质存在与发展的基本特性

现代生物学研究表明,适应是任何生命物质存在与发展的基础。没有适应,任何生命物质都会因为无法实现有机体与环境的物质交换、能量交换和信息交换而丧失存在的理由。因此,没有适应,就没有生命物质的存在,更不会有生命物质的发展。

所谓适应,指的是"有机体与其环境的交互作用过程。这种交互作用是有机体与环境实现物质交换、能量交换和信息交换的过程,使有机体与环境达到协调,并获得自身的存在与发展。如细胞的新陈代谢,植物的光合作用,动物的摄食行为,人的学习、劳动等"①。人作为一种自然存在的生命体物质,如同任何生命物质一样,也必须通过对环境的适应才能获得维持自身存在与发展的必要的物质、能量与信息的交换。也只有这种对环境适应过程中的物质、能量与信息的互换,才能保证人的生命的存在与生生不息。

一般来说,有机体对环境的适应有两种基本形态:一是改变有机体的解剖结构和机能,以扩大有机体与环境的联系,从而使有机体获得发展;二是

---

① 蒋大鹏、张燮:《教育心理学新系》,山东教育出版社1992年版,第4页。

改变有机体的行为、环境的状态及其与环境的联系与作用方式,从而使有机体获得对环境的适应。前者是对环境的消极适应,是对环境的顺应;后者则是对环境的积极适应,是对环境的改造、创造和发展。因此,顺应和改造是一切生命物质对环境适应的两种基本方式。

在对环境的适应中,不同生命体的适应方式是有一定差异的。低等生命物质对环境的适应方式是顺应,即在生命的发展中以改变自身的方式适应环境的变迁,以获得与环境的协调;而高等动物尤其是人类,则主要是以改造的方式适应环境的。

2. 适应是人的存在与发展的基础

人能否存在及如何发展,并非完全取决于自己的主观意愿,而是取决于人对环境的适应状况。

人的存在离不开对环境的适应。作为一种感性的生命物质,人的存在始终是一种具体的现实的存在。这种具体的现实的存在主要表征为:第一,作为一种自然性的生命存在,人和任何生命物质一样,其生命体的维系和延续必须得到一定的物质生活资料的支持,而一定的物质资料的获得,则要求人必须与环境发生或建立一定形式的交换关系才能实现。人与环境的交换能够展开,则要求人必须首先对自己所处的环境进行适应。只有通过适应,人才能获得一定环境的物质能量的支持而实现生命体的维系与延续。第二,作为一种社会性的生命存在,人的存在始终是一种感性的活动的存在,而人的感性活动的展开,则始终不能脱离具体的现实的环境。马克思说,人们能够创造历史,但不能选择创造历史的条件。这就意味着,对于任何个体而言,其生命活动展开的具体的现实环境都具有一定的先在性。这种先在性的特征决定了个人只能在适应环境的过程中才能展开改造环境的感性的活动。因此,没有对一定的现实的具体的环境的适应,人必然会因感性活动的无法展开而丧失存在的现实依据。

人的发展就是人对环境的适应过程。在一定意义上来说,适应就是发展。个人如何适应环境以及对环境的适应状况,直接决定了其怎样发展和发展的程度。人作为一种社会性的存在,其发展主要表征为社会性的发展。个体成长与发展的过程,就是一个在不断适应环境中获得一定的社会生活知识、社会性品质和社会生活能力的过程，即所谓的社会化过程。只有通过这一过程，人才能由自然的人转变为社会的人，也才能由自然的存在转变为社会的存在。正是从这一意义上而言，人对环境的适应过程，也就是一个成长与发展的过程，并且个人如何适应环境和适应的程度，决定了其怎样发展和发展的程度。

3. 人对环境的适应主要是对社会关系的适应

人不能脱离自然而存在，但是，作为一种感性的活动的存在，人的本质并非是由其自然性所决定的，而是由其社会性所决定的。所以，人对环境的适应，不仅表征为对自然环境的适应，更重要的表征为对一定的社会环境的适应。

人对社会环境的适应，主要是对一定的社会关系的适应。之所以这样，乃是由人的本质属性和社会环境的特性所决定的。人的本质决定了人只有适应一定的社会关系环境并与环境建立起相应的关系形式，才能展开自己感性的实践活动，并在这一过程中将自己塑造成一定的社会性的人。社会环境本质上是人在自己的感性的实践活动过程中所创造的结果，是一种人化的环境，是人的本质力量的外化和人的社会关系的形式化表现。社会环境的生成与发展虽然从根本上依赖于人的活动与创造，但是，作为一种文化性的构成，社会环境具有一定的文化传承性。正是这种传承性，决定了人对社会环境适应的必然性。

人的本质在其现实性上是一切社会关系的总和，这就意味着人既是一种社会性的存在，也是一种关系性的存在。人在一定的社会关系中存在，也在一定的社会关系中得到发展。人与关系的存在及发展，具有高度的同一性。人在社会关系中存在，指的是人作为一种感性的活动的存在始终离不开一定形式的社会关系的支持。人的任何感性的活动，都必然是在人的联合即人与人之间生成一定形式的关系的条件下展开的，倘若没有一定形式的关系的生成，则人的任何感性的活动都无法展开。人在社会关系中发展，指的是人作为一种关系性的存在，其发展既是在一定的社会关系的生成过程中实现的，同时也直接表征为人的社会关系的丰富和发展。人在自己现实的感性的活动过程中构建的关系环境尤其是社会关系环境，是一种与自身的存在与发展息息相关的个性化的关系环境。对个人而言，所有构成个性化环境的关系都是与个体发生的关系，因而是一种对象化的关系。正是在这种对象化的关系中，不断生成着马克思所称之的"主体客体化"和"客体主体化"的运动。这一双向运动的过程，就是一个人改造客体并被客体改造的过程，因而是一个主客互动、共同发展的过程。在这一过程中，人既改造了客观环境，同时也改造了自我，从而实现了人的发展与环境发展的统一。

(二) 人的发展对社会关系适应的特征

与低等生命物质对环境的适应不同，人对环境的适应主要不是对环境的顺应性适应，而是有选择和创造性的适应。无论是对自然环境的适应，还是对社会环境的适应，人都表现出高度的积极性与主动性。

1. 人的发展对社会关系的适应是一种选择性的适应

在人与社会环境的关系中，人并不是一味被动的适应环境，而是有选择性的适应。对环境的选择性适应，是人区别于动物的主要特征之一。

人的发展之所以呈现出对社会关系环境的选择适应性，是基于以下三个方面的因素而规约的。一是个体的生活实践与交往环境始终都是在选择中形成或建立的，并且也是在不断的选择中得以变动与发展的；二是在个体选择性适应中所生成的个性化的环境，关系的指向和所含蕴的意义并不都是个人发展所需要的，甚至有的是对个人的发展是有害的，个人同样需要选择性的适应；第三，人的任何实践与交往活动都是一个有目的的过程，是个人主动性、积极性和创造性表达的过程，实践与交往的目的性，也决定了人对社会关系环境的选择适应性。

从第一个方面来说，任何一个个体的存在都是具体的现实的存在。这就意味着，任何人的存在都不是存在在一个抽象的关系环境之中，而是存在在一个具体的关系环境之中的。所谓具体的关系环境，就是由个人的活动与交往选择所决定的个性化的环境。这个环境始终处于一个随个体活动与交往选择性变动而变动的过程。当然，个人也不可能脱离一定的社会关系的宏观环境而存在，但是，任何宏观环境只有在通过个人具体的交往与实践转变成个性化环境构成的内容时，才能对个人的存在与发展起到实际的意义。

从第二个方面来说，现代社会关系的复杂性、丰富性、整体性和流动性的发展,决定了任何一种关系的生成,都必然伴生着其他的关系内涵,或者说任何一种关系的内涵都是极为丰富的,是以关系的综合面貌而呈现的。如现代信息与虚拟关系,其内涵不仅仅是一种认识关系的成分,还包含着情感关系、道德关系、法纪关系、价值关系等其他关系的成分。因此,个体不可能对一种关系环境的所有意蕴都做出反应,而是有注意的选择性反应。

从第三个方面来说,现代社会关系条件下人的主体意识、自我意识、自主意识和创造意识的不断增强,决定了人不可能被动的适应环境。任何个人,在自己的生存实践与交往活动中,都无疑会将这种强烈的主体意识在实践与交往活动中外化和表达出来。这个外化和表达的过程,就是人对关系的选择、适应与改造的过程。人自身的主体性意识和实践的目的性的存在,决定了人的发展对社会关系环境选择性适应的必然性。

2. 人的发展对社会关系的适应是一种创造性的适应

在人的感性的实践与交往活动中,人对社会关系环境的选择性适应,是人的主体性规约力量与客体性规约力量相统一的过程。这一过程,也正是主客体相统一而彼此促进与发展的过程。从这一意义上来说,人对环境的适应过程,乃是一个人与环境彼此改造的过程,因而是一个创造性的过程。

从人的社会性存在来说,人不是一种孤立的唯一的存在物,也不是一种静止的绝对的存在物,人在关系中存在并通过感性的活动来表现自己,人就是活动的主体。因此,在人与环境的关系中,人并不完全是被动性的适应环境,也不仅仅是有选择性的适应环境,更重要的是,人可以通过自己感性的活动改变和创造环境,正如马克思所说:"正像社会本身生产作为人的人一样,人也生产社会。"①

人的发展对社会关系的适应之所以是一种创造性的适应,其根源就在于人对社会关系的适应并非是一种抽象的适应,而是一种具体的现实的适应,即感性的活动与交往的适应。由于人的感性的交往与活动是人的本质力量生成和表达的过程及形式,因而必然是一种创造性的活动。

人对社会关系的创造性适应,主要表现在两个方面:第一,人的任何感

---

① 《马克思恩格斯全集》第42卷,人民出版社1979年版,第121页。

性的活动都是有意识、有目的活动，本质上是一种自由的自觉的活动，这就决定了人对社会关系的适应并非是盲目的，而是有着明确目的的。一方面，人对一定社会关系的适应必然是根据自身发展的要求或一定的感性活动展开的需要而有选择的进行的；另一方面，人在感性的活动中必然会根据活动与交往的目的生成新的社会关系或对既有的社会关系进行有目的的改造，从而创造出合乎一定目的的新的社会关系形式。第二，人的一切感性的活动，本质上都具有积极的否定性即扬弃性。人总是通过自己的感性活动不断积极地否定现存的社会关系形式，扬弃现存的社会生活条件，生产和创造出新的社会生活条件，从而也不断地创造出新的社会关系形式和关于自我存在的新的特性与本质。这就是说，人作为活动的、实践的存在物，永远是一种未完成的存在物，是一种与环境交互作用的变动的和发展的存在物。因此，人的活动的目的性、自主性和创造性，决定了人对社会关系的适应必然是一种有选择的创造性的适应。正是在这一点上，人与动物具有了本质的区别。

3. 人的发展对社会关系的适应是通过认知与同化而实现的

人对社会关系的适应，也是一个个体对社会关系的指向及其内涵的认知、接纳与同化的过程。通过这一认知过程，个人从对一定社会关系的异在状态转变为共在状态，实现了与一定社会关系的协调。

人在一定的社会关系环境中存在并且展开自己现实的感性的实践与交往活动，因此，对个人而言，所有那些构成个人此在环境的社会关系，都既是个人感性的实践与交往活动展开的客体条件，又成为一定的认知对象而与人构成对象化的关系。这种对象化关系的建立，是一定的社会关系与主体结合而展开规约和促进人的发展的必要前提。只有在这一前提下，个人才能展开对一定社会关系意义的认知与理解，并通过这种认知过程而实现与一定社会关系的适应与共在。

个体对对象化的社会关系意义的认知与理解包括两个方面：一是对这种关系所指意义的认知与理解，二是对生成这种关系活动意义的认知与理解，即对现实的特定的社会关系本身所含蕴的意义的认知与理解。作为对立面的个体，社会关系始终是他的客体，是认识与作用的对象；而作为社会关系生成的主体，个人又始终是社会关系环境的一部分，是变动着的关系的内容。

在第一种关系的认知中,个体发现和理解到的是社会关系所指的意义;而在第二种关系的认知中,个体发现和理解到的是社会实践与交往活动关系本身含有的所有信息与意义。二者的统一,构成了人的发展对社会关系的认知与理解。

人在自己的感性的实践与交往活动中,对对象化关系的认知是一个由解读、理解到顺应与同化的过程。根据瑞士著名认知心理学家皮亚杰(J. Piaget)的研究,个体对外在事物的认知过程,是一个建立新的"图式"的过程。所谓"图式",就是一个人在后天的学习和认知活动中所建立的知识结构或者思维结构。图式在个体的认知过程中形成,也在认知过程中不断得以更新与发展。新的图式的生成,是通过个体对新的知识、信息、意义的接受与内化而建立的。个体对新的知识、信息和意义的接受与内化,有两种方式,一是同化,二是顺应。同化是指个体将与自己已有知识结构相一致的知识、信息与意义纳入原有知识结构的活动;而顺应则是指个体根据新的知识、信息与意义的要求,调整原有的知识结构以适应新的知识、信息与意义接受要求的活动。无论是同化,还是顺应,结果都必然会导致个体原有知识结构的更新与变化,从而生成新的知识结构。① 在对社会关系意蕴的认知与接受过程中,个体也同样经历着对新的知识、信息与意义的同化或者顺应活动。正是因为认知过程中的同化或者顺应,才使得新的外在的知识、信息和意义最终转化为个体内在的知识结构或使原有的知识结构发生新的变化,也使得个人与一定的关系环境实现协调与统一,即达成了人对社会关系环境的适应。

(三)社会关系的适应与现代人的发展

作为一种关系性的存在,人的发展必然始于对一定关系尤其是一定的社会关系的适应。现代人的存在及发展,同样也是如此。在一定意义上,关系适应的程度,决定了人的发展的程度。

现代社会关系是一种极其复杂的关系形式,这一关系形式所具有的开放性、变动性、不确定性或意义的模糊性等特征,对现代人的适应带来了巨大

---

① 参见〔瑞士〕皮亚杰:《发生认识论原理》,王宪钿等译,商务印书馆1981年版。

的障碍。相对于传统人对传统社会关系适应的通达与平稳，现代人对现代社会关系的适应则被历史地注入了前所未有的困惑与困境，这就使得现代人与现代社会关系之间始终存有难以消弭的紧张与对立，从而也给现代人的健康发展蒙上了一层看不见的阴影。

1. 现代社会人的发展对社会关系适应的特征

在变动中分化，在分化中流动，这是现代社会关系与传统社会关系之间最本质的区别。齐格蒙特·鲍曼（Z. Bauman）说："把社会中的成员转变为个体是现代社会的特征"，并且，"这一转变并不像上帝的创造那样是一种一劳永逸的行为，而是周而复始的重复活动。现代社会的存在无时不在进行着分化活动，个体的活动也日复一日地重新塑造。任何一方都不可能长期地固定不变，因而分化的意义持续改变，不断呈现出崭新的形态"①。这种持续的分化，不断地将个体从各种社会关系的依附中分离出来，同时又不断地将个体带入到新的社会关系之中。

现代社会关系的持续分化与流动，以及现代人越来越自主化与个体化发展的倾向，促使现代人对现代社会关系的适应产生了许多前所未有的新特点。与传统社会人对社会关系的适应比较，现代社会人对关系的适应呈现出瞬时性、个体性、非确定性和冲突性等特征。所谓瞬时性，指的是由于现代社会关系的分化与流动而引发个体适应的非连续与非持续性，是人与适应对象在关联时效关系上所呈现出的特征；所谓个体性，指的是由于现代人独立性的发展而引发个体适应的独有性与异他性，是人与适应对象在关联方式关系上所呈现出的特征；所谓非确定性，指的是由于现代社会关系的开放与意蕴的多元性而引发个体适应的模糊性和非稳定性，是人与适应对象在关联所指关系上所呈现出的特征；所谓冲突性，指的是由于现代社会关系意蕴的内在矛盾性而引发个体适应的非协调性与紧张性，是人与适应对象在关联性质关系上所呈现出的特征。与传统社会条件下人对社会关系的适应的连续性、稳定性、确定性与和谐性比较，现代社会人对社会关系适应的瞬时性、个体

---

① ［波］齐格蒙特·鲍曼：《个体化社会》，范祥涛译，上海三联书店2002年版，第43页。

性、非确定性和冲突性等特征,使得人与社会关系的关联与互动更趋复杂和多元。这种复杂性与多元性,在给现代人的发展创造出更多的发展机遇与发展空间的同时,无疑也带来了巨大的风险与发展障碍。

2. 现代社会关系适应过程中人的发展困境

现代社会的开放性与流动性特征,决定了人与关系互动的流动性与发展性。对现代人而言,没有任何一种关系是一成不变的,没有任何一种活动不是发展的,生活的随机事件层出不穷,各种社会关系既在分化中不断消解,又在新的关联中得以重组与新生。一切都在变,一切都呈现出前所未有的不确定性,没有什么是永恒的,所有能确证自己存在的生活关系,都可能潜藏着断裂的风险。现代社会生活的多变性和社会生活关系的不确定性,使得现代人的生存时时处于高度的恐惧之中,"人人都是潜在的多余或会被取代,因此人人都可能受到攻击,无论现在看来似乎多么高高在上、权重一时的社会地位,以更长远的眼光来看都不是稳如磐石的;即便是特权也是脆弱的,时时受到倾覆的威胁"①。当不确定性渗透到现代社会生活的各个角落时,现代人的生存及发展也就时时处于风险之中。

断裂时时发生,不确定处处存在,所以风险也就时时处处存在。风险渗透到现代人社会生活的各个领域与方面,从而为现代人的社会关系适应和适应中的发展造成了巨大困惑与困境。这些困惑或困境主要表现为:

第一,无所适从的迷惘。现代社会生活的多变和复杂,致使现代人在面对各种错综复杂而又快速多变的社会关系时,必然会产生无所适从的迷惘。这种无所适从的迷惘的产生,其根源就在于现代人在快速流变的社会生活中难以形成确定而明晰的价值追求,因而在面对纷繁复杂和快速变动的社会关系时因缺乏必要的价值观的统驭而产生无所适从的迷惘感。

第二,无以适从的恐慌。现代社会关系既是复杂的、多变的,又是非明晰的、非确定的,甚至也内含着内在的矛盾与冲突,这种非明晰性与非确定性、矛盾性与冲突性,无疑会导致现代人对社会关系的无以适从。面对着内

---

① [波]齐格蒙特·鲍曼:《个体化社会》,范祥涛译,上海三联书店2002年版,第52—53页。

涵模糊的、矛盾与冲突的社会关系，现代人既不知道适应什么，也不知道怎样适应，恐慌于此而生。

第三，不能适从的恐惧。现代性溶化了一切固体，把一切神圣的东西如理想、信念等拉下神坛，而后便进入希望与能力之间永远失调的时代。渴望很好地适应并雄心勃勃地改造社会关系，但却无从也没有能力实现这一雄伟的抱负，因此，面对着生活中错综复杂的社会关系，现代人只能陷于希望与能力的失调的恐惧之中而徒唤奈何。

第四，被迫适从的无奈。迷惘也好，恐慌也好，恐惧也罢，人作为一种关系的存在，没有人能够外在于关系而存在的。面对着各种各样错综复杂的社会关系，现代人力图逃避却又无法摆脱，正如齐格蒙特·鲍曼所说："无论是个体还是群体，我们全都超出了外在生活的限制，但是我们又很清楚，从现实生活中逃出将会不可避免地（也是实实在在地）跌回现实之中"①，无法逃避，也就只能在无奈中被迫适应。

当然，现代人的发展对现代社会关系适应困惑与困境的产生，既与现代社会关系本身所具有的各种非确定的因素有关，同时与现代人自身的能力和素质之间也有着密切的关联。对不同的个体而言，适应的状况是完全不同的。这里所指的困惑与困境，也是相对的，并非是绝对的。

3. 现代社会关系适应过程中人的发展机遇

风险总是伴随着机遇，困境总是伴随着挑战。现代社会关系在对人的适应与发展带来风险、困境与挑战的同时，也为现代人的发展创造了广阔的空间与丰富的机遇。

从人的发展对社会关系适应的视阈分析，现代社会关系发展的开放性、多元性、变动性，无疑为现代人的发展提供了广阔的平台与机遇。其可能的机遇主要是：

第一，现代社会关系的开放性发展，为现代人自由而全面的发展构建了广阔的平台。人的社会关系的丰富与发展，是人自身获得发展的主要表征。

---

① ［波］齐格蒙特·鲍曼：《个体化社会》，范祥涛译，上海三联书店2002年版，第1页。

因此，对于个人的发展而言，其发展的程度和发展的水平如何，都与其在感性的实践与交往活动中所建立的社会关系有着直接的关系。由于人的社会关系的丰富与发展状况直接取决于其所处的社会环境及其所从事的感性的活动的状况，因而开放的社会环境及其社会生活的构建就成为人的社会关系丰富与发展的必要条件。现代社会关系的开放性发展，因着对人的社会关系的丰富与发展创造了广阔的空间而成为现代人自由而全面发展的现实舞台。

第二，现代社会关系的多元化发展，为现代人自主的自我发展奠定了广泛的基础。社会关系的多元化发展，意味着人类实践活动在时间与空间领域的扩张，也意味着社会生活方式的多样化和人的自由选择度的扩大。正是从这一意义上而言，现代社会关系的多元化发展，必然会对现代人自主的自我发展创造更多的机遇和发展空间。

第三，现代社会关系发展的流动性与不确定性，促进了现代人风险意识的增强，同时也为现代人创造性的发展创造了前所未有的机遇。流动意味着变化，变化意味着不确定性，不确定性意味着风险，而风险则意味着机遇、挑战与创新。因此，现代社会风险关系的形成及发展，在促进现代人发展风险意识的形成和增强的同时，也为现代人发展过程中的求新与创造提供了丰富的机遇。

尽管现代社会关系为现代人在对其适应的发展中创造了前所未有的机遇，但是，机遇与风险总是相伴而行的，同时也是相互转化的。现代人在对开放性、多元化和流动性的现代社会关系的适应中能否赢得机遇或者将风险转化为机遇，尚取决于现代人在与环境的互动中能否把握机遇或者是否有能力将风险转化为机遇，而这一要求的实现，则有赖于现代人在对现代社会关系适应中的正确选择与把握。

二、关系的选择是人的发展的关键

现代社会，每一个人的生存与发展所面对的关系环境都是极其复杂并且是不断分化与变动的。人的感性的活动及自身发展的要求，决定了人必须对复杂的社会关系进行必要的选择，才能开展有目的的活动并促进自身的健康发展。

(一) 人的发展对社会关系选择的必然性

人的存在与发展的本质决定了人不能不适应关系,但是,与一切动物对环境的顺应即被动性的适应不同,人对环境的适应是一种主动适应。也就是说,人对任何关系的适应并不是一种被动性的适应,而是在一定目的与价值追求指导下的有选择性的适应。选择性适应,成为人与动物的根本性区别。

1. 选择性适应是人与物对环境适应的本质区别

与动物的单纯自然性的存在不同,人既是一种自然性的存在,也是一种文化与社会性的存在。所以,在对环境的适应上,人既反映出自然性的特征,同时也反映出社会性的特征。

作为一种自然性的存在,人与动物有着许多共同性。这种共同性即人的物性,虽然不是规定和反映人的存在本质的主要方面,但是对人的存在而言却并非是可有可无或完全能够消解的。在一定意义上来说,没有人的自然性存在,也就没有人自身的存在。自然性是人的存在与发展的基础,失去了这一基础,人的自然生命体以及基于这一生命体之上的一切社会性的文化创造都将不复存在。人的存在与发展的自然性特征决定了人对环境尤其是对自然环境的适应,如同动物一样具有一定的顺应性,他也必须在漫长的进化中通过自然选择以使自身的自然特性与环境的要求相适应。

当然,人的自然选择性适应并非是人对环境适应的主要方式。作为一种文化与社会性的存在,人与动物有着本质的区别。这种区别就在于,人是一个有感性、有思想、有需要的感性的活动的存在物,即人是一种社会与文化性的存在物。人的存在的这一特性决定了人并不是在受动中被迫适应环境,而是相反。这就意味着人对一切环境尤其是对社会关系环境的适应,具有高度的自觉性与自主性。面对不同的环境和各种复杂的社会关系,人并非是完全盲目和被动的适应,而是根据自身发展和实践活动开展的需要进行选择的适应。正是在这一点上,人与动物产生了巨大的区别。

2. 选择性适应是人的自主意识与本质力量表达的体现

与动物的被动性存在不同,人是一种自觉的自主的能动的存在。这种自觉的自主的能动性,既是人作为社会实践活动主体的主要表征,又是人的本质力量的内在沉积与体现。人的自主意识、自觉的能动性既在一定的感性的实践活动中生成，又通过一定的感性的实践活动而得以表达。人对社会关系环境选择性的适应，正是人的自主意识、自觉的能动性的一种外在表达与体现。

人的自主意识、自觉的能动性既在人的感性的实践与交往活动中生成，又在感性的实践与交往活动中得以表达，这就意味着人的自主意识、自觉的能动性贯注和渗透在人的存在及发展的各个方面。无论是在生产领域、社会生活领域，还是在个人的交往、情感及精神生活领域，毫无例外，都与人的自主意识、自觉的能动性有着直接的关联。或者说，正是人的自主意识、自觉的能动性在人的感性的实践与交往活动诸领域的发挥，才有力地推动了人的社会生产与社会生活领域的不断扩大、丰富与发展。人对社会关系环境选择性的适应，乃是人的自主意识、自觉的能动性和人的本质力量在其感性的实践与交往活动中所表达的一个方面。

选择性适应之所以是人的自主意识与本质力量表达，乃是因为：第一，选择性适应是人的自主性的表达，反映了人在自我存在与发展中的自主意识；第二，选择性适应是人的自觉性的表达，反映了人在自我存在与发展中的能动性与创造性；第三，选择性适应是人的价值性的表达，反映了人在自我存在与发展中的目的性与自觉性。正是因为如此，人对社会环境的选择性适应，乃是人的价值尺度与物的尺度的统一，以及人的存在与人的发展的统一的反映，是人的自主意识与本质力量表达的结果和体现。

3. 选择性适应是人的自由与健康发展的基本要求

人的发展既是一个漫长的历史的过程，又是一个具体的现实的过程，因而乃是历史发展与现实发展、个体发展与群类发展的统一。在人的发展的历史过程中，人怎样发展以及发展的程度如何，无疑受到历史所提供的社会条件的支持或制约。但是，在人的发展的具体的现实过程中，个体的发展虽然在总体上不能脱离社会发展整体水平的限制，但却可以从自我发展的目标设定出发，通过对环境的选择性适应及其改造为自己的发展营造优化的社会环境，以实现个人充分而健康的发展。因此，对环境的选择性适应，也是人的自由而健康发展的必然要求。

对环境的选择性适应，既是人的自由发展的要求，也是人的自由发展的基本表征。人的自由发展虽然有着广泛的内涵，但是在现时代，自主和无恶意限制的发展即个性化的发展依然是其主要的内涵。由于人的发展始终是一个主客作用和彼此互动的现实过程，因而所谓自由的发展无疑首先表征为人与环境的自由结合。而人对环境的选择性适应，则是这一基本要求的主要体现。选择性适应对人的自由发展的根本意义就在于为人的自由发展开辟了主客力量结合的广阔的空间与自由度，从而成为人与环境自由结合并实现多样化发展或个性化发展的重要保障。

对环境的选择性适应，也是人的健康发展的要求。人的发展是一个有目的的自觉的过程，是一个在感性的实践与交往活动过程中不断生成积极健康的新的品质与素质的过程，因此，积极健康的发展，乃是人的发展的基本价值追求。人的发展对环境的选择性适应，也正是这一价值追求的体现。对于人的发展而言，环境并非是一个单纯而透明的客体，而是由不同意蕴的关系、信息、物质等因素所构成的一个复杂的系统，并且这一系统也是处于不断变动、分化与发展之中的。并不是所有的环境都能够促进人的积极健康发展，也并不是环境中都所有意蕴都能够促进人的积极健康品质的形成，只有那些优化的环境及优化的环境因素，才能促使人在发展的过程中形成积极健康的品质。因此，对环境的选择性适应，乃是人的积极健康发展的基本要求。

（二）人的发展对社会关系选择的条件性

人的发展对社会关系环境的选择性适应，是需要一定的前在性的基础的。这个基础就是一定的社会环境为人的发展选择所创设的自由度，以及在这一条件下个人所具备的相应的选择能力。前者决定了个人的发展能选择什么，后者决定了个人的发展怎样选择。只有二者的结合，个人发展的社会关系环境选择行为才能现实地展开。

1. 选择性适应的历史条件

在不同的社会关系条件下，人对社会关系适应的选择及改造的自由度是不同的。一般来说，一个开放的、多元的和发展的社会关系环境为人的发展选择所提供的自由度要比一个封闭的、单一的和稳定的社会关系环境所能提供的自由度要大得多。而在这一点上，则显然有赖于历史的发展与进步。

从人类发展与社会关系的演进史看，随着人自身的发展和社会文明的进步，社会为个人发展所创设的自由度是呈递增趋势发展的。即社会越发展，个人从社会中所获得的自我发展的自由度就越大。之所以如此，乃是因为，社会越进步、越发展，则社会所创造的关系形式越复杂、越多样化，从而为人所提供的自由选择度也就越大。与此同时，社会越发展，人的自我的发展水平与程度也就越高，人的选择能力也就越强。这二者，在历史的发展过程中乃是统一的，共同构成了人的发展的选择性适应的历史条件。

现代社会关系是在人的解放与主体意识的不断滋长过程中生成与发展起来的，是迄今为止人类发展历史上最复杂、最开放的一种关系形式。正因为如此，相对于原始与传统的社会关系形式而言，现代社会关系条件下，个人所具有自由选择度和自由的发展空间都是前所未有的。

2. 选择性适应的个体条件

从个人发展的自我选择能力来看，随着人自身的成长和社会化程度的提升，个人选择适应的能力是一个不断增长的过程。一般而言，个人的选择能力是与其社会化的程度成正比的。社会化程度越高，其个性化发展的程度就越高，对社会关系环境选择的能力就越高；反之，社会化程度越低，对社会的依赖性就越高，其对社会关系环境选择的能力也就越低。当然，个人在社会化的过程中，能否形成一定的选择能力及形成选择能力的高低，是与其所受到的教育及所从事的社会实践与交往活动直接关联的。尤其是在现代社会，个人所接受的教育以及在实践与交往活动中所获得的资讯、知识越多，其形成更高选择能力的前在基础就越好，就越有可能更好地应对瞬息万变的社会关系环境，从而更好地保持自我健康的发展。

人的发展对社会关系环境的选择，正是在社会所具有的个人自由度和人的一定的选择能力相结合的基础上展开的。一定的社会赋予个人发展的自由度，决定着个人在现实的社会生活中能参与什么样的社会实践与交往活动及参与到什么样的程度；而个人所具有的选择能力则决定着个人以什么样的方式和怎样参与到现实的实践与交往活动之中。对于个人的发展选择来说，前者是共同的前提，它对每一个人都发挥着同样的作用；而后者是必要条件，是决定个人怎样选择和如何选择的直接因素。但是，这一直接因素对于个人选择性的发展而言，只有在第一个条件具备的前提下，它才是有效的。

3. 选择性适应的现实关联条件

前在的条件，只是为个体的发展对社会关系环境的选择提供了一种可能性。如果这种可能性不能通过个体现实的选择行为，那么它始终就不可能转化成为人的自我发展的现实的力量。只有在现实中，在个体的实践与交往活动中，在个人有意识的选择中，社会的自由度与个人的选择能力之间才能建立起现实的关系，从而促成个人实际选择行为的发生。

任何选择都是主体的一种价值性行为。个人在现实的实践与交往活动过程中对社会关系环境的选择，无疑也是一种价值性行为。人的所有的价值性行为，其展开都是在一定的价值指导下进行的。因此，个体以什么样的价值指导自己的选择行为，不仅决定着选择什么，同时也为自己通过这种选择而实现的发展预设了一定的价值取向。

个人在现实实践与交往活动中对社会关系环境的选择，其选择的价值制控系统由两方面的内容构成：一是个人前在的也就是在社会化过程中已形成的个性意识倾向性，作为个人在社会实践与交往活动之中所构建的价值系统，它在任何时候都成为个人行动的指导和内在的驱动力；二是个人现实实践与交往活动的直接目的，它是个人个性意识倾向性的具体化的反映，受到个人已形成的价值系统的制约。一般来说，这二者是统一的，是不会出现根本性的冲突的。但是，当现实的目的驱动力超越了个人前在的价值系统制控的时候，则现实的实践与交往活动目的会成为个人对社会关系环境选择的直接标准和动力因素。

在现实的实践与交往活动中，个人对社会关系环境的选择主要表现为有目的的主动适应，即个人从自己的价值倾向出发，对与自己价值倾向相契合的社会关系予以高度关注，以积极的姿态构建有利于自我发展的个性化环境系统。同时对这些社会关系所含蕴的意义进行自觉的认识与理解，进而达到与环境的融合即适应。通过选择，每一个个体为自己感性活动的开展和自我发展创建了一个个性化的社会关系环境系统。正是这一个性化环境系统的形成，才使得人的发展的主客力量实现了形式上的统一，也为个人的发展和内在品质的生成设定了明确的价值取向。当然，个人通过选择与适应而建构的个性化的环境系统,也是一个不断发展的开放的系统。它在个人的现实实践与交往的选择与适应中生成,也必然会随之而变化与发展。

(三)社会关系的选择与现代人的发展

现代社会生活的快速多变,现代社会关系的错综复杂,使得现代人在现实的存在与发展过程中时时刻刻面临着抉择。无时无刻都在进行着选择,既构成了现代人丰富多彩的生活内容,也成为现代人适应社会发展的一种主要方式。选择已广泛地渗透到现代人现实生活的各个方面,并深刻地影响着现代人的生存与发展。对现代人来说,没有选择,也就没有适应,更没有发展。

1. 选择是现代人适应社会关系的主要方式

以什么样的方式与社会互动,既取决于个人的个性特征,但更取决于个人所处的时代特征。一般来说,在一个开放的、多元的社会,个人的生存与发展有着更多的自由选择度,因而选择就成了人们适应社会关系的主要方式;与此相反,在一个封闭与分工简单的社会,个人的生活不存在更多的选择性,因而人们适应社会关系的主要方式将不会是选择,而是被动适应。

在传统生活模式下,人们的生产与生活具有相对的稳定性。人们在劳动与日常生活中所建立的社会关系,也是非常稳定的,是人与人高度依附关系的凝结化。无论是血缘关系、姻缘关系,还是学缘关系、职业关系等,都是非常明晰而稳定的。在这种关系之下,个人的生活与发展被纳入一个相对固定的程式之中。对于个人来说,今天、明天或是后天,都是看得见的。

与原始社会和传统农业社会中人们生活所具有的稳定性不同,在现代社会,人们的劳动与生活不再具有"日出而作,日落而息"的固定程式和不变性,而是呈现着快速多变的特征。现代生活就如一个迅速裂变的万花筒,既精彩纷呈,又快速多变。一切都在变,一切都呈现出前所未有的不确定性。对于现代人来说,没有什么是永恒的,所有能确证自己存在的社会关系,都时时处于断裂、生成和变动之中。现代社会生活的复杂性、流动性和现代社会关系的多样性,决定了现代人的社会生活过程中时时处处面临着选择。没有选择,现代人就无法适应社会生活;没有选择,就不会有现代人的存在,也不会有现代人的发展。因此,对现代人来说,选择已成为生活的主要内容，成为个体适应社会关系的主要方式。

2. 现代社会人对社会关系选择性适应的特征

选择性适应，是人在与环境作用过程中所做出的积极应对。应该说，人作为一种感性的能动的存在物，在与环境的互动过程中所呈现出的积极主动的应对行为，始终是其能动性的体现，但是，在不同的社会生活和社会关系条件下，人对环境的这种积极应对的能动性是存在着一定的差异的，表现出不同的时代特征。

从人与环境互动的基本方式看，现代社会人对社会关系的选择性适应所表现出的特征主要是目的性、主动性、连续性、自主性、多样性与时效性等。这些特征的生成，既与现代社会生活和社会关系的特征有关，也与现代人所具有的时代特征直接关联着，乃是现代社会生活和社会关系的特征、现时代人的发展特征的反映。

第一，选择的目的性与多样性。任何选择，都是在一定的目的指导下进行的，是人的一定的价值追求和价值取向的反映。现代人对一定的社会关系环境的选择性适应以及对一定生活方式的选择，同样也是如此。在选择是否具有的目的性这一点上，现代人与传统人之间并不存在本质的区别，但是，这也并不意味着二者就具有同一性。事实上，现代社会的多元化发展，致使现代人的任何选择行为都难以有共同的价值追求和目的的指导，也正是在这一点上，现代人的选择与传统人的选择之间出现了根本的差异。传统人的选择是单一性的，而现代人的选择，则是多样性的。

第二，选择的主动性与自主性。相对于传统人而言，现代人在对环境的适应、生活方式的选取、个人发展的追求等方面都有着更高的积极性、自觉性与主动性。勇于开拓，勇于进取，已成为现代人区别于传统人的显著的人格特征。正因为如此，现代人在对环境和社会关系的选择性适应过程中，表现出更高的积极性、自主性与主动性。

第三，选择的连续性与时效性。现代人对社会生活方式、社会关系环境选择的连续性是由现代社会生活、社会关系的持续分化与流动而造成的。现代社会劳动的分工、职业的分化、生活的变迁、市场的竞争、环境的变化、信息的多元化发展等，致使现代人的生存与发展随时随处都处于分化、变更与流动之中，从而使现代人时时事事处处面临着选择。选择成了现代人存在与发展必须持续面对的行为，从而也使选择的时效性越来越短。可以毫不夸张地说，正是那些持续的一连串的选择，方构成了现代人精彩而又动荡的人生轨迹。

3. 选择性适应对现代人发展的主要影响

当选择成为人们生活不可或缺和必须面对的重要问题的时候，选择对人所发生的影响就不仅仅局限于结果了。甚至选择本身，也成为一种重要的影响力。对于现代人的生存与发展而言，选择正具有了这样的影响力。

从选择及其所引致的后续结果而言，选择之所以对人的生活、人的发展产生巨大的影响，其根源就在于任何一种选择都伴生着由这一行为所产生的结果。不同的选择，必然会引发不同的结果。因此，选择之于人的存在及发展，则意味着生活方式、发展道路的不同。在同一境况下，选择不同，则意味着生存与发展状态的不同。

不同的选择之所以会对人的生存与发展带来不同的影响，乃是因为不同的社会关系环境对人的存在与发展所具有的影响是不同的。积极的社会关系环境有利于人的良好品德和素质的培养，有利于促进人的健康发展；相反，消极的社会关系环境则不仅不利于人的良好品德和素质的培养，甚至限制和有害于人的健康发展。所谓"近朱者赤，近墨者黑"，说的就是这样一个道理。

人与人之间的选择之所以存在着巨大的差别，乃是因为人们的任何选择，都是在一定的目的或价值指导下的一种理性决策行为。兴趣不同、追求不同、目的不同，则人们所关注的对象也就不同。这种不同，正是现代人多元生活的体现，同时反过来又成为造成现代人人生选择与发展出现差别的主要主观原因。一般来说，积极健康的价值追求，有利于促进人对社会关系环境的正确选择和良好适应；与此相反，消极的错误的价值追求，则不利于促进人对社会关系环境的正确选择和良好适应。因此，科学的世界观和积极健康的人生价值观的形成与确立，对于个人的人生选择与健康发展，将是非常重要的。

从选择自身来看，现代社会所给予人的持续的多样的选择，也对现代人的生存与发展造成了重大的影响。其影响主要反映在正向与反向两个方面：

一方面，选择为现代人生活的多元化发展、现代人个性的多样性塑造创造了广阔的平台和丰富的机遇，为现代人自由而全面的发展开辟了广阔的前景；但是，另一方面，高密度与高频率的选择，容易引发现代人的选择恐惧症，甚至可能导致现代人选择与适应社会环境能力的丧失，进而严重影响到现代人的生活和健康发展。所以，对于选择，我们也应该辩证地看待，不宜盲目地鼓与呼。

三、关系的丰富与发展是人的发展的主要表征

人的发展是一个感性的实践的过程。在感性的实践活动之中，一方面，人作为活动的主体，其本质力量的发挥和表达不断改造着活动的对象，从而促使新的社会关系不断生成与发展，实现着主体向客体的转化；另一方面，人作为活动对象的客体，不断受到客体力量（自然的和社会的关系）的规约而生成新的内在品质，实现着客体向主体的转化。正如马克思所说："在生产中，人客体化，在人中，物主体化。"① 人的发展与社会的发展，就是在这一具体的历史的实践活动过程中达到统一的。

在感性的实践活动中，人的发展主要表征在两个方面：其一是作为人的本质力量外在表达的人的社会性特征的丰富与发展，其二是作为人的本质力量内在表达的人的各种素质、能力与品质的提升与发展。人的发展所表征的两个方面，无论是作为人的本质力量外在表达的人的社会性特征，还是作为人的本质力量内在表达的人的各种素质、能力与品质等，说到底，都只不过是人的一定的社会关系的内化和反映。从这一意义上而言，人的社会关系的丰富与发展，自然也就表征着人自身的发展。

在这里，需要指出的是，第一，一个人的存在选择并适应着什么样的社会关系虽然表征着其存在与发展的此在状态，但是这些社会关系并不直接等同于他自身的发展；第二，人的发展是在一定的社会关系条件下所展开的感性的实践与交往的活动中实现的，这一过程之所以是人的发展过程，乃是因为人的感性的实践与交往活动过程是一个主体客体化和客体主体化的双向互

---

① 《马克思恩格斯全集》第12卷，人民出版社1979年版，第739页。

动的过程；第三，个人的存在与发展，既与其对一定的社会关系环境的选择性适应的状况有关，又与其对社会关系环境的改造与创造有着直接的关系；第四，并不是所有的社会关系都能促进人的健康发展，因而也并不是所有的社会关系的结成都表征着人的发展，只有那些促进人的本质力量的增长、社会性特征的发展和基本素质提升的社会关系，才表征着人的发展。

（一）社会关系的丰富与发展表征着人的本质力量的增长

人的发展，首先体现为人的本质的发展，也就是人的本质力量的发展。人的本质力量的生成及表达，乃是在人的感性的实践活动中得以实现的。在实践活动过程中，人的本质的力量表征为对各种社会及自然的关系的驾驭和改造，是个人既有本质力量的表达与新的本质力量的生成过程；在实践活动的结果中，人的本质的力量表征为对自然、社会和人自身的改造。由于人的本质力量的过程表达，最终都必须通过结果而体现出来，因此，我们可以认为一切自然的、社会的及人自身的变化，就是人的本质力量发展的直接表征。正是在这一意义上，马克思认为："人不是抽象的蛰居于世界的存在物。人就是人的世界，就是国家，社会。"① 现代人本质力量的增长，就直接蕴含在现代社会所发生的一切变化之中。

1. 社会关系的丰富与发展表征着人对关系的适应与驾驭能力的提升

人的本质力量的提升，首现表征在人对各种自然的及社会的关系的适应与驾驭能力的提升方面。人的本质力量的增长与人对各种自然的及社会的关系的适应与驾驭能力的提升是互为条件和彼此促进的。一般而言，人的本质力量的增长，表明人对各种自然的及社会的关系的适应与驾驭能力的提升；而人对各种自然的及社会的关系的适应与驾驭能力的提升，则同时表明人的本质力量的增长。由于人的社会关系的丰富与发展表征着人对关系的适应与驾驭能力的提升，因而无疑也就表征着人的本质力量的增长。

从个体的发展来看，人的社会化过程，就是一个个体在不断适应、选择与建立一定的社会关系的过程中提升和发展自我本质力量的过程。在这一过程中，人的社会关系从简单到复杂、从单纯到丰富，人的社会生活能力由无

---

① 《马克思恩格斯选集》第 1 卷，人民出版社 1995 年版，第 1 页。

能到有能、从低水平到高水平，与此同时，作为人的本质力量外在表达的自我创造与发展的能力，也不断得到增强与提升。由此可见，人的社会关系的丰富与发展，则意味着人的本质力量的提升与增长。

从人类发展的历史来看，人的本质力量的增长与驾驭自然及社会关系的能力的提升是同步展开的。早期社会，人类社会的分工及各种社会关系比较简单，社会生产能力也相对比较低下，到了近现代以来，随着社会分工的迅速发展，人类社会关系日趋复杂和多元，与此相应，人类驾驭自然与社会的能力也得到迅速提升。由此我们可以看出，在社会进步与社会发展的历史演进过程中，人的本质力量的增长和驾驭自然与社会关系能力的提升，是与人类社会的分工及社会关系的丰富与多样化发展密切联系的，二者互为条件，彼此促进，相互发展。

2. 社会关系的丰富与发展表征着人从事感性的实践活动能力的提升

人的本质力量是在一定社会关系条件下的感性的实践活动过程中生成和得到发展的，也是在一定的感性的实践活动中得到外化与表达的。因此，人的本质力量的增长，也直接体现在人从事感性的实践活动能力的提升方面。由于人的感性的实践活动的发展，是与人的相应的能力的发展一致的，因而人所从事的感性的实践活动的发展状况，无疑也表征着人从事感性的实践活动的能力的发展状况。社会关系的丰富与发展为复杂劳动的开展以及在这一劳动过程中人的各种劳动能力的提升，创造了现实的条件。因此，没有社会关系的丰富与发展，也就没有人的感性的实践活动能力的提升。

人所从事的实践活动本身的状况（实践的性质、复杂程度、活动领域等）反映着人的实践能力的发展状况。一般来说，简单的劳动是与低水平的劳动能力相一致的，而复杂的劳动则是与高水平的劳动能力相一致的。所谓简单劳动，乃是指基于原始分工和简单社会关系条件下进行的社会实践活动；而所谓复杂劳动，则是指基于现代分工和复杂社会关系条件下进行的社会实践活动。由于劳动的复杂程度与社会分工和社会关系的发展状况直接相关，因而社会关系的丰富与多样化发展，也就意味着人所能够从事的感性的实践活动的难度及其复杂度的提升。正是从这意义上而言，人的社会关系的丰富与发展，自然也就表征着人从事感性的实践活动能力的提升。人的实践能力的提升和人类实践活动的发展,清楚地说明了这一事实。

从人的社会关系的发展与实践能力的提升来看,人的任何实践能力都是在一定的社会关系形式下的感性活动中生成并发展的。一方面,人的社会关系的丰富与发展,为人的复杂劳动的进行奠定了基础,从而也为人的实践能力的提升创造了必要的客观条件;另一方面,人的实践能力在感性活动过程中的生成与提升,也为人的多样化社会关系的建立创造了必要的主观条件。在以实践为中介的人与社会关系的结合中,人的各种社会能力通过感性的实践活动而得以生成和发展,与此同时,人的各种社会关系也通过感性的实践活动而得以形成与丰富。人的社会化过程,人的发展过程,其本质也就是一个个人在一定的社会生活条件下不断地提升自己的各种素质、能力并丰富与发展其社会关系的过程。

从人类实践本身的发展来看,人类社会实践的发展,乃是一个伴随着社会分工与社会关系的发展,以及人类实践能力的提升而由简单到复杂、由低级到高级运动的过程。相对于原始和传统农业社会,现代社会人类的实践活动无论在构成要素还是在实践形式上,都获得了前所未有的发展。发展主要表现在:其一,实践活动的领域和范围得到前所未有的扩展;其二,实践活动的对象日益丰富化与多样化;其三,实践活动的工具与手段日益技术化、智能化;其四,实践活动的过程及形式的日益组织化、专业化和多样化。人类社会实践的这种发展变化,一方面表明,现代社会人类的社会分工越来越精细与复杂,人类的社会关系越来越丰富与多样;另一方面也表明,人类自身的实践能力越来越强大。因此,基于实践之上的人的社会关系与人的实践能力,乃是同步得到发展的,二者是互为条件,互为表征的。

3. 社会关系的丰富与发展表征人的存在的此在状况的发展

人作为一种社会性的关系的存在物,其存在是与之所建立的社会关系直接同一的。一个人建立了什么样的社会关系,就有什么样的存在。从这一意义上而言,一定的社会关系既决定着人的存在,也表征着人的存在状态。社会关系的变化、丰富与发展,也就表征着人的存在状态的变化与发展。

一定的社会关系之所以表征着人的存在与发展状况,乃是因为:第一,一定的社会关系形式决定了人的感性的实践活动的状态。个人的一切感性的实践活动都是在一定的社会关系的形式下开展的，一个人建立了什么样的社会关系，就意味着拥有了什么样的社会生活及相应的生活方式。第二，一定的社会关系形式决定了人的发展的状态。由于人的一切发展都是通过人的感性的实践活动而实现的，而人的感性的实践活动又受制于人所建立的社会关系的状况，因而人建立了怎样的社会关系，也就表明了人获得了怎样的发展。第三，社会关系的丰富与发展，为人的多种形式的感性的实践活动的开展创造了现实的条件，也为人的自由而全面的发展奠定了坚实的基础，从而成为促进人的发展的重要客观力量，因此，社会关系的丰富与发展即表征着人自身的发展。

人类自身发展的历史也充分证明了这样一个事实：人类创造了怎样的社会关系形式，人类自身也就获得了怎样的存在方式与发展状态。原始社会关系形式下，原始人的劳动与生活是非常原始与简单的，因而也决定了原始人自身发展的有限性。与原始社会关系形式相比，传统社会关系形式获得了巨大的发展，传统人及传统人的社会生活方式也相应获得了巨大发展，但是，与现代社会关系形式及现代人的发展相比，传统人及其与之相应的社会关系形式却仍然显现出巨大的局限性。现代社会关系形式的多元化与丰富化发展，为现代人丰富多彩生活的创造和现代人自由而全面的发展奠定了现实的基础，并因此将现代人与原始人、传统人区别开来。

（二）社会关系的丰富与发展表征着人的社会性特征的多样化发展

社会关系的丰富与发展在促进人的本质力量不断增长的同时，也必然会促进人的社会性特征即人性特征的丰富化与多样化的发展，因此，人的社会关系的丰富与发展，也即表征着其社会性特征的多样化发展。

1. 社会关系是规约人的社会性特征生成的根本原因

人的社会性特征即人性的社会性表现，是人在一定的社会关系形式下的感性实践活动过程中所形成的倾向于社会性行动的内在品质，是人的"社会关系、社会角色及与此相联系的独特的社会活动、生活道路的人格表现"[①]。

人性及人的基本素质是人的本质力量的个体存在形式，人的本质力量就

[①] 陶富源：《终极关怀论——人的哲学之悟》，安徽大学出版社2004年版，第154页。

潜藏在人的肉体之中并以人性特征和基本素质的形式而存在。因此，在一定社会关系形式下的感性的实践活动过程中人的本质力量的生成与增长过程，也就是一个人的社会性特征不断丰富和基本素质不断提升的过程，二者是一个统一的过程。

人的社会性特征是人在感性的实践活动中，在与自我发展选择及适应所建立的社会关系环境的相互作用过程中生成的。在这一过程中，个体通过对一定社会关系的指向及内涵的认知、理解、体会、感悟而内化并生成一定的内在品质，并且这些内在的品质在人的生活与实践过程中不断得到强化与巩固进而成为人的行为的稳定的倾向性特征。这些稳定的行为倾向性特征，就是人的社会性特征。因此，从根本上来说，个人在后天的社会生活与社会实践中建立了什么样的社会关系，就会形成与之相应的社会性特征。

2. 社会关系的差异决定了人的社会性特征的不同

人的社会性特征的形成及发展与社会关系之间所具有的本质关联性，决定了不同社会关系环境下人的社会性特征差异性的产生。这种差异性，表现在不同时代人们的存在与发展方面，形成不同时代人们的人格特征差异；表现在不同个体的存在与发展方面，则形成不同个体的个性特征的差异。

从个体的角度而言，社会性特征乃是构成一个人个性特征的最重要的内容。虽然人学意义上所理解的个性并非指生物学意义上的个体性，而是指作为社会性存在的人的个体性，但是，人的社会性特征无疑是构成人的个性特征的主要方面。正是从这一意义上而言，人的存在与发展的社会关系环境的不同，决定了人的个性发展特征的不同。

从人类的发展角度而言，不同时代的人们具有不同的类的社会性特征，这些类的社会性特征构成了人的发展的时代性人格特征。不同时代的人们之所以具有不同的类的社会性特征，乃是因为不同时代人们所赖以存在与发展的社会历史条件尤其是社会关系的形态之间存在着巨大的差异。马克思说："个人怎样表现自己的生活，他们自己就是怎样。因此，他们是什么样的，这同他们的生产是一致的——既和他们生产什么一致，又和他们怎样生产一致。"① 正因为如此,不同时代的人们由于其存在与发展的社会历史条件的不同而形成了不同的类的社会性特征。

3. 社会关系的丰富与发展决定着人的社会性特征的多样化发展

人的社会性特征生成及发展的特征表明,一个人建立了怎样的社会关系,就意味着拥有了怎样的社会性特征。人的社会关系与社会性特征之间所存在的这种本质关联性,决定了人的社会性特征的生成、发展与变化,必然是随着其感性的实践活动的社会关系的状况而变化的。单一的社会性特征是与简单的社会关系相联系的,而多样化的社会性特征,则必然是与丰富的社会关系相联系的。无论是对个体的社会性特征还是对群的类的社会性特征而言,都莫不是如此。

对于个体而言,人的社会化过程,其本质就是一个个体社会性不断生成、增长与丰富的过程。在这一过程中,随着人自身的成长,人的感性的实践活动的丰富与发展,人所建立的各种社会关系也日益复杂与丰富,与之相应,人的社会性特征也就越来越丰富。人的成长、成熟与发展,正是这样一个由生物性特征支配向社会性特征支配发展转变的过程。人的社会化程度越高,人的社会性特征越丰富,则表明人的发展水平也就越高。

对于人类而言,人类自身发展的过程,其本质也同样是一个类的社会性特征不断增长与丰富的过程。在这一过程中,人类自身的发展始终与自身所创造的社会条件相一致。或者说,人类在自身的进化与发展过程中,创造了什么样的社会形态,人类就有着什么样的社会性特征和什么样的发展。原始社会形态下的分工简单与关系单一,决定了原始人社会性的低下和社会性特征的简单,而传统社会形态下分工的发展和社会关系的分化,则决定了传统人社会性的增长和社会性特征的发展。但是,无论是原始社会还是传统社会,其社会分工和社会关系的分化与复杂程度,与现代社会相比都是无法相提并论的。多样性与丰富性是现代社会关系发展中所表现出来的最重要的特征,这种关系既是现代人个性张扬和个性化发展的产物,又是促使现代人个性多元化发展的根本动力。在现代社会关系下,对于自我的张扬和个性的追

---

① 《马克思恩格斯选集》第 1 卷,人民出版社 1995 年版,第 67—68 页。

求,始终是现代人发展的主导的价值取向。在这种价值取向主导下,现代人的发展不是追求同一,而是追求另类。不仅如此,现代人对自我的追求,不但在形式上追求标新立异,而且其自我构成也变得极为庞杂与丰富,乃至到了自我无法建立统一关系的地步。现代人个性发展的多样化和自我关系的复杂化,正是现代社会关系多样化和丰富化发展的必然结果。

由此可见,不论是人类的一般性社会特征,还是人类的时代性社会特征,甚或人的个体性社会特征,其在现代社会的多样化和丰富化的发展,都直接导源于现代社会关系的多样化系统化的发展。正是现代社会关系发展中所具有的这一特征,才促成了现代人社会性特征的不断丰富化的发展。

(三) 社会关系的丰富与发展表征着人的基本素质的提升

作为规约人的本质力量生成和外在表达的社会关系的丰富与发展,同时也表征着人的基本素质的全面提升和发展。人的基本素质作为人的本质力量凝结化的存在,乃是基于一定的生物基础而在一定的社会关系形式的感性的实践活动过程中生成的,是一定的社会关系的主体存在形式。在人的基本素质与社会关系的关联中,一方面,社会关系的发展状况决定了人的基本素质的开发与发展状况;另一方面,人的基本素质的全面提升,同时也为人的社会关系的丰富与发展创造了必要的主体条件。

人的基本素质的构成及发展状况,是人的发展水平和发展程度的直接表征,是人的本质力量的肉体存在形式。一般来说,人的基本素质生成及发展的规约因素有两个:一是遗传因素,二是社会实践与教育因素。遗传素质为人的基本素质的生成与发展提供了一定的生物学基础,而实践和教育因素则决定了人的基本素质怎样发展和发展所能够达到的程度。对人的基本素质的发展而言,无论是遗传因素,还是社会实践与教育因素,都是必须条件。没有遗传因素,人的发展就无以附着,而如果没有社会实践与教育因素,人的素质就失去了发展的方向与发展的动力。由于人的遗传因素具有相对的稳定性,所以在遗传因素不变的条件下,社会实践与教育的因素则成为决定人的素质发展的根本因素。

社会关系对人的基本素质的提升功能,并非是直接通过一定的关系形式的规约而实现的,而是通过一定关系形式之下的实践活动尤其是通过直接针对人的素质开发的教育这一人类特殊的实践活动而实现的。因此，不同的社会关系形式，由于其对人的素质发展与提升所创造的条件的差异而表现出不同价值。相对于简单的低级的社会关系形态，开放而丰富的高级社会关系形态对人的素质开发与提升所具有的价值要大得多。正因为如此，现代社会这一复杂的社会关系形态对于人的基本素质的开发、提升与发展所具有的功能，必然远远超越于原始社会关系形态和传统社会关系形态。

社会关系的丰富与发展对人的基本素质提升的促进，首先表征在对个体各种素质和潜能的开发上。现代社会关系是现代人自由自主的联合，这就为现代人的自由与自主的发展创设了现实的极为有利的条件。与原始人和传统人相比，现代人无论在自觉的自我开发意识上，还是在构成人的基本素质的诸方面的发展，都要远远优越于原始人与传统人。在自我发展与开发的意识上，现代人始终将其确立为个人发展的主导价值取向，而原始人与传统人则很少具备这一意识。由于自觉的自我发展意识的确立，所以现代人在行动与实践中，对于自我塑造、自我开发、自我完善和自我价值实现的追求，就是极为强烈的。正因为如此，现代人无论在思想素质的丰富化、知识能力素质的专业化与多元化，还是心理素质的复杂化等各个方面都获得了长足的发展。当然，人的发展和各种潜能的开发，是一个实践的过程，也是一个历史的过程。现代人基本素质的提升，也只是相对而言的，远非达到尽善尽美的程度。

社会关系的丰富与发展促进人的基本素质的提升，也表征在人的整体素质的不断提升上。现代社会是一个发现了人并且充分发掘人作为人的各种潜能的新时代。在这个以人为主体的时代，各种社会实践的展开和各种社会关系的建立，都是围绕着人的素质的开发和人自身生活的改善而进行的。因此，与原始人和传统人相比较，现代人无论在不同方面素质的开发上，还是在整体素质的发展程度上，都有了巨大的提升。在不同方面素质的开发上，现代社会分工的精细化与智能化的发展，为现代人各种素质和能力的开发提出了明确的要求并且创造了现实的客观条件。现代高等教育教育的产生与发展，则使这种现实的要求转变为具体的行动，成为开发和培养现代人各种专业能力的直接现实活动。

社会关系的丰富与发展促进人的基本素质的提升，还表征在人类整体素质的不断提升上和人类整体素质的发展上。伴随着西方工业革命的兴起和现代化向全球的迅速蔓延，现代教育这一复杂关系形式的人类实践活动受到世界各个国家和各个民族的高度重视。无论是发达国家，还是发展中国家，都无不把教育的发展置于社会发展的首要地位。现代教育的发展和普及，无疑极大地促进了人类整体素质的迅速提高。在世界主要的发达国家，高等教育的普及率普遍达到70%以上，基础教育则早在20世纪中叶就完全实现了普及。发展中国家虽然与发达国家之间还存在着很大的差距，但是随着发展中国家经济的发展和现代化进程的加快，教育也呈现出迅速发展的良好趋势。新中国成立以来，尤其是改革开放以后，我国教育以无比迅猛的速度实现了超常规发展，到20世纪末，基本普及了九年义务教育。同时，高等教育也于21世纪初完成了由精英教育到大众化教育的转变。世界各国教育的迅速发展和接受文化教育的比率及程度的迅速提升，表明现代社会关系的丰富与发展对人类整体素质的提升，起到了有力的推动作用。

第五章

现代社会关系的把握与人的发展

人在关系中存在，也在关系中得到发展。但是，这并不是说任何关系都能促进人的健康发展。在人的发展与社会关系的互动中，二者之间所存在的关系也并非仅仅是一种简单的线性关系，而是具有一定的复杂性。一般来说，积极健康的社会关系对人的发展具有正向促进功能，而消极与非健康的社会关系则不仅不能够促进人的发展，甚至可能对人的发展带来负向的制约。因此，个人能否在一定社会关系条件下获得发展，不仅取决于其所处的社会关系所具有的性质和发展状态，同时也取决于个人对一定的对象化的社会关系的把握状况。

现代社会关系既是现代人活动与创造的结果，又是现代人发展的直接的现实条件。相对于原始社会关系与传统社会关系而言，现代社会关系以其开放性、丰富性、多元性的特征，为现代人自由自主的发展创造了更为优越的社会历史条件。但是，现代社会关系所具有的流动性、多变性和非确定性的特征，在给现代人的发展带来前所未有的机遇的同时，也带来了巨大的风险和发展的困境。因此，现代人能否在复杂的现代社会关系条件下获得健康的发展，一方面有赖于其能否在自身感性的实践与交往活动中结成积极健康的社会关系，另一方面更有赖于其能否在自身感性的实践与交往活动过程中科学而正确地把握各种复杂的社会关系。也就是说，现代人只有在对现代社会各种错综复杂的关系的科学把握中才能实现健康发展，否则就无法实现健康发展的目的。

一、人的发展对把握现代社会关系的必要性

人的发展对把握社会关系，乃是由人的发展的目的性和社会关系对人的发展所具有功能的复杂性所决定的。人的发展既是一个自然的过程，也是一个自觉的有目的的过程。正因为如此，人的发展并非只是在对自然的与社会的关系环境的盲目适应过程中实现的，而是恰恰相反。人的发展必然是在一定的目的指导下，通过有选择性的适应一定的自然与社会关系环境而实现的。没有选择，就没有扬弃，自然也就没有人的发展。所谓选择，其本质就是一种人对关系的把握，是人的主观能动性的体现。从社会关系对人的发展促进功能的实现而言，并不是一切社会关系都能够促进人的健康发展，也并不是社会关系对人的发展所具有的规约功能都是一成不变的。社会关系对人的发展所具有的价值的多元性、复杂性及发展性，决定了人必须在对社会关系的科学把握中才能获得发展的机遇并实现健康的发展。否则，人在社会关系中生存，不仅不能实现发展，反而会走向倒退甚至于自我毁灭。

（一）人的发展对把握社会关系的实质

所谓人对社会关系的把握，乃是一个人通过对一定社会关系的认识和价值判断而正确选择、利用、适应或改造社会关系以促进自我健康发展的过程。因此，人对社会关系的把握，既是一个人对一定社会关系的认识和价值判断过程，也是一个人在一定社会关系条件下的自我发展的应对过程。就其本质而言，人对社会关系的把握，属于人类认识活动范畴。

人对社会关系的把握，首先是一个对一定社会关系进行认识的过程。与动物活动的盲目性与本能性不同，人作为一种感性的活动的存在物，其一切活动都不是盲目的和被动的，而是自觉的和有目的的。人类的任何实践活动都是建立在对一定的实践活动对象进行认识的基础之上的，这是人的活动与动物活动的本质区别，是人的自觉与能动性的体现。认识是人类一切活动的起点，没有认识，就没有人类的自觉活动。人对社会关系的把握，同样也是建立在对一定的对象化的社会关系的科学认识基础之上的。没有对对象化的社会关系的科学认识，也就没有人对社会关系的把握。

人对社会关系的把握，还是一个对一定社会关系进行价值判断与评价的过程。所谓一定的社会关系的价值判断与评价，就是个人在对对象化社会关系的性质、属性与功能进行科学分析的基础上，依据自我发展的需要及目的对对象化社会关系所具有的促进人的发展的价值大小进行的分析与估价活动。不同的社会关系，由于其性质的不同而对人的发展具有不同的价值；同一社会关系，由于人的发展的需求不同而对不同的人呈现出不同的发展价值。价值作为一种反映人的需求的主客关系范畴，其确切的内涵只能在特定的价值关系中才能得到体现。也就是说一种事物或关系对人的发展是否具有价值或者具有价值的大小，只能在具体的对象化的社会关系中才能确定。因此，个人对一定的社会关系的价值判断，必然是在其具体的现实的感性的实践与交往活动过程中进行的。

人对社会关系把握的根本目的在于趋利避害而促进人的健康发展。认识社会关系的目的在于分清性质，区别真伪；判断与评价社会关系的目的在于分清是非，区别价值。通过对社会关系的把握，人才能够清楚地确定和区分对象化的社会关系的科学性与价值性，也才有可能在自身具体的感性的实践与交往活动过程中做到取其利而避其害，从而达到促进自我健康发展的目的。因此，人对社会关系把握的旨归不仅仅在于认识，而在于实践中的应对。科学把握中的正确应对和积极践行，才是人对社会关系把握的根本目的之所在。

（二）人只有在对社会关系的科学把握中才能获得发展

对社会关系的科学把握，是人的健康发展的基本要求。人的发展既是一个自我扬弃、自我完善的过程，也是一个在具体的现实的感性实践活动中践行的过程。这一过程，既不是一个纯粹的主观意志表达的过程，也不是一个纯粹受动的客观作用的过程，而是一个在具体的感性的实践活动中主观意志与客观规约达成统一的过程。因此，人的发展不仅对自身有着内在的要求，而且对客观的条件性也有着内在的要求。这种要求，正是人对社会关系的把握的客观依据。

人的发展是一个在感性的实践与交往活动中不断解决主客矛盾而实现主

客统一与协调发展的过程，这一过程乃是一个建立在对主客对象科学认知基础之上的主客关系（主要是人与对象化的关系）的把握过程。人作为感性的实践活动的存在物，感性的实践活动是其存在与发展的基本方式，而人的任何感性的实践活动，则必然是一个主客彼此发生关联并且相互作用的过程。这就意味着，人的存在与发展必然是在主客对立的统一过程中实现的。在人的感性的实践活动中，人与客体的矛盾是必然的，但是人的感性的实践活动的目的并非使这一矛盾加剧，而是在彼此的作用与改变中达到主客的对立统一，以实现彼此的改造与发展。在这一过程中，无论是改造客体，还是改造自身，人都必须在自己的感性的实践活动中正确把握客体、把握自身、把握主客关系。人对社会关系的把握，正是这一要求的体现。因此，人要实现其目的性的存在与发展，就必须科学认识和正确把握与自然、社会的关系。因为只有在对对象化关系的科学把握，人才能实现对客体的有目的的改造，并在这一改造过程中改造自身而达到人与自然、社会的和谐统一和共同发展。无疑，对社会关系的科学把握，乃是人的存在与发展的基本要求。

人的发展是一个自我扬弃与自我完善的过程，这一过程体现出强烈的方向性与目的性。这就意味着人的发展并不是在自发的自然的过程中实现的，而是在有目的的自觉的过程中实现的。也就是说，人的发展一定是一个选择性的塑造过程，并不完全是一个被动适应环境并为环境所塑造的过程。在这一过程中，一方面，人根据自我生存与发展的需要对一定的社会关系环境进行有选择性的适应或改造；另一方面，人对一定的对象化的关系的意蕴进行有选择性的注意、认知、理解与认同，从而形成自我发展所期望的品质和素质。因此，无论是人对一定的社会关系环境进行有选择性的适应或改造，还是人对一定的对象化的关系的意蕴进行有选择性的注意、认知、理解与认同，都必须建立在对一定的社会关系的科学把握之上。没有对一定的社会关系的科学把握，也就没有人对社会关系的选择性适应与改造，更不会有人的有目的的自我发展与完善。正因为如此，对社会关系的科学把握乃是人的自我发展与自我完善的必然要求。

（三）现代社会关系对人的发展的促进功能只有在科学把握中才能实现

人的发展对把握社会关系更是现代社会关系发展对人的根本要求。现代社会关系是迄今为止人类发展历程中所形成和出现的最复杂的一种社会关系形式，这一关系形式对人的发展所具有的多样性与复杂性的影响，决定了现代人必须通过科学而正确的把握才能使其对人的发展的促进功能得到充分发挥并促进人的自由的、全面的和健康的发展。

现代社会关系所具有的开放性、多元性、丰富性、流动性与复杂性等特征，要求现代人必须在对各种复杂的社会关系的科学把握之中才能展开有效的感性的实践与交往活动并达成在改造客观世界的同时改造自身的目的。社会关系的复杂程度，是与人类实践活动的广度与深度密切联系在一起的。社会实践越复杂，人类在实践中所结成的社会关系也就越复杂，实践的有效展开对社会关系把握的要求也就越高。现代社会条件下人类实践活动的复杂性、专业性、智能性以及实践所涉及的范围、领域都是前所未有的，因而对人的社会关系把握的能力的要求也就更高。因此，现代人只有在对一切对象化的社会关系的科学与准确的把握中才能展开有效的感性的实践活动，也才能通过这种有效的感性的实践活动为一定社会关系对人的发展促进功能的发挥与实现创造必要的现实条件。

现代社会关系对人的发展所具有的影响的复杂性，要求现代人必须在对各种复杂的对象化的社会关系的科学把握中才能充分利用现代社会关系对人的发展的正向促进功能而实现趋利避害和促进人健康发展的目的。社会关系对人的发展的影响及其影响功能的实现，乃是一个非常复杂的过程，并且，社会关系越复杂，其对人的发展所具有的影响及其影响功能实现的复杂程度也就越高。之所以如此，乃是因为：第一，在人的对象化的社会关系中，并非所有的社会关系都能促进人的健康发展；第二，人的感性的实践活动是一个持续的不断发展的过程，因而人的对象化的社会关系并非都是一成不变的；第三，在变动与分化中，人的一切对象化社会关系的意义内涵都具有发展性和不确定性；第四，人对对象化的社会关系意义理解的不同，决定了社会关系对人的发展所具有的影响及其影响功能实现程度的不同。以上复杂性的存在，决定了人必须在对一切社会关系的科学把握之中才能充分利用社会关系所具有的正向功能而促进人的更好的发展。

就现代社会关系本身而言，现代社会关系这一复杂的人类关系形式对人所具有的影响及其影响力的实现都是极为复杂的。从性质上而言，现代社会关系既是一种现代人自由的联合关系形式，又是一种在实践中被异化了的社会关系形式；从功能上而言，现代社会关系的丰富与多样化发展，既为现代人的自由而全面的发展创造了广阔的空间和现实的条件，又为现代人的发展带来了巨大的发展风险；从对人的发展的影响性而言，现代社会关系对人的发展的影响具有二重性，它在促进现代人不断进步与发展的同时，也对现代人的发展带来了诸多负面影响，从而极大地制约着现代人的自由、全面与健康的发展。所有这一切都表明，现代人的社会关系并不必然能够促进人的自由、健康与全面发展。因此，现代人只有通过对一切对象化的社会关系的科学把握才能够避其害而用其利，从而使现代社会关系对人所具有的正向促进功能得到充分发挥和实现，并由此而实现促进自身发展的目的。

二、人的发展对把握现代社会关系的基本原则

人在感性的实践与交往活动中要实现对社会关系的科学把握，就必须遵循一定的原则或准则。只有在一定的原则指导下，个人才有可能正确地处理好人与社会之间以及各种社会关系之间的关系，实现人与关系的和谐与发展。从人的健康发展的角度出发，人的发展对现代社会关系把握的原则主要有科学性原则、价值性原则、发展性原则和选择性原则。这些原则之所以有效，就在于它们在不同程度上揭示了人类认知和处理对象性关系的规律，同时也反映了人的主观能动性的基本特性。

(一) 科学性原则

科学性原则是人类一切认识活动所遵循的基本原则，其本质的内涵是实事求是，即从客观事实或事物本身出发，通过客观的认识而揭示事物内部以及事物与事物之间的彼此关联性及相互作用的规律性。在对社会关系的把握中，坚持科学性原则，就是坚持从社会关系本身出发来认识社会关系，通过科学的认知，准确理解各种对象化关系的性质、属性以及不同关系之间所具有的联系，从而正确揭示人的各种社会关系发展变化的规律。

坚持科学性原则，对于现代社会关系的把握具有重要意义。其意义就在于：第一，只有坚持科学性原则，才能准确认识人的各种社会关系的性质、属性与功能，才能正确揭示人的社会关系的发展规律，为人对社会关系的把握奠定科学的基础；第二，只有坚持科学性原则，才能在对社会关系正确认识的基础上，准确理解各种社会关系的内涵与意蕴，为人对社会关系的价值判断与选择性适应奠定必要的基础；第三，只有坚持科学性原则，人才能在对各种对象化关系准确把握的基础上有目的地改造并发展人的各种社会关系。

科学性原则在社会关系把握中的贯彻，要求人们必须做到：第一，必须始终坚持用科学的观念指导社会关系的把握，求真务实，追求真理，实事求是；第二，必须坚持用科学的方法认识和把握社会关系，反对主观臆测和判断；第三，要正确处理好客观规律性的揭示与人的主观能动性发挥的关系，充分调动和发挥人在认识过程中的能动性，科学揭示事物发展的规律性。

（二）价值性原则

与科学性原则一样，价值性原则（或称目的性原则、方向性原则）也是人类认识与感性实践活动所遵循的一条基本原则。人对社会关系的把握，并不仅仅是一个认识的过程，同时也是一个价值评判与价值选择的过程。认识是价值评判的基础，而价值评判与选择则是认识的指向。所谓价值性原则，就是指人对社会关系的把握应该着眼于促进人的健康发展这一根本目的，从人的健康发展的需要出发处理人与自然、社会的关系，以使人的发展与自然、社会的发展达到和谐统一。价值性原则，是人的主观能动性与客观规律相统一的体现。

价值性原则对社会关系把握的重要意义就在于：第一，价值性原则反映了人对社会关系把握的根本诉求，因此，只有在一定的价值原则的指导下，人对社会关系的把握才会有明确的目的与方向，才能避免盲目性；第二，价值性原则反映了人与物、主体与客体的统一性，因而在一定的价值原则的指导下，人对社会关系的把握才能够把人的发展需求与物的发展的规律性结合起来，也才能够促使人的发展与自然、社会发展的和谐统一。

作为人类认识与感性实践活动所遵循的基本原则，价值性原则在人的社会关系把握活动中的运用，要求我们必须做到：第一，必须着眼于人的健康发展这一根本目的进行社会关系的把握，坚持人的发展的方向性与目的性；第二，必须坚持科学性与价值性的统一，把人的发展与物的发展、主体发展与客体发展密切结合起来，在促进客体发展的过程中实现人的发展；第三，必须高度重视人的主观能动性，把人的主观能动性的发挥与对客观规律性的揭示充分结合起来，从而实现人对社会关系的科学认识与准确把握。

(三) 最优化原则

最优化原则是人对社会关系把握必须遵循的重要原则。认识关系的目的在于分清关系的真伪，评价关系的目的在于区分关系的优劣，但是，人对社会关系把握的目的并不仅仅在于认识关系与评价关系，而是在于在认识与评价关系的基础上构建最优化的社会关系环境，以更好地促进人的健康发展。因此，所谓最优化原则，指的就是人对社会关系的把握应该着眼于人的最优化的社会关系环境的建构，趋利避害，积极适应与发展优良的社会关系，规避与拒绝不良社会关系的影响，实现人的发展与社会关系的良性互动。

最优化原则反映了人的发展与社会环境之间的本质关联性，是理想性与现实性的结合，因而坚持最优化原则，对于人对社会关系的把握和促进人的健康的发展具有重大的现实意义。其意义就在于：第一，促进社会关系的最优化发展，构建最优化的社会关系环境，乃是人对社会关系把握的根本目的，因此，只有坚持最优化原则，才能为人的发展创造最优化的社会关系条件；第二，社会关系的优化过程，是一个人对一定的对象化的关系认识、评价与选择的过程，因此，只有坚持最优化原则，人才能对对象化的社会关系有所选择，有所放弃，人的发展也才有可能规避消极社会关系的不良影响；第三，只有坚持最优化原则，才能最大化地实现人与社会关系的良性互动，实现人与社会的协调发展。

坚持最优化原则，根本要求就在于：第一，必须确立科学的世界观与价值观，并用科学的世界观与价值观指导人对社会关系的认识、评价与选择，才能实现人对社会关系的准确与正确的把握；第二，必须正确区分不同性质的社会关系，准确把握社会关系的不同内涵，择其优而弃其害，才能构建优化的社会关系环境并促进其健康发展；第三，必须从人的发展的现实需求出发认识与把握社会关系，在人的感性的实践活动中改造与发展关系，才能将人的发展与社会关系的优化统一起来，从而实现人与关系的和谐发展。

（四）发展性原则

人的感性的实践活动的发展，决定了人的社会关系的发展。人的社会关系所具有的这种发展性，决定了人对社会关系的把握还必须遵循发展性的原则。所谓发展性原则，指的是人对社会关系的把握应符合社会关系发展的规律，在发展中认识关系和把握关系。

发展是现代社会最显著的特征，也是形成现代社会关系快速多变的主要原因。因此，坚持发展性原则，对于现代人对各种复杂的社会关系的科学把握，有着重要的意义。意义主要表现在：第一，发展是现代社会关系的本质特征，只有坚持发展性原则，才能科学地把握现代社会关系；第二，在发展中认识与把握社会关系，符合事物发展的规律，也符合人的认识规律性，有利于促进人对社会关系的准确把握；第三，坚持发展性原则，在动态与发展中把握现代社会关系，有利于促进人与社会关系之间矛盾的消除而实现人与社会关系的和谐统一，从而更好地促进人的自由而全面的发展。

在社会关系的把握中坚持发展性原则，就是要坚持用发展的眼光认识人的社会关系，用发展的态度对待人的社会关系，用发展的方法影响与改造人的社会关系。只有这样，人才能在社会关系的发展中科学而准确地把握社会关系，更好地认识、理解、评价与选择社会关系，以及更好地适应、改造和发展社会关系，也才能在这一过程中更好地促进自身的发展。

社会关系把握的基本原则是对人与社会关系互动规律的总结与反映，体现了人的发展与社会关系发展的统一性，因而这些原则之间也存在着不可分割的内在关联性与统一性。不同原则之间所具有的关联性与统一性，要求人们在社会关系的把握中，必须将社会关系的科学性、价值性和发展性统一起来认识。因为只有将科学性、价值性和发展性统一起来，才能正确揭示和全面把握人的社会关系的本质、内涵及其与人的发展之间的本质关联性。人也只有对一定的社会关系的科学而全面的把握，才能更好地选择与适应关系、优化与利用关系、改造与发展关系，并在这一过程中达到改造自己和发展自己的目的。

三、人的发展对把握现代社会关系的主要方面

作为一切社会关系的创造者与承担者，人怎样发展自己，就意味着自己会建立和获得怎样的社会关系；而作为社会关系的受动者和规约的对象，人怎样把握自己的社会关系，就意味着自己将获得怎样的发展。这二者乃是一个在感性的实践与交往活动中相互关联与统一的过程，是同一过程的不同方面。因此，人如何把握社会关系，不仅影响和决定着人的社会关系的发展，也影响和决定着人自身的发展。

人在一定的社会关系中存在，因而人对社会关系的把握，既应是整体的综合的，也应是具体的现实的。既应从宏观方面把握人的社会关系的整体面貌，也应从微观方面把握人的具体的社会关系；既应把握人的社会关系的整体性质与功能，也应把握人的具体社会关系的价值与作用。人在一定的社会中发展，因而人对社会关系的把握，既应把握作为客体的对象化的社会关系，也应把握活动与发展着的社会关系；既应从社会关系的客观性出发把握社会关系，也应从人的发展的价值需求出发把握社会关系。因此，人对现代社会关系的把握，不仅包括对现代社会关系性质与功能的整体把握，也包括对人的存在与发展的各种具体的社会关系的把握，同时还包括人在关系把握活动过程中的自我调整与应对等方面。由此可见，人对社会关系的把握，乃是一个涉及人与社会关系互动的综合性把握的活动过程，而并非仅仅是一个人对社会关系认识的活动过程。

（一）对现代社会关系的整体把握

对现代社会关系整体面貌的把握，是现代人对社会关系把握的主要内容和方面。所谓整体性把握，就是从宏观的视阈对人的社会关系的整体面貌所进行的认识与判断，其目的在于揭示人的社会关系的性质、功能及发展的总体趋势与规律。整体性把握之所以必要，就在于整体性的把握能够通过对社会关系的宏观认识准确揭示一定形式的社会关系的本质及这种关系形式生成、变动和发展的规律，从而为人们对具体社会关系的准确认识和把握创造必要的前在条件与基础。

1. 对现代社会关系性质的把握

对现代社会关系性质的把握，乃是现代社会关系整体性把握的主要方面。虽然人类的一切社会关系都是人与人之间的联合，体现了人与人之间生存与发展的相互依存性，但是，在不同的社会历史条件下，人与人之间的联合关系是存在着本质的差异性的。对这种差异性的认识，有助于人们在宏观的视阈准确认识和把握不同社会关系形式下的人的具体的社会关系。

如何对现代社会关系的性质给出科学而全面的判断，对于现代人对具体的现实的社会关系的认识与把握以及在这种把握中促进个人的健康发展，都有着非常重要的意义。其重要性就在于，人们对现代社会关系的性质所进行的认识与判断，将直接影响着其对现实的具体的社会关系的认识与判断，并进而影响到其对具体社会关系的把握与应对。也就是说，人们对现代社会关系的性质有什么样的认识与判断，就会有什么样的把握与应对，也就会有着什么样的发展。因此，正确地认识与把握现代社会关系的性质，乃是保证现代人在对社会关系的科学把握中实现自由而健康的发展必然要求。

与原始及传统的社会关系相比，现代社会关系是一种极其复杂的社会关系形式。其复杂性不仅仅在于这种社会关系形式在发展过程中会不断生成许多新的特征，同时还在于这种社会关系形式本身所具有的内在的矛盾性。从这一意义上而言，现代社会关系的性质内在地包含着矛盾，是一种人与人之间既联合又分裂的关系统一体。一方面，作为人与人之间的联合，现代社会关系内含着人与人之间的依存性与统一性；另一方面，作为现代自由个体的联合，现代社会关系又内含着人与人之间的分离性与对立性。正是这种内在的矛盾统一性构成了现代社会关系的根本性质，也使其与原始及传统的社会关系形式根本区别开来。

现代社会关系既是一种人与人之间联合的开放的实践关系，又是一种具有异化倾向的实践关系，它既反映着现代社会人与人之间的统一性，又反映着人与人之间的对立性。现代社会关系之所以是一种人与人之间联合的开放的实践关系,乃是因为:第一,现代社会关系是在人的高度独立与自主的社会历史条件下所生成的人与人、人与社会联合的自主性的关系;第二,现代社会关系是现代人在感性的实践与交往活动中自由结成的人与人之间的联合关系,因而是一种开放性的社会关系,第三,现代社会关系是在现代社会高度分化与分工的社会历史条件下所结成的人与人之间的联合关系,因而也是一种多元的、系统的与发展的社会关系。现代社会关系之所以是一种异化了的实践关系,乃是因为:第一,现代社会关系是在对自我的高度张扬中生成与发展的,人的自我性成为生成和推动这一关系产生和发展的"合法"的根源,"我"的私有性成为神圣不可侵犯的根本权力;第二,现代社会关系是现代人自由的联合关系,这种联合关系是以私有制的形式呈现的,因而在本质上是一种现代人私有的自由联合关系;第三,现代社会关系也是一种高度专业化与分化的关系,在这种社会关系形式之下人们所从事的任何一种实践活动,都潜伏着导致人的异化发展的风险性。

现代社会关系所具有的内在矛盾性,一方面成为促进现代社会人与人联合和健康发展的动力,但另一方面又成为导致现代社会人与人分离和异化发展的根源。因此,现代人在对现代社会关系的认识与把握中,必须高度重视和正确对待现代社会关系发展的这一特殊问题,做到有所扬弃(即弘扬与发展积极的社会关系和社会关系的积极方面,摒弃消极的社会关系和社会关系的消极方面),才能获得健康的发展。

2. 对现代社会关系功能的把握

现代社会关系作为现代人自由自主的联合关系,它既是现代人在自己感性的实践与交往活动中创造的结果,又成为现代人感性的实践与交往活动展开的必要条件。因此,现代社会关系的功能无疑主要反映在其对现代人的存在与发展所具有的规约性或者说影响性方面。

现代社会关系的功能是与其所具有的性质密切联系的,性质决定了功能及其功能发展的倾向性。由于现代社会关系本身内含着人与人对立统一的矛盾性,因而也就决定了现代社会关系对现代人的存在与发展所具有的规约功能的复杂性。一方面，现代社会人与人联合的统一性即现代社会关系内涵的人与人统一的方面的发展，对人的存在与发展有着重要的正向促进功能；另一方面，现代社会人与人联合中的对立性即现代社会关系内涵的人与人分离的方面的发展，则可能会对现代人的存在与发展产生严重的负向制约。因此，对现代人的存在与发展而言，现代社会关系的功能发挥呈现出二重性的特征。

从功能的正向发展看，现代社会关系对人的发展的促进主要表现在以下三个方面：一是通过科学技术的发展和对束缚人的发展的社会关系的改造，不断把人从自然的奴役和社会的奴役中解放出来，使人的主体意识、自我意识、积极性和创造性不断增强，从而有力地促进了人的本质力量的迅速扩长；二是伴随着人的本质力量的扩张，人的实践与交往活动也得以迅速发展，无论是实践与交往活动的领域、范围，还是方式与手段，都获得了前所未有的发展，从而极大地促进了人的社会性特征的丰富化发展；三是伴随着人的本质力量的扩张和社会性特征的丰富化发展，人的各种潜能和素质在实践与交往活动中得到了广泛开发，从而使人的基本素质得以迅速提升。

从功能的负向发展看，现代社会关系对人的发展的负向制约主要表现为：第一，现代社会关系的发展在促进人的本质力量无边界扩张的同时，也使得人的本质力量的发展因缺乏有效的社会规约而呈现出异化发展的倾向，从而造成了现代人发展的异化现象的出现；第二，现代社会关系的系统性、丰富性、多样性和开放性的发展，在促进现代人社会性特征不断丰富化发展的同时，也造成了现代人社会性特征发展中两极冲突现象的出现，对现代人健康人格的培养和塑造带来严重制约；第三，现代社会分工精细化与智能化的发展所带来的社会关系的多元化发展，在促进现代人整体素质不断提升的同时，也造成了人的发展的片面性，从而严重制约着现代人自由而全面的发展。

现代社会关系功能的正向发展，是现代人自由而全面发展的重要条件与保障；与此相反，现代社会关系负向制约功能的发展，则可能会对现代人的发展带来巨大风险，甚至可能会导致人的异化发展。因此，现代社会关系功能把握的根本目的，就在于通过对社会关系功能的准确定位与把握而做出科学正确的应对，为功能的优化发展创造必要的现实条件。

（二）对现代社会具体关系的把握

人对社会关系的把握，虽然在宏观的视阈对社会关系进行整体性的把握是非常必要的，也是非常重要的，但是，由于人的存在与发展始终是在具体的现实的社会关系条件下所展开的，因而对人的具体的现实的社会关系的把握则更为重要。

现代社会，由于现代人生活、生产与交往的多元性、多变性、流动性等特征的影响，使得现代人的社会关系呈现着极为复杂的图景。这种复杂性，既向现代人的发展提出了新的挑战，又向现代人对社会关系的把握提出了更高的要求。可以说，现代人如何把握错综复杂而又迅速变动的社会关系，不仅是对现代人生存能力的挑战，也是对现代人生存智慧的挑战。

我们知道，人的任何感性的实践与交往活动都是在具体的社会关系条件下展开的，这就决定了现代人对具体社会关系的把握也只能在感性的实践与交往活动中进行。由于人的感性的实践与交往活动始终是处于不断的变动与发展之中的，因而人的具体的现实的社会关系也必然始终呈现着不断分化、断裂、生成、嬗变与发展的态势，所以现代人对社会关系的把握也绝没有什么不变的模式，而只能是情境的和权变的。当然，这并不是说现代人对具体社会关系的把握就可以随心所欲和信马由缰，而是相反，是受到一定限制的。从人的健康发展的需要出发，现代人对具体社会关系的把握应该从以下几个方面入手：

1. 正确区分不同性质的社会关系，对不同社会关系进行分类把握

对社会关系的分类把握，是现代社会人对具体社会关系把握的一个重要原则与方法。分类把握的目的，不在于为分类而分类，而在于对一定的对象化的社会关系进行准确的功能与价值定位。此外，分类把握的简约化功能还可以使人的错综复杂的社会关系因归类而变得简单化、条理化与明晰化，这些都有助于人们更便捷和清晰地认识与把握社会关系。

分类把握的关键在于分类，而分类则必然是有标准的。我们知道，人类

在对事物认识过程中所进行的任何分类把握，都是依据一定的分类标准而进行的。没有标准，也就不会有分类。但是，由于人们认识事物的目的、方法等的差异，因而对事物的分类性认识就很难存在统一的标准。在人们的现实生活中，事实上人们也不会和不大可能用统一的标准对同一事物进行分类性认识。差异性的存在，既是必然的，也是必要的。因此，现代人在对具体社会关系所进行的分类把握，也始终不会具有标准的统一性。多元的、情境的和经验性的分类把握，乃是对人们现实把握的真实描述。

分类把握的关键在于分类，而分类的目的则在于认识。在多元标准视阈下的分类认识之所以必要，就在于在不同的分类下，事物所呈现给人们的特征不同，人们所能得到的认识与把握的重点或侧面也就不同。正因为如此，多元视阈下的分类认识对于人们从不同的方面或侧面对一定的社会关系进行整体性的把握，具有非常重要的意义。例如，从内涵性质划分，人的社会关系有经济关系、法律关系、道德关系、情感关系、思想关系等。在这一区分中，人对社会关系认识与把握的重点是考察不同社会关系的意义所属。从功能性质划分，人的社会关系有积极与消极之分。在这一区分中，人对社会关系认识与把握的重点则是考察不同社会关系对人的发展所具有的影响及性质。由此可见，在不同的分类中，人对社会关系认识与考察所关注的重点、方面不同，从而也使得任何一种单纯的分类都难以达到对社会关系进行全面把握的目的。与此相反，多元视阈的分类认识与考察，则能够从不同的角度对人的社会关系的不同方面给予把握，因而有利于人对社会关系的全面把握。

2. 正确解读不同社会关系的意蕴，对不同社会关系进行功能把握

通过对一定社会关系意蕴的认识与解读而对人的社会关系进行功能性把握，是人对社会关系把握的重要方面。人对社会关系的功能性把握，是人运用社会关系实现自身发展的基础。功能性把握的关键在于对社会关系的认识，即对一定的对象化的社会关系的内涵、属性、特征等关系意蕴的认识与解读。

人在感性的实践与交往活动中所建立的任何一种社会关系都是有意义的

关系，它既内含着人的实践活动展开与发展的特定需求，也内含着人的自身发展的需求，是客观需求与主观需求的统一。因此，人对任何社会关系的认识都包括两个方面的内容：一是对这种关系所指意义的认知与理解，二是对生成这种关系活动意义的认知与理解，即对现实的特定的社会关系本身所含蕴的意义的认知与理解。当然，在社会关系的具体把握中，人对一定社会关系所指意义及其关系本身意义的认知与理解是密切联系在一起的，是认知的同一过程。在第一层面内涵的认识中，个体发现和理解到的是社会关系所指的意义；而在第二层面内涵的认识中，个体发现和理解到的是社会实践与交往活动关系本身含有的所有的信息与意义。二者的统一，构成了人对社会关系的整体认知与理解。

正确认识与解读社会关系的复杂意蕴，对于现代社会关系的功能把握具有非常重要的意义。其意义在于：第一，社会关系的本质功能是与其性质直接关联的，不同性质的社会关系具有不同类型的功能，因而对社会关系所指意义即性质的认识有助于人们对其本质功能的认识与把握；第二，社会关系的功能属性是与其本身所具有的意蕴直接关联的，不同意蕴的社会关系有着不同的功能属性，因而对一定社会关系本身所含有的意蕴的认识与解读有助于人们对其功能属性的把握；第三，社会关系的性质、内涵、特征等内在意蕴的发展变化决定了其功能的发展与变化，因而对社会关系内在意蕴发展与演变的认识，有助于人们对其功能转变与发展状况的把握。正因为如此，正确认识与解读人的社会关系的复杂意蕴，对于现代人准确把握其社会关系的功能属性具有特别重要的意义。

3. 正确认识人的发展的需求关系，对不同社会关系进行价值把握

社会关系作为人与人之间的联合，乃是基于人的感性的实践活动与发展的需要而结成的人与人之间的一种联合形式，因此人的任何社会关系事实上都内含着人的某些特定的需求，是人的一定的需求关系的反映。社会关系生成与发展的这一特性，决定了人的发展价值追求与社会关系之间所具有的本质关联性。

人的任何价值关系都是对人的一定的需求的反映，因此价值把握的关键

在于对人的需求关系的把握。人的需求关系是在物的功能属性与人的特定的需求之间发生并建立的。判断一种事物是否有价值或者价值大小，既不是单纯地看事物本身所具有的功能属性，也不是单纯地看人的需要的状况，而是看该事物是否具有满足人的某种特定需要的功能属性及其满足的程度。当一种事物具有满足人的某种特定需求的功能属性时，我们说这种事物对人而言是有价值的；反之，则没有价值。在一定的价值比较中，一种事物的功能属性比另一种事物的功能属性更能满足人的某种特定的需要时，我们说这一事物比另一事物更有价值。因此，现代人对社会关系的价值把握，也必然是从人的发展的需要与对象化的社会关系两个方面来进行把握，即必须在人的发展的需求关系中把握人的社会关系的价值。一方面，应该明确自身发展的需求，确立积极健康的人生发展目标与发展方向；另一方面，应该从人的发展的需求出发，考察一定社会关系能够满足人的发展需求所具有的价值及其大小。只有把二者统一起来，才能准确地判断与评估一定的社会关系对满足人的发展需求所具有的价值及其大小。

值得注意的是，现代社会生活的丰富、复杂及其多变性，使人的发展需求和人的社会关系始终处于不断发展与变化之中，从而决定了人的发展与社会关系之间所建立的需求关系，即价值关系也始终是处于发展与变化之中的。因此，现代人在对社会关系进行价值性把握的过程中，必须注意把握人的发展与社会关系之间所建立的价值关系的复杂性，做到准确把握人的发展需求及变化与社会关系的丰富内涵及发展之间互动的规律性，才能实现对一定社会关系价值的准确把握。

（三）现代社会关系把握中的自我调整与应对

人对社会关系的把握，不仅仅是一个人对社会关系的认识过程，同时还是一个人与社会关系互动的过程。认识也好，互动也好，根本的目的就在于实现人与社会关系的协调发展。在这里，认识是基础、是条件，而调整、应对与发展则是目的。因此，现代人在对具体社会关系的把握中，必须根据对一定社会关系把握的实际状况而做出必要的自我调整与科学的应对，才能促进人与关系的和谐发展，从而达到促进人的自由全面发展的目的。

现代人在对具体社会关系把握过程中的自我调整与应对，主要表现在两个方面：一是根据一定社会关系环境适应的要求调整自我，二是根据自我发展的需要选择或改造一定的社会关系。前者的指向是自我，后者的指向是社会关系，二者的彼此互动与改变构成了人对社会关系把握过程中自我调整与应对的主要内容。当然，人对社会关系把握过程中的自我调整与应对并非是盲目的行为，而是在一定的原则指导下有目的的行为。由于人对社会关系把握的根本目的在于促进人自身的健康发展，因而人对社会关系把握过程中的自我调整、社会关系的选择或改造，也必然是围绕着促进人的健康发展这一目的而进行的。

根据一定社会关系发展的要求有针对性地调整自我，以使个人更好地适应环境而达到人与环境的协调发展，这是人在社会关系把握过程中自我调整与应对行为的主要体现。人的存在及发展是在对一定的社会关系环境的适应过程中实现的，没有对一定的社会关系环境的适应，也就没有人的存在及发展。因此，适应对个人的存在与发展而言，乃是第一位的要求。在人与社会关系环境的互动中，并非始终呈现着和谐态。现代社会关系以及现代人发展需求的多样性与复杂性，决定了人的发展需求与社会关系之间矛盾产生的必然性。从人的发展对一定的社会关系适应的角度来说，当人的发展与社会关系之间产生矛盾时，需要必要的自我调整（如对自我发展需要的调整、自我知识结构与能力的调整等），才能使个人的发展与社会关系之间的矛盾得到消除而达到人对一定社会关系环境的适应。尤其是在现代社会，人与社会关系环境之间的矛盾时时处处存在，当个人的力量不足以改变所处的社会关系环境的时候，调整自我以获得适应，就成为个人存在与发展的必然选择。

人在社会关系把握中的应对，不仅仅只限于通过自我调整而适应一定的社会关系环境。根据自我发展的需要选择、改造或发展一定的社会关系，从而实现人与社会关系的和谐发展，同样也是人在社会关系把握过程中自我调整与应对行为的主要体现。当人的发展需要与一定的社会关系要求之间出现矛盾与冲突时，调整人的发展需要、选择或改变一定的社会关系形式，都是解决这一矛盾与冲突的基本方式。无论是自我调整，还是改变一定的社会关系形式，其目的都在于促进人对社会关系环境的适应。二者的区别就在于，前者是改变人自身，而后者是改变人的适应对象。当然，这并不是说前者是消极的应对而后者就是积极的应对，事实上，这两种应对方式都体现了人对社会关系把握的主动性与积极性。与社会关系把握中人通过自我调整而适应一定社会关系环境的应对不同，人在社会关系把握过程中对一定社会关系环境的选择与改造性适应，并非是通过改变人自身的发展需求而使人与环境相适应，而是从人自身发展的需要出发，通过对一定社会关系环境的选择或者有目的的改造使人的社会关系环境与人的发展需求相适应，从而实现人与关系的协调发展。在这里，一定的社会关系环境是被人所改造的对象，而人则是改造环境的主体。当然，在人对一定的社会关系环境的干预性适应中，人对社会关系环境的改造并不是随心所欲的，也并不是无限的。人只能在一定的价值原则指导下，并遵循社会关系发展的规律，有限度地对社会关系环境进行改造。否则，不仅不能达到促进人与社会关系环境统一的目的，反而会造成人与环境更大的背离与分离。

需要指出的是，人在社会关系把握过程中的自我调整与应对，无论是通过自我调整所进行的适应性应对，还是通过社会关系的选择与改造所进行的适应性应对，都必须在一定的原则与目的指导下进行。这个原则与目的就是人对社会关系把握过程中的一切调整和应对行为，都必须符合有利于促进人的健康、自由而全面发展这一根本目的。只有在这一原则与目的指导下，人对社会关系把握过程中所进行的一切调整和应对行为，才有可能对人的健康、自由而全面发展产生积极的影响，并切实给予现实的促进与保障。

四、人的发展对把握现代社会关系的差异性

人的健康发展来自人对社会关系的正确把握，但是，由于个体发展差异性的存在，人对社会关系的把握也存在着一定的差异。这种差异性既是由个体发展差异所造成的，同时反过来又成为造成个体发展差异的主要原因。

无论是人的发展的差异，还是事物之间发展的差异，都是由自然及社会的分化发展所引起的。因此，差异既是事物发展的必然结果，又是事物发展的基本表征。从这一意义上而言，事物的差异性发展是一种不可避免的现象。社会关系把握的目的不是消除人与人之间发展的差异性，而是促使人在差异中获得更好的多样化发展。

（一）人的发展对把握社会关系差异性产生的根源

现代社会是一个高度分化的社会，而分化则必然会导致事物发展差异性的产生。人的多样化发展，既是社会分化发展的必然结果，又是人选择性发展的反映。社会的分化以及人自身发展的多样性，必然决定了人对社会关系把握差异性的产生。

1. 社会的分化发展是引起人对社会关系把握差异性产生的客观性原因

分化是社会发展的必然趋势，也是社会发展的主要表征。社会分化发展的根本动力源自社会内部，是社会生产方式变革的必然结果；而基本表征则是社会关系的丰富化、社会生活的多元化与社会生产的专业化。分化意味着差异，而差异则意味着不同。正是社会分化发展的这种差异性，从根本上决定了人对社会关系把握差异性的产生。

社会的分化发展之所以会导致人对社会关系把握的差异，乃是因为：

第一，分化促使人的感性的实践与交往活动的丰富化与多元化发展。在人类社会发展的历程中，社会的分化发展呈现着加速递增的特征，即人类社会越发展，社会分化的速度就越快，分化发展的程度也就越高。尤其是进入了现代社会以来，由于现代科学技术突飞猛进的发展，促使社会的分化呈现出加速化发展的态势，从而使得人类感性的实践与交往活动越来越走向丰富化与多元化。人的感性的实践与交往活动的丰富化与多元化发展，为人的社会关系的丰富化与多样化发展创造了必要的现实基础。

第二，分化促使人的社会关系的丰富化与多样化发展。社会分化使得人类社会生活的面貌呈现出日新月异的变化，必然会引起导致人的社会关系的丰富化与多样化发展。现代人的社会关系，就是在这种日新月异的社会生活与社会生产条件下形成并不断发展着的，其丰富性、多元性与复杂性，乃是人类发展历程上前所未有的。现代社会关系的丰富性、多元性与复杂性，决定了人对社会关系把握的复杂性与多样性。

第三,社会的分化发展也是决定人的多样化发展的根本原因。作为社会性的存在物,人怎样发展以及发展的程度如何,是由其所处的现实社会状况直接决定的。与现代社会生活和社会生产的多元化发展相适应,现代社会人的发展也同样呈现出越来越多样化的态势。多样化发展,即是个性化的发展。人的个性化的发展,必然意味着人的发展差异性的产生。并且,社会分化的程度越高,个体发展所存在的差异性也就越大。正是由于现代社会不同个体之间存在着发展的差异性,因而也就决定了人对社会关系的把握不可能达到整齐划一的程度,而只能是多样的和有差异的。

2. 人的发展的多样性是引起人对社会关系把握差异性产生的主观性原因

现代社会的持续分化与发展促使人的多样化发展,造成了人对社会关系把握差异性产生的主观性原因。人作为社会关系把握的主体,人自身的发展状况直接影响着人对社会关系的把握。因此,在人的发展越来越走向个性化的现代社会,人对社会关系把握差异性的出现,则成为一种必然现象。

人的发展的多样性或人的个性化发展,之所以会引起人对社会关系把握的差异,乃是因为不同个体之间所存在的发展差别,必然会在其对社会关系的把握中得到反映与体现,从而造成人对社会关系把握的差异性。具体来说,主要表现在以下三个方面:

第一,人的发展需求的多样化决定了人对社会关系把握取向的差异性。人对社会关系的把握总是在一定的价值指导下进行的,受到一定价值取向的支配。在不同价值取向的支配下,个人适应什么样的关系环境、选择与建立什么样的关系、如何理解具体社会关系的内涵以及怎样改造社会关系,都存在着巨大的差异。由于人的一定的发展价值取向反映着一定的发展需求,因而人的发展需求不同,则其所确立的发展取向也就不同。现代社会人的需求的多样化发展,决定了现代人发展价值取向的多元性,同时也就决定了人对社会关系把握的多样性。现代人对社会关系把握的差异性,也正是这种多样性的体现。

第二,人的知识结构与思维方式的差异性决定了人对社会关系把握方面的差异性。知识结构与思维方式的多元化发展是现代社会人的发展的多样性的基本表征之一。现代人知识结构与思维方式的多元化发展,无疑也是引起人对社会关系把握差异性出现的主要主观原因。我们知道,人的知识结构和思维方式与人对社会关系内涵的把握有着高度的关联性。人怎样理解社会关系的内涵,以及采取什么样的方式应对新的知识,都与人已形成的知识结构与思维方式有着密切的关系。人的知识结构和思维方式的不同,则对社会关系内涵的认知、理解和应对不同,对社会关系的把握也就存在着一定的差异性。

第三,人的能力素质发展的不平衡性决定了人对社会关系把握方式与程度的差异性。社会关系的把握与人的能力素质也有直接的关系。一般来说,社会生活经验丰富和驾驭各种社会关系能力素质强的人,对社会关系的把握水平及其所把握的程度也就越高,反之,则比较低。因此,人的能力素质发展的不平衡性,也是引起人对社会关系把握差异性出现的主要主观原因。现代社会,由于人的社会生活的持续分化与社会分工的不断发展,因而造成了人的能力发展的严重不平衡性,并且这种不平衡性呈现着不断加剧的趋势。一方面,人的能力发展的分化程度与差异性越来越大;另一方面,不同个体之间能力的发展水平与程度的差距也越来越大。能力的多样化发展和能力发展水平的不平衡性,无疑极大地影响着现代人对社会关系的把握并因此而造成现代人对社会关系把握方式与把握水平的差异。

人的多样化发展是现代社会分化发展的必然结果。并且,人的多样化发展也是多方面的,它不仅仅体现在人的需求、人的知识结构、思维方式、能力素质等方面的多元化发展上,而且也体现在人的情感、性格等方面的多元化发展上。因此,在人的发展的多样性中,影响人对社会关系把握的主观因素也是多方面的,而不是单一的。正因为如此,现代社会人对社会关系把握的差异性的产生,也就成为一种必然。

(二)社会关系把握的差异性与人的不同发展

人对社会关系把握的差异性是一种客观的存在。这种差异性的存在,既是现代社会分化和人的多样化发展的必然结果,又成为进一步促进社会分化和人的多样化发展的主要原因之一。正确认识社会关系的把握与人的发展之间的关系，对于人们更好地把握社会关系而实现自由与健康的发展有着非常重要的意义。

1. 社会关系把握的差异性与人的发展的多样性

人的发展的多样性引发了人对社会关系把握的差异性，而人对社会关系把握的差异性又成为进一步促进人的多样化发展或个性化发展的重要原因。人作为一种感性实践活动的存在物，其任何发展都是在主客力量统一的具体的感性的实践与交往活动之中而实现的。人的感性的实践与交往活动，乃是一个人在对各种自然与社会关系的驾驭中通过改造自然与社会而实现人自身发展的过程。在这一过程中，人怎样把握关系，以什么样的关系方式展开感性的实践与交往活动，人就获得什么样的发展。因此，一个人怎样把握社会关系，他就会获得怎样的发展。

社会关系把握的差异性之所以会引起人的多样化发展，其原因就在于：第一，不同感性实践活动中社会关系的把握是人的社会关系把握差异性的主要体现，或者说人对社会关系把握的差异性主要体现为对不同的感性实践活动的社会关系的把握。一定的社会关系形式是与一定的感性实践活动相联系的，不同的社会关系形式下人们的感性活动存在着性质与内容的差异。正因为如此，在不同的感性的实践与交往活动中，在不同的关系形式下，由于人的发展条件的差异性，人们所获得的发展必然是不同的。人的多样化发展或个性化发展，正是由人的社会关系把握的差异性所造成的人的发展条件的多元性。第二，不同的人对一定社会关系的认识、理解及其把握方式的差异，也是人的社会关系把握差异性的主要体现。社会关系作为规约人的发展的客观力量，它对人的发展的规约并不是自然就能发生与实现的，而是必然会通过在感性的实践与交往活动过程中人与关系的互动才能实现。在这一过程中，人怎样看待、怎样认识与理解以及怎样适应社会关系，都直接影响着社会关系对人的发展的规约。由于不同个体在发展需求、知识结构、能力素质等方面的差异的存在，因而不同的个体对一定的对象化的社会关系的认识与把握也就不同，从而也就决定了在一定的感性的实践与交往活动过程中人的发展的多样性与差异性的必然性。

2. 社会关系把握的差异性与人的发展的不平衡性

社会关系把握的差异性不仅是造成人的多样化发展或个性化发展的原因，而且也是造成人的发展不平衡性的重要原因。所谓人的发展的不平衡性，指的是人在发展水平与发展程度上所存在的差异性。人的发展的不平衡性，乃是与人的多样化发展必然相伴生的现象。多样化发展，不仅意味着人的发展在内涵上的丰富性与多元性，而且也意味着在发展程度与水平的不平衡性。如果说人的发展在内涵上的丰富性与多元性体现着人的发展在质的方面的差异性，那么，人的发展在程度与水平的不平衡性，则体现着人的发展在量的方面的差异性。质和量两方面的差异，共同构成了人的发展的多样性。

社会关系把握的差异性之所以会造成人的发展的不平衡性，其根本原因是由于在差异性的把握中，人们对一定社会关系内涵的认识、理解、接受、适应及其超越的程度与水平之间存在着一定的差异，因而决定了人在一定社会关系条件下的感性的实践与交往活动中所获得的发展程度与水平的不平衡性。一般来说，人对社会关系的驾驭能力强，对社会关系的内涵意蕴理解准确并且正确，同时能够超越和抵御不良社会关系的影响，则人在社会关系的把握中获得的发展程度与水平就高；反之，人的发展程度和发展水平就低，甚至于导致人的异化发展。

社会关系把握的差异性导致的人的发展的多样性与不平衡性，在人的素质发展的各个方面都会反映出来。一方面，人在不同的感性的实践与交往活动中，在对不同社会关系的把握中，必然生成不同的内在品质及相应的素质，获得不同方面的发展；另一方面，人在一定的感性的实践与交往活动中，在对一定社会关系的认识与把握中，由于个体对对象化社会关系认识、理解、体悟与超越的差异，必然在人的素质的不同方面获得不同程度与水平的发展。人的发展的质和量的差异，是人的发展的多样性与不平衡性的直接体现。正是因为这种差异性的存在，现代社会人的发展才显得丰富多彩与精彩纷呈。也正是因为这种差异性的存在，现代人自由而全面的发展才有了广阔的空间和无限的可能。

（三）正确对待差异性，在差异中寻求人的多样化发展

差异是事物分化发展的必然结果，也是事物发展的基本表征。现代社会分化的持续发展，形成了社会发展的无限丰富性、多元性与差异性，而这种丰富性、多元性与差异性又成为促使社会进一步分化发展的强大动力与根源。与现代社会发展的丰富性、多元性与差异性特征相适应，现代人的发展也必然呈现出丰富性、多样性与差异性的特征。可以说，正是事物之间的差异性，造成了事物的持续分化发展；也正是这种差异性的发展，标示着社会的真正进步与发展。

在差异中的多样化发展，是人类进步与发展的基本表征。差异性是促使事物分化与多样化发展的内在原因。从这一意义上而言，没有差异，也就没有事物的进步，更不会有事物的多样化发展。人类自身进步与发展的历史，就是一个不断从束缚人的盲目的自然关系与社会关系中解放出来而实现多样化或个性化发展的历史。在这一历史的演进过程中，如果没有人的有差别的感性的实践与交往活动，就不会有差别的社会关系；如果没有对有差别的社会关系和对一定社会关系的有差别的把握，也就不会有人的多样化发展；如果没有人的多样化和个性化的发展，也就不会有人的发展的丰富性；如果没有人的发展的丰富性，也就不会有人类整体的进步与发展。在差异中的多样化发展，是人与人竞争产生的根源，而竞争则是人的发展和人类进步的主要动力。正因为如此，在差异中的多样化发展，既是人类进步与发展的基本表征，又为人类的进步与发展提供了必要的动力。

在差异中的多样化发展，是现时代人的自由而全面发展的基本体现。人的自由而全面的发展是人的自我意识觉醒之后所确立的关于人类自身发展的一种价值性追求的理想目标，虽然这一目标的实现是一个漫长的历史过程，但是每一个历史阶段人的发展向这一目标的努力，都是通向这一理想目标实现的必然要求，都是对人的自由而全面发展的应然性条件的创造与准备。这就意味着，在不同的历史发展阶段与背景下，人的自由而全面发展都有着特定的内涵和要求。现代社会是人类发展历程中所必然历经的一个特殊的历史阶段，在这一历史阶段，虽然人从群的依赖关系中解放出来，但却并没有完

全达到自由而全面发展的程度。现代社会物的关系的发展与扩张，使人不得不受到物的关系的奴役与束缚。人从群的依赖关系中解放出来又被迫陷入对物的依赖关系之中，这正是现代社会关系发展的基本特征。因此，现代社会关系条件下人的自由而全面的发展也并非指人的发展终极意义上的所指，而是指人的多样化与个性化的发展。从这一意义上理解，在差异中的多样化和个性化的发展，成为现时代人的自由而全面发展的基本体现。

在差异中人的多样化发展，必须得到正确的价值观的主导。没有正确的健康的发展观的主导，人真正的进步与发展都不可能实现。事物在差异中发展，在统一中共存。差异性与统一性是事物存在与发展所呈现的基本特性。没有差异性，事物就会失去发展的动力；而没有统一性，事物的发展就会失去方向性与共存性。人的发展也是如此。人的多样化或个性化发展，也并不意味着人的发展的无边界与无限制性，而是恰恰相反，会受到一定的限制。在人的多样化和个性化的发展中，正确的发展观与价值观的主导，以及共同生存法则的遵守，都是非常必然的。倘若失去了这些共同的规约性因素的制约，人的任何发展都不可能实现，更遑论自由而健康的发展了。

第六章

现代社会关系的优化与人的健康发展

在现代社会关系条件下，人的发展是否能实现健康而多样化或者说自由而全面的发展，主要取决于两个方面的因素：一是现代社会关系的整体优化程度，二是个体对现代社会关系的有效把握。社会关系作为规约人的存在及发展的重要客观力量，其存在及发展的状态如何，自然对人的现实存在及发展产生着重要的影响。作为社会关系的创造者和具体体现者，人对社会关系的把握是否有效和是否科学，直接决定着人与社会关系的互动状况及人在一定的社会关系环境中能够获得发展的程度。因此，只有把对社会关系的优化和人对社会关系的有效把握密切结合起来，才能确保人与一定的社会关系产生良性的互动并促使人在现实的存在中实现健康与多样化的发展。

现代社会关系作为现代社会实践活动的创造物，它的产生及发展在为现代人本质力量的增长、社会性特征的丰富发展和基本素质的提升创造和奠定了重要的社会基础与社会条件的同时，也给现代人自由、健康与多样化的发展带来了许多消极性的负面影响，乃至现代人的发展出现了本质的异化、社会性特征的对立和社会生活能力片面性的增长等现象，从而严重地影响和制约了现代人自由而全面的发展。现代社会关系的性质及特征的多样性与复杂性，必然决定了其对人的存在与发展的规约及影响并非都具有积极的正向效应，而是具有二重性。所谓现代社会关系的优化，其根本目的就在于消除现代社会关系对人的发展影响的二重性，从而为人的自由、全面与健康的发展创造真纯、和谐与规范的社会关系环境。

社会关系的优化既是一个自然的发展过程，也是一个人类有意识和自觉的改造、调整与创造的过程,可以说是一个自然的发展和人为的控制相结合的过程。人的任何社会关系的生成及发展,无不根源于和根植于人类的现实生活,因而有着一定的客观性与必然性,这就决定了人类社会关系发展的自然性。但是,另一方面,一定的社会关系作为人类实践活动的创造物,它又是人的本质力量的外化与表达,是人类有意识和自觉活动的产物,因而有着一定的人为性与可控性,这就决定了人类社会关系发展的意识性与目的性。社会关系的优化,就是在遵循人类社会关系自然发展规律的基础上,对不利或有害于人的健康发展的社会关系成分进行改造、调整或者重构的行为活动。由此可见,社会关系的优化过程,其本质是一个通过对人的存在的现实的社会关系干预而促使其合目的的发展过程。

现代社会关系是迄今为止人类在自己的生存实践与发展中所创造的最为复杂的社会关系形式,因而其优化必然不是一个简单的过程,而是一个系统化和相当复杂化的改造、调整、重构与控制过程。由于优化主体的不同,现代社会关系的优化也就存在着不同的模式、途径与方式。一般而言,国家模式的优化重在对社会关系的整体改造与调整,因而必然是与整个社会的变革及发展密切地联系在一起的;组织模式的优化则重在对组织内环境的改造与调整,因而必然是与组织的改革及发展密切地联系在一起的;而个体模式的优化则重在对个人具体的现实关系的把握与选择,因而必然是与个体的自我改造、自我塑造与自我发展直接联系在一起的。不同模式在社会关系优化上所具有的这种差异性,决定了其在促进人的健康发展方面所具有的功能性价值的差异。

一、现代社会关系优化的必要性

现代社会关系的开放性、多元性与复杂性,决定了其对人的存在与发展的影响存在着一定的复杂性。这种复杂性集中反映在一定的社会关系对人的发展规约的二重性上。因此,现代人能否在现实的存在中避免因现代社会关系的负向规约而导致的异化、扭曲和片面化的发展从而获得自由而健康的发展,不仅取决于现代人对各种与自身生存密切关联的现实的社会关系的有效把握，而且也取决于社会生活主体国家或组织对现代社会关系的整体改造和优化所实现的程度。如果没有这种必要的优化，则现代社会关系对人的发展的负向规约性就无法得到控制和消解，人的自由而健康的发展自然也就无法实现。

作为社会关系规约的对象，人的发展状况及发展所能达到或实现的水平，并不完全取决于人自身所具有的主观愿望，而是与其生存的社会关系环境有着密切的关系。所以，人的自由而健康的发展，必然会对社会关系的发展提出相应的优化的诉求。这种诉求，正是现代社会关系之所以必须优化的重要现实依据。从人的自由而健康发展的基本诉求出发，现代社会关系的优化主要应该着眼于价值、规范与情感三个方面的基本诉求而展开：在价值性取向上，主要应该着眼于真纯化的诉求而展开对现代社会关系的优化；在规范性取向上，则主要应该着眼于法制与道德化的诉求而展开对现代社会关系的优化；在情感性取向上，无疑则应该主要着眼于人性与和谐化发展的诉求而展开对现代社会关系的优化。并且，只有将价值、规范与情感三个方面的基本诉求结合起来，才能实现真正的优化。

（一）现代社会关系的优化是现代社会文明发展的必然要求

人的存在及发展的任何社会关系，都是人在自身感性的实践活动中创造的结果，是人的本质力量的外化与表达。社会关系生成的这一特征，决定了其发展的必然性。当然，社会关系虽然根源于人的感性的实践活动，但是，社会关系一旦生成且被形式化，以制度、规则等形式存在以后，则必然会成为一种相对独立的客观存在，并且必然会对人们的社会生产与社会生活产生重要的功能性制约或促进作用。因此，一定形态的社会关系是否具有促进社会文明进步与人的健康发展的功能，则成为判断其是否具有发展性与进步性的重要标志。从这一意义上而言，社会关系的优化无疑也是与人类社会的进步、社会文明的发展直接联系在一起的。

社会文明的发展是一个社会综合进步的过程，它既包括了社会生产力和生产关系的发展，也包括了社会制度、社会意识形态、人们的精神状态和行为方式的进步与发展。一般而言，社会的整体进步程度越高，则表明社会文明发展所达到的程度也就愈高。而社会的整体进步，则无疑与一个社会所建立和创造的社会关系形态有着直接的关系。我们知道，一定的社会关系形态是一定结构与制度的社会建立的基础。没有一定形态的社会关系作为基础，也就不可能有相应形态的社会的建立及形成。因此，从一定程度上而言，社会关系与社会形态具有高度的同构性，二者是同一事物的不同表述而已。由此可见，社会整体进步的实质，在于人的存在的社会关系的优化与发展。

社会文明的发展依赖于社会的整体进步，而社会的整体进步则是通过社会文明的发展及其文明程度的提升得以反映和表现的。社会进步与社会文明发展之间所存在的这种关系，决定了一定的社会文明必然是建立在一定的社会关系形态基础之上的。一方面，社会关系的发展是决定社会生产方式、社会结构与社会制度变革及发展的重要基础，是激发社会整体进步与发展的重要力量；另一方面，社会关系的发展也是促进人的发展的重要客观力量，是人的新的社会文化性不断生成和增长的重要根源。社会关系发展与社会变革、人的发展所具有的这种密切关系，必然决定了其对人类社会文明演进与发展的重要性。因而我们可以说，没有社会关系的优化与发展，也就不可能有人类社会文明的进步和文明程度的不断提升。

现代社会关系作为现代社会文明建立及发展的基础，其发展状况直接决定着现代社会文明发展所能实现的程度。我们知道，现代社会文明的产生及发展，正是建立在现代社会关系在人类社会生活中生成与发展的基础上的。没有现代社会关系的生成，也就不可能有现代社会及现代社会文明的诞生；没有现代社会关系的发展，自然也就不可能有现代社会及现代社会文明的发展。现代社会及现代社会文明的发展，不仅根植于现代社会关系形态基础之上，而且其发展和演变也必然有赖于现代社会关系的优化与发展。正因为如此，现代社会文明的发展必然会向现代社会关系的发展提出合目的性的改造与优化的要求。

现代社会文明发展对现代社会关系优化的基本诉求主要反映在三个方面：一是现代社会关系持续的无限制的开放发展，二是现代社会关系的整体化、系统化发展，三是现代社会关系的制度化发展。无论是现代社会关系持续的无限制的开放发展，还是整体化、系统化、制度化的发展，都必须建立在优化的基础之上。只有在优化的基础上，现代社会关系才能够实现真纯化、规范化与和谐化的发展；也只有在优化的基础上，现代社会关系发展对现代社会文明演进与发展所具有的推动功能才能够得到最大程度的发挥和实现。否则，不仅现代社会关系真纯化、规范化与和谐化的发展无法实现，而且现代社会文明的发展也必然会因为现代社会关系内在冲突与矛盾的制约而无法实现。

现代社会关系无限制的开放发展，既是现代社会文明持续发展的基本诉求，也是现代社会文明持续发展的重要驱动力。社会作为人类存在与发展的结构化的组织形式，其发展及如何发展是与人类在感性的现实的实践活动中所建立的社会关系直接联系在一起的。在一定程度上可以说，人类在自己感性的生存实践活动中创造了怎样的社会关系，也就意味着人类社会有怎样的存在和怎样的发展。从这一意义上而言，社会的发展及发展状态是由人类在自己感性的现实的实践活动中所创造的社会关系所决定的。社会关系在优化基础上的开放发展，是社会发展不断获得驱动力的重要基础与基本保证。作为建立在现代社会关系形态基础之上的现代社会文明的发展，则更是如此。

现代社会关系整体化、系统化与制度化的发展，既是现代社会文明发展与内在演进的必然结果，同时也是现代社会文明得以持续发展和向更高层级演进的基本要求。与传统农业社会文明的生成及发展所具有的自发性、同质性和封闭性不同，现代社会文明是建立在人类社会生产与社会生活全面分化的基础之上的，因而开放性、多元性和变动性就成为其重要的特征。现代社会文明发展所具有的这一特征，一方面是与人类在高度分化的社会生产与社会生活实践中所建立的整体化、系统化与制度化的现代社会关系形态直接联系在一起的，是现代社会关系整体化、系统化、制度化演进与发展所产生的必然结果；另一方面，现代社会文明所具有的开放性、多元性和变动性特征的形成及发展，也必然会同时极大地促进现代社会关系整体化、系统化与制度化的发展。

虽然在现代社会文明发展与现代社会关系整体化、系统化、制度化的发展之间存在着彼此的诉求与互动,但是这种诉求和互动如果不是建立在现代社会关系整体优化的基础上,则不仅现代社会关系无限制的开放化、整体化、系统化与规范化(或制度化)的发展无法得到保障和实现,而且现代社会文明持续的演进与发展也必然因此而受到制约。作为现代社会文明生成、演进与发展基础的现代社会关系,只有通过合目的和持续的优化,才能更好地实现整体化、系统化、制度化的发展,也才能为现代社会文明的发展创造和奠定更加优越的社会关系条件与社会关系基础。从一定意义上而言,没有合目的的优化,就没有现代社会关系的整体化、系统化、制度化(或规范化)的发展,因而也就不会有现代社会文明的持续演进与发展。

(二)现代社会关系的优化是人类社会和谐发展的必然要求

从人类社会进步与社会文明发展的角度出发,现代社会关系的优化也存在着内在的诉求。我们知道,作为一种高度开放、复杂与多样的社会关系形态,现代社会关系内在地包含着许多矛盾与悖论。正是这些矛盾及悖论,造成了现代社会发展过程中一系列社会问题与社会冲突的出现,也由此而极大地制约和阻碍了现代社会和谐与健康的发展。因此,现代社会和谐与健康的发展以及内在矛盾、冲突、悖论的消除,必须依赖于人类在自己感性的现实的实践活动中对合目的的社会关系的建立及其有意识、有目的和自觉地对其存在与发展的社会关系进行科学而有效的优化。没有合目的和优化的社会关系,也就不可能有现代社会的和谐与健康发展。

社会的和谐与健康发展,始终是人类存在与发展所追求的基本目标。一方面,人类自身现实生存的幸福和健康发展的实现与获得,需要和谐与健康发展的社会条件的保障;另一方面,人类社会自身有序的发展和社会文明的不断演进,也需要和谐与健康发展的社会的支持与保障。而社会的和谐与健康发展,则是与人类在自己感性的现实的实践与交往活动中所建立的一定社会关系有着直接的联系的。从根本上来说,人类在自己感性的现实的实践与交往活动中所建立的社会关系的性质及形态决定着社会存在的状态。或者说,一定的性质与形式的社会关系,决定着人类社会存在的此在状况。正是从这一意义上而言,社会的和谐与健康发展在本质上根源于人类存在与发展的现实的社会关系的状况。

对于任何一个社会而言，其和谐与健康发展的实现，都必然会对构成一定社会形式的社会关系提出相应的诉求。这一诉求，无疑成为一定时期人类社会关系优化的基本要求和重要依据。我们知道，社会作为人类生存与活动展开的基本组织形式，其构成及存在状态与人类在感性的现实的实践与交往活动中所建立的社会关系有着高度的同一性。正是由于人类社会的构成及发展与人类在感性的现实的实践与交往活动中所建立的社会关系存在着高度的同一性，因而人类社会的和谐与健康发展必然是建立在真纯化、规范化和和谐化发展的社会关系基础之上的。没有真纯化、规范化和和谐化发展的社会关系，也就不可能形成和建立起和谐与健康发展的社会。因此，社会关系的真纯化、规范化和和谐化发展，乃是社会和谐与健康发展的基本诉求。

人类在感性的现实的实践与交往活动中所建立的社会关系具有一定的自然性，因而并非都具有促进社会和谐与健康发展的功能。只有真纯化、规范化和和谐化发展的社会关系，才能够促进或者有利于社会的和谐与健康发展。社会关系的真纯化、规范化和和谐化发展并不是自然实现的，而是必须经过有目的和有意识的优化才能够实现。因此，社会的和谐与健康发展，乃是一个人类在对自身存在与发展的现实的社会关系优化的基础上有意识和有目的建构的过程。在这一过程中，人类对自身现实存在与发展的社会关系创造及优化的状况，从根本上决定了社会和谐与健康发展的状况。正是从这意义上而言，没有对人的现实存在与发展的社会关系有意识和有目的的优化，也就不可能有人类社会的和谐与健康发展。

现代社会是一个建立在具有高度开放性、多元性、复杂性与变动性特征的社会关系基础之上的人类社会组织形式，比之传统社会，现代社会和谐与健康发展的实现则更有赖于现代社会关系的优化。一方面，只有通过有目的和有意识的优化，现代社会关系的发展才能避免和消除内在的矛盾及悖论，从而实现真纯化、规范化和和谐化的发展；另一方面，只有通过有目的和有意识的优化，现代社会关系的发展才能在实现真纯化、规范化和和谐化的基础上为现代社会和谐与健康的发展奠定充分的现实条件。否则，现代社会的和谐与健康发展，则必然会因为失去真纯化、规范化与和谐化社会关系的支持而无法实现。

现代社会关系的真纯化、规范化与和谐化的发展既是现代社会和谐与健康发展的基本诉求，也是现代社会关系优化发展的重要目标。我们知道，一定形态的社会关系作为一定的社会生成与建立的基础，其性质及存在与发展的状态直接影响和决定着社会存在与发展的面貌。社会存在及发展与构成社会的人类现实的社会关系之间所具有的这一关系，决定了任何社会的和谐与健康发展无不是建立在真纯化、规范化与和谐化发展的现实的社会关系的基础之上的。或者说，任何社会的和谐与健康发展，都必须得到真纯化、规范化与和谐化发展的社会关系的支持。现代社会的和谐与健康发展，同样也是如此。因此，现代社会关系的优化，不仅是促使和保障现代社会关系真纯化、规范化与和谐化发展的需要，而且也是支持和促进现代社会和谐与健康发展的重要社会基础和条件。

由于社会的和谐与健康发展是以真纯化、规范化与和谐化发展的社会关系为基础和基本条件的，因而社会关系优化的根本目的就在于通过有目的、有意识、有组织和有计划地对构成人存在及发展的现实社会关系进行调整、重组和改造，从而促进其实现真纯化、规范化与和谐化的发展。现代社会关系作为现代社会生成与发展的基础，虽然其所具有的开放性、多样性和变动性的特征为现代社会的发展创造了强劲的推动力和巨大的活力，但是，同时也造成了现代社会发展的矛盾性、复杂性与冲突性。正是由于现代社会关系发展特征所具有的功能导向的两面性，因而决定了现代社会和谐与健康发展的实现对现代社会关系真纯化、规范化和谐化优化发展诉求的必然性。

（三）现代社会关系的优化是现代人健康发展的基本诉求

我们说，人的存在及发展与其在感性的实践活动中所创造的社会关系具有高度的同一性，因而人创造了什么样的社会关系，也就意味着有着什么样的存在和什么样的发展。在这意义上社会关系的优化及其合目的的发展，对人的自由、多样与健康发展有着非常重要的功能价值。从人的自由、多样与健康发展的价值要求来看，现代社会关系在发展过程中的优化，不仅是非常重要的，而且也是非常必要的。没有良好的、丰富多元的和真纯的、规范的、和谐的社会关系，也就不可能有现代人自由的、健康的和多样化的发展。基于现代人健康发展的基本诉求，我们认为现代社会关系的优化主要应该着眼于真纯化、规范化、人性与和谐化等价值方面而展开。

现代社会关系的真纯化发展或者说现代社会关系发展的真纯化，是现代人自由、多样与健康发展向现代社会关系优化发展所提出的基本价值诉求。所谓社会关系的真纯化，指的是社会关系的真实性与纯净性，即人与自然、人与社会、人与自我所建立的关系必须是真实的和纯净的。在这里，真实性包含着两层含义：其一是指人们在社会实践活动与交往中所建立的关系是真实的，是符合事物发展内在联系规律的；其二是指人们在一定的社会实践与交往活动中所建立的关系是确定的，是可以感知和把握的。纯净性也包含着双重含义：其一是指社会关系内涵的单纯性与确定性，其二是指社会关系的正当性与合规范性。社会关系的真实性是纯净性的基础，只有真实的社会关系才是纯净的；而社会关系的纯净性是真实性的发展所指，只有纯净的社会关系才能体现出社会关系在人的发展中的真实价值。

社会关系的真实性与纯净性是形成人的真实人格的基础。只有在真实的和纯净的社会关系的条件与基础上，人的发展才能够生成真实的人格与真实的自我。我们知道，现代社会关系是现代人从自我本位的假定出发而结成的人与人之间自由的联合关系。这种关系生成的基础，以及由此而生成的个体的一切社会关系，无疑都存有着一定的虚假性。正是这种先天性的虚假性，从根本上导致了现代人发展本质异化、社会性特征两极冲突现象的出现及基本素质片面性增长的不可避免性。因此，现代人本质的发展能否返真，其异化发展的倾向能否得到控制与消除，从根本上来说取决于现代社会关系虚假性的消除，或者说，取决于现代社会关系真纯性的发展以及这种真纯性发展所能达到的程度。而现代社会关系虚假性的消除或者说发展的真实性与纯净性的获得，无疑则必须通过有目的和有意识的优化才能够实现。

对于现代人的自由、多样与健康的发展而言，社会关系发展的真纯化虽然为之创造了真实的客观环境，但是，仅有社会关系的真纯化发展显然是不够的。社会关系的真纯化发展仅为现代人自由、多样与健康的发展创设了一种具有良好价值导向的关系环境,然而倘要使这种关系环境真正变为促进现代人自由、多样与健康发展的力量,则必须通过具体的现实的实践与交往活动才能使这一关系环境转变为显性的活的力量。只有当一定的社会关系转变为显性的活的力量时,这种力量才能对人的发展产生并发挥现实的规约作用。由于社会关系对人的任何规约都必须通过具体的现实的实践与交往活动才能实现,而人的任何现实的实践与交往都必然遵循一定的法律或道德规范才能进行,因而任何社会关系的建立及发展并不完全都是随着个人的主观意志而任意生成与发展的,而是必须遵循一定的道德或法制规范。因此,社会关系的规范化发展,既是人感性的实践活动展开的基本要求,也是人自由、多样与健康发展的基本诉求。

作为感性活动的存在物,人现实的存在及发展必然是在具体的感性实践与交往活动之中实现的。我们知道,程序性和规范性是人类实践与交往活动的基本特征。尤其是在现代社会,社会实践与交往的专业化发展,越来越依赖于程序性与规范性的支持。没有一定的程序与规范的保障,人类任何感性的现实的实践与交往活动都无法展开。人类感性的实践与交往活动展开的程序性、规范性,决定了人的存在与发展的社会关系建立及发展的道德性与法制性。从人的自由、多样与健康发展的基本诉求而言,个人的存在与发展始终是与他人、与社会密切联系的,并且个人也只有在与他人、与社会的联系中才能实现自由、多样与健康的发展。人的存在与发展的社会文化性特征,决定了人的发展自由的相对性和对一定的社会道德与法制规范遵循的必然性。

社会关系的道德与法制化的发展,是人类社会关系规范性发展的必然结果,是人的健康发展及与社会协调发展的根本保证。无论是道德还是法制,无不是人类社会关系规范性发展的反映。二者所不同的是,道德是人类社会关系的内在规范,而法制则是人类社会关系的外在规范。道德的指向是内在的,它以信仰、禁忌、风俗习惯等内化了的观念的形式而存在,并通过内在规范力量的自我约束而实现对人与人之间、人与社会之间关系的维护与调节；而法制的指向则是外在的，它以律令、条文、制度及其保障实施的组织等形式存在，并通过外在强制力量的规范而实现对人与人、人与社会之间关系的维护与调节。在人类自身和人类社会的发展中，社会关系的道德化发展与法制化发展是统一的。虽然在不同的历史时期，二者的内涵及侧重点有所不同，但是，作为人类自身及人类社会发展的规范性保证，二者的统一及发展，是人的自由、多样与健康发展和社会有序化发展的内在要求。

对于社会关系的情感性诉求，乃是人的社会关系人性化与和谐化发展的基本要求，同时也是人的自由、多样与健康发展的根本要求。首先，人的自由、多样与健康发展对社会关系情感性的诉求是基于人的存在与发展对群体归属与依赖的需要而产生的。人是一种类的存在物，离开了对类的归属与依类，任何单个的人都无法独立生存。正是从这一意义上而言，个体的生存与发展，离不开对群体生存与发展的依赖，因而也就离不开对他人情感性的诉求。其次，人的自由、多样与健康发展对社会关系情感性的诉求，也是基于人的社会性即人性发展的需要而产生的。虽然人的情感需求根源于动物对群的生存依赖的需要，但是，人的存在与发展的情感性诉求，显然与动物有着根本的区别。人之所以为人，就在于人的情感生活具有高度的社会性。再次，人的自由、多样与健康发展对社会关系情感性的诉求，还是基于人的整体素质和谐发展的需要而产生的。情感素质是人的基本素质中很重要的一个方面，是构成人的基本素质的主要内容。对于人的成长和健康发展而言，良好的情感素质的养成，不仅仅是其情感健康发展的需要，而且对于人的其他非情感素质的培养与发展，也有着重要的促进作用。

在现实的存在与发展中，人的自由、多样与健康发展对社会关系发展的情感性诉求，主要表征为社会关系的人性化与和谐化的发展。所谓人性化的发展，就是社会关系的发展符合人对类的情感依赖的自然要求，体现自然的人道主义的价值需求；而所谓和谐化的发展，就是社会关系的发展符合人的健康与全面发展的完整要求，体现人的自然的整体素质协调发展的价值需求。从人的自由而全面发展的价值要求出发，社会关系的人性化发展与和谐化发展应该是统一的。一般而言，符合人性发展要求的社会关系，必然是和谐的社会关系；而和谐化发展的社会关系，也必然是符合人性要求的社会关系。人的存在及发展的社会关系，只有在实现人性化发展与和谐化发展二者统一的基础上，才有利于促进人的自由、多样与健康发展的实现。

社会关系的人性化与和谐化发展，是现代人自由、多样与健康发展对社会关系环境优化发展所提出的必然要求。现代社会关系发展的物化与工具化的倾向，一方面导致了现代社会人与人之间情感关系的淡漠，另一方面也使得现代人之间多元和谐的关系转变成了单一的物化或工具化的关系。现代社会关系发展所呈现出的这一趋势或者说倾向，正是社会关系非人性化和非和谐化发展的基本表现，是人的存在的现实社会关系异化发展的表征。对于现代人的存在及发展而言，这种越来越趋向异化发展的社会关系环境，只能导致人的异化发展而不可能促使其走向自由、多样与健康的发展。因此，现代人的自由、多样与健康的发展，只能从改变这种被异化发展的社会关系环境着手。从这一意义上而言，现代社会关系的人性化与和谐化发展，既是改变现代社会关系物化与片面化发展从而实现社会关系环境优化发展的需要，也是促进现代人自由、多样与健康发展的要求。

二、现代社会关系优化的主要模式

人作为一种社会性与关系性的存在，从本质上而言是一种现实的实践的存在。这就意味着，人怎样存在和怎样发展，与其现实的感性的实践活动有着高度的同一性。因此，现代人能否在自身现实的感性的社会实践与交往活动中实现自由、多样与健康的发展，关键取决于现代人能否在自己现实的存在与发展中创造出优化的社会关系环境。由于人的存在的任何现实社会关系，都是一个人在自身感性的具体的社会实践与交往活动中创造的过程，因而人对社会关系的优化，事实上也是一个具体的现实的实践过程。当然，人的任何实践活动都是一个合目的的价值创造和价值实现过程。正因为如此，人在自己感性的现实的实践与交往活动中对于社会关系环境的优化并非是盲目和被动的，而是有意识自觉和有选择性的。

现代社会，人的存在及发展的感性的实践活动的整体性、综合性与系统性，决定了现代社会关系优化并不是一个外在于人的生产与生活实践之外的独立过程，而是一个融入人的生产与生活等各种实践活动之中的社会关系的改造过程，或者说是一个与人的生活与生产合二为一的过程。当然，这也并不是说现代社会关系的优化过程就可以完全等同于人的现实的生产与生活过程。事实上，二者既是统一的，同时也是有一定区别的。社会关系的优化虽然是一个人类对社会关系的自觉改造过程，但是，这一过程必须通过人的现实的具体的生产与生活实践及交往过程才能实现。离开了人的现实具体的生产与生活实践活动及其过程，人的存在及发展的任何现实的社会关系，都既不可能建立，也不可能得到新的发展，因而更谈不到调整、改造和优化。

在现代社会，社会关系的调整、改造和优化既是一个长期的社会实践过程，也是一个非常复杂的系统性工程。社会关系的调整、改造和优化过程的实质，是一个实践主体根据人的自由、多样与健康发展的要求而自觉调整、重组和改造社会关系的过程。一方面，由于社会关系的优化存在着不同的主体，因而不同的优化主体或者说实践主体基于自身对人的发展的要求和理解，必然会做出不同的模式选择；另一方面，由于社会关系的优化是一个优化主体对人的现实的社会关系进行合目的的调整与改造的过程，因而也是一个价值选择的过程，必然存在着目的与价值实现的模式选择问题。因此，社会关系的优化，无论其优化主体，还是其优化模式、方式与方法，都存在着多元性，而非具有唯一性。

现代社会关系优化模式的多样性，一方面根源于优化主体的多元性，另一方面根源于人类价值目标实现途径、方式与手段的多样性。从基于促进人的自由、健康与多样化发展的角度而言，现代社会关系优化模式的差异或者说多样性的出现，主要是由优化主体的多元性引发的。因此，现代社会关系优化模式的区分，应该是与不同的优化主体及其对此所做出的选择直接联系在一起的。一般来说，社会关系的整体优化的实现，必须得到不同优化主体的密切协作与配合。否则，任何主体独立或者单个的优化行为，都不可能取得最优化与最大化的成效。尽管对于不同的优化主体而言，社会关系的优化存在着具体模式的多样化选择，但是，如果从主体差异的角度区分，现代社会关系优化的模式主要有三类：一是国家优化模式，二是组织优化模式，三是个体优化模式。对于现代社会关系的优化而言，尽管不同的优化主体对具体的优化模式存在着多样化的选择，然而不同主体对社会关系的优化只具有相互补充与彼此协调性，却不具有彼此替代性。

（一）国家优化模式

国家作为迄今为止人类社会生活的最高组织形式，无论在人类社会生产还是在社会生活中都始终扮演着重要的角色和发挥着重要的职能作用。人的存在及发展的社会关系的优化，同样离不开国家的主导、组织与实施。因此，所谓社会关系优化的国家模式或者说社会关系的国家优化模式，指的就是以国家为主体而展开的对社会关系环境的优化。与社会一般组织和个体对社会关系的优化不同，国家对社会关系的优化不是着眼于局部的或者微观的社会关系环境进行优化，而是着眼于社会整体的关系环境进行优化，因而社会关系的国家优化模式具有整体性、综合性与系统性。国家优化模式的这一特征，决定了其在促进现代人自由、多样与健康发展过程中功能的特殊性。

通过社会关系的优化而促进人的自由、多样与健康的发展，既是国家的基本职能，也是国家推动社会政治、经济和文化发展的基本要求。虽然人类社会国家的诞生是与阶级统治的需要直接联系在一起的，但是，国家在产生之后，其职能也并非是一成不变的，而是不断演变与发展的。随着人类生产与社会生活需求的变化及发展，国家的性质与职能也在逐渐转变、分化和丰富化，早期单一的阶级统治职能逐渐被多元化的社会管理与促进社会发展的职能代替。特别是进入现代社会之后，国家的阶级统治职能逐渐弱化，而对社会生产、社会生活的组织、协调、促进和管理的职能则不断得到加强与提升。国家对社会生产与社会生活所进行的协调、控制与管理，一方面是一种促进人类社会生产与社会生活发展的管理活动，另一方面也是一种社会关系环境的优化活动，是社会管理、社会关系环境优化与社会发展相统一的行为实践活动。

一般来说，国家对社会关系的改造与优化主要有两种形式：一是通过促进社会整体变革而对不合理的现实社会关系进行大规模的改造，并由此而促进和推动社会关系的整体变革与发展；二是通过对社会生产与社会生活实践活动过程中的社会关系的协调、控制与管理而推动社会关系的发展与改变，并由此而逐步实现对社会关系的优化改造。第一种形式的社会关系优化，是同对旧的社会关系的改造联系在一起的，是一种社会的全面转型与全面变革，具有突变性；而第二种形式的社会关系优化，则是以对现实社会关系的协调、控制和管理为主要内容的优化，因而是一种社会关系的调整、重组与改造，具有渐变性。当然，无论是社会关系的全面与整体改造，还是社会关系的协调、控制和管理，国家对社会关系的优化总是与人们在一定时期对一定社会共同理想的追求直接联系在一起的。没有对一定社会共同理想的追求，国家对社会关系的改造、调整、重组与协调，也就不可能实现或者达到优化发展的目的。

任何社会关系的优化，都不是一个独立的过程，而是一个与人的现实的感性的实践与交往活动合二为一的过程，是一个与人类社会生产和社会生活相统一的过程。国家模式的社会关系优化，同样必须通过人们现实的感性的社会生产与社会生活实践活动才能够实现。这就意味着国家对社会关系的优化不是直接的，而是间接的。国家主导的对现实社会关系的改造、调整和协调，通常是通过意识形态的主导、社会制度与社会管理体制的变革、社会生产与生活相关法规政策的制定而实现对社会关系环境的改造与优化的。因此，对于社会关系的国家优化而言，一定时期人们的现实社会关系优化的结果与成效，不仅取决于人们现实的社会生产与社会生活实践发展的状况，而且也取决于国家意识形态的先进性、社会制度和社会管理各种政策法规的科学性、合理性、协调性以及实施的有效性。

国家对社会关系的优化，是一种由国家主导的、主要依靠国家行政资源和行政力量而展开的对人的存在及发展的现实社会关系进行有意识、有目的和自觉的改造、调整与协调的社会实践活动。国家对社会关系优化活动的主导，使得这种优化模式具有了高度的综合性、整体性、系统性与强制性的特征。第一，国家主导的社会关系优化，是一种涉及整个社会范围的人的存在的社会关系的调整、协调、重组与改造活动，因而是对全社会范围内人们社会关系的整体优化；第二，国家对社会关系的优化，也是一种涉及人们社会生产与生活各个领域的综合性关系的优化活动，因而具有综合性与系统性；第三，国家模式的社会关系的优化，主要是一种依靠国家强制力所进行的社会关系的改造与调整，因而具有强制性。

由于国家对社会关系的优化是一种涉及整个社会范围、社会生产与社会生活各个领域的社会关系的优化活动，因而是一种能够促进社会关系整体变迁的社会改造活动。可以说，国家优化模式是人类社会关系优化模式中最重要的优化模式，对人类现实社会关系的整体改造、改变与优化发展发挥着巨大的、无可替代的功能作用。国家对社会关系的优化模式，其价值主要表现在全面性、整体性和发展性三个方面。作为人类社会生活的最高组织形式，国家在社会关系优化活动中起到的作用具有不可替代性。只有在国家的主导下，社会关系的优化活动才有可能在社会的整体范围内展开，也才有可能通过国家所拥有的行政资源和行政力量而展开对人的存在及发展的一切现实社会关系进行整体的、系统的和全面的调整、改造与重组，从而实现促进社会的整体变革和社会关系环境的全面优化。

国家主导的社会关系的优化模式，不仅可以促使社会关系环境发生整体性的优化，而且也必然会促使人的存在及发展社会关系的整体发展，因而社会关系的国家优化模式，对于控制或消除现代社会关系的异化发展倾向和促进现代人自由、多样与健康的发展，无疑有着特殊的价值与意义。当然，社会关系的国家优化模式的实施，也并非是不受任何条件限制的，相反，其实会受限制。一方面，国家对社会关系的优化必然会受到人的发展的程度与水平的制约，另一方面也必然会受到时代发展和社会技术条件的制约。人的自由、多样与健康发展的需求和时代发展的制约，从根本上决定了国家对社会关系环境的优化所能够实现的程度。因此，国家对社会关系所进行的调整、协调、重组与改造等优化活动，只有在符合人现实发展诉求的条件和在一定现实的社会技术条件的支持下，才有可能真正实现和体现出其应有的价值。

（二）组织优化模式

现代社会关系优化的组织模式，指的是以社会组织为主体而展开的对人的存在及发展的现实的社会关系进行的优化形式。组织化的优化是以组织环境的优化为主要内容而展开的，其根本目的是通过组织环境的优化以实现对社会关系环境的优化。我们知道，组织性是人类社会存在与发展的基本特征。不仅人类一切感性的社会实践活动必须通过一定的组织形式才能展开，而且人类社会这一人类存在与发展的形式也是由形形色色和彼此关联的组织所构成的。可以说，组织的存在与组织化的发展，正是人类社会区别于物的世界的重要特征。没有组织和组织化的活动，人类社会也就不可能形成，也不可能展开人的现实的感性的社会实践活动。

人类社会的组织性是随着社会分工和社会关系的丰富化与多元化的发展而不断提升的。与传统社会相比，现代社会是一个高度分化因而也是一个被高度组织化了的社会。在现代社会，不仅人们的现实存在被纳入各种各样、形形色色的专业性的社会组织之中，而且人们的社会生产和社会生活也必然要通过各种各样、形形色色的专业性的社会组织才能展开。正因为如此，通过社会组织的活动及活动关系的改造而达到对人类现实社会关系的优化，则必然成为人类社会关系优化的重要形式。所谓组织优化模式，正是由社会构成的各种组织所主导的对人的存在及发展的现实社会关系而进行的调整、重组和改造等优化形式。

社会关系的组织优化主要是通过有意识、有目的和有计划地对组织内部关系环境的改造而实现对人的存在及发展的现实社会关系的改造与优化的，因而组织优化也被称为组织文化建设。当然，这里所指的文化是从广义上而言的，包括了物质、制度与精神三个层面，涉及人的实践与交往活动关系的各个层面。因此，社会关系的组织优化，其内容主要包括三个方面：一是人与物的关系，主要表现为人的生活、工作环境的改善；二是人与制度的关系，主要表现为制度的科学化、合理化与人性化的设计及实施；三是人与人的关系，主要表现为共同理念的确立和自由和谐的人际交往氛围的培养与营造。在这些关系中，人与制度、人与人之间的关系，则是组织优化的重点。

与社会关系的国家优化模式不同，组织优化模式由于是一种组织内关系的调整与改造，因而是一种可控模式。正因为如此，社会关系的组织优化可以通过两种形式而展开：一是社会关系优化的完全组织试验，二是社会组织的现实社会关系的改造、调整与重组。第一种形式指的是根据人的自由、多样与健康发展的要求，设计组织的各种结构关系、结构形式及相应的活动并以试验的形式付诸实施。第二种形式指的是组织根据自身发展与人的发展的要求，对组织现有制度、管理方式及文化氛围所进行的改造、调整或建设。两种形式的优化虽然存在着一定的差异，但是，组织优化实践的展开，则都需通过组织内成员现实的生产及其交往实践才能最终变为现实。

社会关系的组织优化模式虽然是一种具有可控性的优化形式，但是，这里所谓的可控性，也只是相对而言的，而不是绝对的。事实上，现实社会的任何社会组织都不可能是一个完全封闭性的组织，而是一个开放性的组织。尤其是在高度开放的现代社会，任何社会组织之间都存在着高度开放性与关联性。这种高度的开放性与关联性，必然决定了任何社会组织的存在及发展都是与组织外的社会存在着广泛的联系的。因此，社会关系的组织优化，必然要受到社会发展和整个社会关系环境优化程度的制约。正因为如此，社会关系的组织优化模式所具有的可控性并不是绝对的，而是相对的。

社会关系的组织优化是一种具有一定可控性的组织内关系的改造与优化模式，因而其所涉及的优化范围也必然是有限的，但是，作为人的存在及发展的现实社会关系优化的重要形式，组织化的社会关系优化模式对于现代社会关系的、优化改造与发展，无疑有着重要的价值。其价值主要表现在两个方面：其一，社会关系的组织优化是国家对社会关系优化的基础，或者说，国家对社会关系的优化必须通过社会组织模式的优化才能最终变成现实。没有组织化的优化，国家对社会关系的改造与优化也就无法实现。其二，社会关系的组织优化由于所涉及的范围比较小，具有较高的可控性与可操作性，因而对于人的存在及发展的现实社会关系的优化，无论在深度、效率还是在程度上，相对而言都比较深入和有效。正是在这一意义上，社会关系的组织优化，有着其他模式所不能替代的价值。

当然，社会关系优化的任何一种具体模式，都不可能是尽善尽美的。组织化的优化模式，同样也是如此。由于组织化的社会关系优化所涉及的只是组织内的人与人关系的改变而不是整体社会关系的改变，因而这种模式的社会关系优化并不能从根本上改变社会关系的性质，也不能真正促进社会关系的整体变革与发展。正因为如此，社会关系的组织优化模式无法从根本上为现代人自由、多样与健康的发展创造积极的和整体优化的社会关系环境。只有当组织的优化与整个社会的优化结合起来，或者说，只有当单个组织的优化转变为整个社会普遍组织的优化时，组织模式的社会关系优化才能从根本上改变社会关系的性质。也只有在这一背景下，社会关系的组织优化对人的自由、多样与健康发展所具有的促进价值才能够获得实现。

（三）个体优化模式

无论是社会关系的国家优化还是组织优化，其所调整、改造和优化的社会关系虽然具有广泛性，但缺乏相应的针对性。因此，社会关系的国家优化和组织优化的主要价值在于促进社会或者组织关系环境的整体变革与发展，而不在于对个体生存及发展的微观或者说具体关系的调整与优化。对于人的存在及发展而言，具体的社会关系的调整与优化，则是通过个体的优化而展开的。人作为有意识的自觉的存在物，其存在及发展的一切社会关系都是在自己感性的现实的实践与交往活动中建立的，是个体有意识活动的产物，因而个体的价值追求及有意识的社会实践与交往活动，对于个体建立怎样的社会关系环境，产生着决定性的影响与作用。所谓社会关系的个体优化，指的就是个体在一定的价值目标指导下，对自我存在与发展的社会关系所进行的有意识、有目的的选择、调整与改造，或感悟与超越的行为活动。

个体对社会关系的优化，通常有两种方式：一是个体在一定的价值目标主导下对其社会生活的现实关系所进行的调整、协调与改造，二是个体对一定的社会关系所进行的有意识、有目的和自觉的选择性认知与适应。第一种方式的优化，是个体通过选择性的实践与交往活动而实现的；而第二种方式的优化，则是个体通过选择性的认知与感悟而实现的。虽然这两种方式的优化存在着一定的区别，但是，毫无疑问，它们是密切关联并有机地统一在个体感性的现实的实践与交往活动之中的，是通过个体具体现实的实践与交往活动得以体现和实现的。离开了个体现实的感性的具体实践与交往活动，个体对其存在与发展的社会关系的任何形式的优化活动都不可能展开，因而也不可能实现任何形式的优化。

个体对社会关系的优化，首先表现为个人根据自我发展的需要而对一定的社会实践与交往活动所进行的合目的的选择。这种选择，之所以是一种个体化社会关系的优化，其根源就在于人的活动的目的性与意识性。人的存在及发展的实践性，决定了其存在及发展的具体性和现实性。这就意味着人的存在及发展，既离不开具体现实的实践活动，也离不开具体现实的社会关系环境。由于个体生存及发展的具体的社会关系环境始终是由个人对社会活动及交往的选择所决定的，因而个人如何选择自己的社会实践与交往活动，也就意味着个人如何建立自我生存与发展的社会关系环境。正是在这一意义上，个体从自我发展的要求出发而对所从事的社会实践与交往活动的选择，或者说个体基于自我发展的需要而进行的任何有选择性的实践与交往活动，都必然是一种对自身发展的社会关系环境的优化活动。

社会关系的个体优化，还表现为个人根据自身发展的要求对一定的社会关系环境意蕴所进行的合目的的选择性认知、理解及感悟与超越。我们知道，在人的发展与社会关系环境的互动之中，社会关系环境对个人发展所具有的任何规约作用，都必须要通过个人相应的认知、理解、内化等活动才能够变成现实。一个人怎样认知与接受社会关系环境的意蕴，就会获得怎样的发展。个人对一定的社会关系环境意蕴所进行的选择性认知、接受与感悟，无疑是一个个体构建心理社会关系环境的活动和过程，是一个社会关系环境对个人内在品质形成实际发生塑造作用的过程。在这一意义上，个人对自己所处的现实社会关系环境进行的合目的性评价、认知及其对之积极健康意蕴接受的活动，无疑也是一个对社会关系环境优化接受的过程。

个体存在及发展的社会关系的任何改变，说到底，是与个体的观念及行为的改变直接联系在一起的。没有观念的改变和没有行为的改变，个体存在及发展的任何社会关系的改变和优化都不可能实现。无论是个体对其社会生活的现实关系所进行的调整、协调与改造，还是个体对一定社会关系所进行的选择性认知与适应，都必须在一定的价值观念和一定的价值目标的指导下展开。也只有在一定的价值观念和一定的价值目标的指导下，个体的实践及选择才有可能促进其存在与发展的现实社会关系环境发生相应的优化性改变。否则，当个人已有的观念及其相应的行为方式未发生改变时，个体对社会关系环境所进行的任何形式的优化，都不可能产生实际的效果。

社会关系的个体优化，直接与个人的发展关联着。作为一种社会性与关系性的存在，个人怎样选择、建立和认知自己个性化的社会关系，则意味着个人会获得怎样的发展。正因为如此，个体社会关系的优化程度以及个体在其所建立的社会关系环境中所获得的发展，必然与个体自身的发展及存在状况直接关联着。在一定程度上可以说，现代人自由、多样与健康的发展，是与现代人自身对其现实的存在及发展的社会关系的创造、把握和优化直接联系在一起的。现代人创造怎样的社会关系和对社会关系进行了怎样的优化，则必然会获得怎样的发展。当然，个人对其存在与发展的社会关系的创造、优化和把握，并非完全凭主观意志，而是必须受到社会关系整体发展状况和发展程度的制约。因此，个人对社会关系的创造、优化和把握，不可能超越于社会关系的整体发展状况和发展程度的制约而展开，这就决定了个人对社会关系的优化只能是有限的，而并非是无限的。

总之，现代社会关系的优化，存在着不同的主体，因而其优化的模式、途径与方式也必然是多样的，而非单一的。一方面，不同的优化主体，由于其所面对的目标、任务及对象存在着巨大的差异，因而必然存在着不同的优化模式；另一方面，不同的优化模式对社会关系的优化有着不同的价值，因而在对一定社会关系的优化活动中，人们对优化模式的选择也不一定具有唯一性。因此，现代社会关系的优化，既存在着对不同的优化模式进行选择的问题，也存在着不同模式的结合与协调问题。模式的选择，是一个对不同模式的价值进行考量和抉择的问题；而模式的结合与协调，则是一个实施方案的选择与技术的创造问题。只有在科学的价值考量的基础上将不同模式的优化结合起来，社会关系的优化才能实现整体效率与效益的提升。

三、现代社会关系优化的原则、方法与手段

现代社会关系的优化，本质上是一个优化主体在一定价值目标的导引下

对人的存在及发展的现实社会关系的改造与优化过程。这一过程能否实现对社会关系合目的的优化，不仅取决于优化主体所制定的优化方案是否具有科学性和现实性，而且也取决于人们在现实的实践与交往活动中是否遵循一定的社会关系优化的基本原则。一定的优化模式、方案与方式手段，必须在一定的原则下展开，才能获得切实的效果。只有在科学的原则指导下，运用切实可行的方法与手段，才有可能通过改变与调整现代人的社会生产与社会生活的实践关系而达到优化现代人存在及发展的现实的社会关系的目的。否则，社会关系的优化则可能因为违反事物发展的规律而适得其反。

（一）基本原则

所谓原则，指的是人们行为、行动和实践活动所遵循的基本准则，是事物发展规律的基本反映与体现。社会关系优化的原则是社会关系优化活动在不同范围、不同层次和不同方面必须遵循的基本准则，是对社会关系发展和演变规律的反映。根据人的自由、多样与健康发展的要求和社会关系发展的基本规律，现代社会关系的优化必须遵循的主要原则有目的性原则、价值性原则、科学性原则、整体性原则、系统性原则和发展性原则等。当然，社会关系优化原则的确立，并不能由人纯粹的主观意志的臆断和想象而产生，只能通过对人类社会关系生成与发展规律的总结与概括而确立。由此可见，所谓社会关系优化的原则，归根到底，乃是对人类社会关系发展规律的反映与体现而已。

1. 目的性原则

目的性原则或者说方向性原则，是人的行动与实践所遵循的基本原则。人作为一种文化性的存在，其任何行为、行动和实践都体现出一定的目的性和意识性。目的性是人的存在的文化性与意识性的主要反映，是人的存在与物的存在的根本区别。社会关系的优化作为优化主体对一定的社会关系所进行的调整、改造和重组，必然是在一定价值目的的驱动与指导下而展开的。倘若没有一定的目的的驱动与导引，人对社会关系的优化，则既缺乏内在的驱动，也缺乏明确的发展方向。因此，社会关系的优化必须坚持和遵循一定的目的性原则。只有在明确的目的驱动与指导下，现代社会关系的优化才有可能达到和实现促进现代人自由、多样与健康发展的价值目的。

坚持目的性原则，对现代社会关系的优化有着特别重要的意义。我们知道，现代社会关系不仅是一种具有高度开放性和复杂性特征的社会关系形式，而且其对现代人的发展所具有的规约作用呈现出一定的二重性。如果现代社会关系的优化没有明确的目的的指导，则其所内含的对人的发展的负向规约倾向就不会得到消除，因而也就不可能对现代人的发展起到积极与健康的促进作用。因此，现代社会关系的优化，只有在坚持目的性原则的条件下，才能确保社会关系改造、调整与变革的方向性、价值性和发展性。唯其如此，才有可能控制和消除现代社会关系对人的发展规约的负向影响，从而促使现代人自由、多样和健康的发展。

2. 价值性原则

与目的性原则一样，价值性原则也是人类行动与实践所遵循的基本原则。价值性原则，又称合目的性原则，指的是人类的一切行动与实践的合目的性。人类的一切行动与实践对目的的追求，不仅反映着人类行动与实践结果的指向性，而且也反映着人类行动与实践的价值性。因此，所谓社会关系优化的价值性原则，指的就是社会关系的优化应具有积极促进现代人自由、多样与健康发展的价值性，应该反映出社会关系的发展与人的健康发展的有机统一性。

人类行动与实践的目的性，不仅反映着人类的意识性和对特定结果的追求，而且也反映着人类对满足自身特定需求的价值追求。我们知道，社会关系的优化虽然是一个有着明确目的与方向的实践过程，但是，社会关系的优化这一实践活动本身所追求的结果并不是社会关系优化的目的，而是手段，是人类实现社会关系优化目的的手段。通过社会关系的优化而促进现代人自由、多样与健康的发展，是社会关系优化的真正目的，也是社会关系优化的价值之所在。在社会关系的优化中坚持价值性原则，既是社会关系优化合目的发展的要求，也是现代人自由、多样与健康发展的基本诉求。

坚持社会关系优化的价值性原则，对于促进现代人自由、多样与健康的发展，具有非常重要的意义。人作为一种关系性的存在，毫无疑问，其存在及发展与其在感性的现实的实践与交往活动中所创造和建立的社会关系具有高度的同一性，因而人的发展状况，归根结底取决于人的存在的现实社会关系的发展状况。社会关系的优化，只有坚持价值性原则，才能避免优化的盲目性而实现优化发展；也只有坚持价值性原则，才能够为人的自由、多样与健康发展创造出优化的社会关系环境，从而实现人的发展与社会发展的和谐统一。

3. 科学性原则

虽然人类的一切行动与实践都具有意识性和目的性，反映着人类对一定价值的追求性，但是，这并不意味着人类的一切行动与实践都是不受客观条件制约的，而是相反。一方面，人类的一切行动与实践，只有在尊重客观规律的基础上，才能够顺利展开和推动事物的发展；另一方面，也只有在尊重客观规律的基础上，才能够达到预期的结果和实现一定的价值性。因此，科学性原则既是人类一切行动与实践必须遵循的基本原则，也是人类价值追求和价值实现必须遵循的基本原则。

社会关系的优化作为一种人类对特定价值追求的社会实践活动，同样必须坚持科学性原则。所谓社会关系优化的科学性原则，指的就是社会关系优化的客观性原则，即社会关系的优化必须尊重社会关系发展的客观规律，必须将社会关系优化的目的性、价值性与社会关系优化的条件性、现实性结合起来。因此，科学性原则的基本内涵主要包括两个方面：一是任何社会关系的优化都是有条件的，都是在一定条件背景下的优化，失去了一定条件的支持，任何社会关系的优化都不可能展开；二是任何社会关系的优化活动都必须遵循社会关系发展的基本规律，必须将社会关系优化的目的性、价值性与社会关系发展的规律性有机地统一起来。

坚持科学性原则对现代社会关系的优化发展具有重要的价值与意义。其意义和价值主要是：第一，社会关系的优化，只有在科学性原则的指导下，才能够顺利展开并且实现一定的优化目的；第二，只有坚持科学性原则，社会关系的优化才能够避免盲目性，才能够将社会关系发展的规律性与社会关系优化的价值性、目的性有机地统一起来；第三，只有坚持科学性原则，社会关系的优化才能在真正推动社会关系科学的发展的同时，为现代人自由、多样与健康的发展创造出积极和有效的社会关系环境。在现代社会关系的优化中，科学性原则的实施，必须要求目的性与条件性的统一。

4. 整体性原则

整体性原则是现代社会关系优化必须坚持的基本原则。所谓整体性原则，是指社会关系的优化是一个通过对人的存在及发展的一切社会关系的综合和系统的调整与改造而促进其整体变革与发展的过程，是人的存在及发展的一切社会关系的整体改变与优化。社会关系的整体性优化，既是社会关系自身发展的要求，也是人的自由与多样化发展的要求。一方面，作为社会构成基础的社会关系具有多样性，其发展也必然是整体性的发展，尤其是现代社会关系，则更是如此；另一方面，作为人的存在的现实的关系，同样也是多元的，其发展也必然是整体性的。正因为如此，社会关系的优化只有在整体上展开，才能实现真正的优化。

社会关系发展的整体性和人的存在及发展的多样性，决定了社会关系的优化必须坚持整体性原则。或者说，在现代社会关系的优化中，只有坚持整体性原则，才能真正推动社会关系的整体进步和促进现代人自由与多样化的发展。在现代社会关系的优化中，只有坚持整体性原则，才能真正推动现代人自由而多样的发展与其存在及发展的现实的社会关系的协调统一。一方面，现代社会关系只有通过全面与整体的优化，才能实现协调与整体发展，也才能为现代人自由而全面的发展创造出整体优化的社会关系环境；另一方面，只有坚持整体性原则，通过整体性的优化，才能真正促进社会关系的全面优化，从而控制和消除现代社会关系发展的二重性，也才能避免社会的畸形发展和人的发展的异化现象。

坚持整体性原则，就是以整体优化的思想为指导，推进人存在与发展的各种社会关系的全面、协调发展。具体而言，在社会关系的优化过程中必须做到：第一，正确处理整体与局部、一般与个别的关系，把点的优化与整体的优化结合起来，通过点的优化促进社会关系的整体优化；第二，正确处理不同优化模式之间的关系，把国家、社会组织与个人的优化结合起来，通过三者的协调而促进社会关系的整体优化；第三，坚持整体性原则，也必须讲究科学的方法，必须把个体社会关系环境的优化与社会整体关系环境的优化结合起来，使二者实现和谐统一，只有这样，才能真正实现人的存在与发展的社会关系的优化，从而达到促进人的自由、多样与健康发展的目的。

5. 系统性原则

社会关系的优化不仅是一项整体性的和综合性的实践活动，而且也是一项非常复杂的系统性的实践活动。因此，系统性的原则也是现代社会关系优化所必须坚持的重要原则。所谓系统性原则，指的就是现代社会关系的优化应是一个系统优化的过程，而不是一个个别的、单一的或区域性的优化。现代社会关系是一种具有高度开放性与复杂性特征的系统性社会关系形式，无论其存在还是发展都呈现出鲜明的系统性特征。现代社会关系存在及发展的这一特征，决定了其优化的系统性。系统性原则，正是对现代社会关系系统性存在及发展规律的反映。

坚持系统性原则，对现代社会关系的优化有着重要的现实意义。我们知道，现代社会既是一个高度分化与高度综合的社会，也是一个高度开放的社会。一方面，社会的每一个领域或行业，既相对独立，又密切联系着；另一方面，社会任何一个领域或行业的变化，必然会引起其他领域与行业的变化。因此，只有坚持系统性原则，才能处理好社会关系优化中局部与整体、个别与一般的关系，从而才能更好地促进社会关系的协调与系统发展；唯其如此，才能真正促进现代社会关系实现整体的、系统的和全面的优化与发展。

坚持社会关系优化的系统性原则，关键在于将系统优化的精神贯彻于优化的具体实践之中。具体而言，应该做到以下三点：第一，必须正确处理好社会关系优化过程中不同性质和形式的社会关系之间的互动关系，促进社会关系优化中各种关系的良性互动发展；第二，必须正确处理好社会关系的优化与人的存在的自然关系、自我关系优化之间的互动关系，积极促进人与自然、社会的协调发展；第三，必须正确掌握社会关系系统发展的规律，运用科学的方法促进社会关系的系统优化与系统发展。

不同的原则，虽然揭示和反映着事物发展不同方面的规律，但是，作为对事物发展规律的概括和总结，不同的原则之间无疑存在着一定的共通性，因此原则的区分也具有一定的相对性。现代社会关系优化的基本原则是现代社会关系发展规律的揭示与反映，尽管不同的原则之间也存在着一定的区别，然而这些原则的区分，同样也是相对的，而不是绝对的。社会关系优化原则的统一性，要求人们在社会关系优化的具体实践中必须把社会关系发展的目的性、方向性、价值性、整体性、系统性、现实性与先进性统一起来。只有这样，才能够通过优化的实践真正促进现代社会关系的真纯化、道德化、法制化、人性化与和谐化的发展。

(二) 主要方法

现代社会关系的优化，不仅存在着多元化模式，同时也存在着多元化的途径、方式、方法与手段。所谓方法，指的是人类为实现一定的目标或者目的而采取的一切工具与手段的总和。一般而言，人类完成一定的实践任务以达到一定目的的方式与手段具有多样性，而不具有唯一性。这就意味着，现代社会关系的优化不仅存在着多样化的方法，而且也必然存在着一个对方法的优化选择与运用问题。方法选择的根本目的，并不是完全在于确定方法本身的性质与属性，而是在于从多样的方法中选择出最优与最恰当的方法，从而提升方法使用的有效性。

实现和提升现代社会关系优化发展的具体方法、途径或手段，无疑具有多样性。这种多样性，一方面是人类社会实践和事物发展多样性的反映，另一方面也是人类认识和改造事物多样性的反映。因此，对于现代社会关系优化的具体方法，可以从不同的角度给予区分和划分。从优化主体上区分，可划分为个体优化法、社会组织优化法和国家优化法；从优化范围上区分，可划分为个别优化法和综合优化法；从优化类型上区分，可划分为生产关系优化法、经济关系优化法、政治关系优化法、思想关系优化法、情感关系优化法等；从优化的性质上区分，可以划分为社会关系改造法、社会关系调整与重组法等。当然，任何对实现目的的方法的划分，都不是绝对的，而是相对的。

在社会关系的优化实践活动中，不同的方法只不过是一种达成目的的方式与手段而已。方法对目的或目标而言所具有的这一特性，决定了人类方法运用的灵活性、多样性与选择性。所以，对于现代社会关系的优化而言，方法的选择与运用并不存在不可突破的障碍。只要有利于优化目标的实现和优化效率的提升，应该说，一切方法都可以择而用之。社会关系优化方法的多样性，决定了我们不可能对形形色色的方法进行逐一的介绍。在这里，我们只能根据不同的优化主体和优化模式，对常用的或者主要的社会关系优化方法进行简要性的分析和介绍。

1. 整体优化法

整体优化法是对社会关系的整体、全面和系统的优化方法，是国家模式的社会关系优化的重要方法。任何一种社会关系，其现实的存在及发展都是以一种结构化的整体形式而展开的。特别是现代社会关系，更是一种有着复杂结构的社会关系形态。社会关系存在及发展所具有的结构性、系统性与整体性的特征，必然决定了其发展的联动性和整体性。因此，社会关系整体优化的方法，正是适应现代社会关系结构性、系统性和整体性发展的特征而使用的一种国家模式的优化方法。

由于整体优化法是一种极其复杂的综合性的优化方法，其实施和运用涉及人类社会生产与社会生活的各个领域、各个方面，因而整体优化的方法一般适用于社会关系的国家优化模式。虽然不同的优化主体都可以在其能够主导的范围内对人的存在及发展的现实的社会关系环境进行综合性的优化，但是，与国家的主导力量相比，任何组织或者个人对社会关系环境改造与优化的力量都是有限的，都难以完全主导社会关系的综合、系统与整体性的优化。因此，相对而言，只有在国家力量的主导下，才有可能展开系统的、综合的和整体性的社会关系优化。

与一般具体的优化方法不同，社会关系的整体优化法并不是一种单一的和具体的优化方法，而是一种方法的集合。因此，这一方法的运用和实施，既是建立在国家力量主导的基础之上的，也是建立在社会各种组织和各个部门的有机协调基础之上的。没有国家力量的主导，没有社会各种组织和各个部门的协调，社会关系的整体、综合和系统的优化就不可能展开，也不可能实现。可以说，国家力量的主导是社会关系整体优化法实施所必须依赖的根本基础。

整体优化法的实施，必须注意的基本问题是：第一，必须确立明确的优化目标，制定出科学而切实可行的优化方案；第二，在社会关系优化的实践过程中，必须注意协调不同社会领域、社会行业、社会集团之间的各种关系，确保不同性质、不同形式、不同层次、不同方面之间关系的协调发展；第三，必须建立完善的社会关系优化组织系统和协调保障系统，运用国家行政的、法律的手段，改造落后的不适宜的社会关系，培育积极的先进的社会关系，协调各种关系之间的矛盾与冲突，促进社会关系的整体协调发展。

2. 实验推广法

实验推广法是一种由个别实验到普遍推广的社会关系优化的方法，适合于以国家为主体的社会关系优化模式。我们知道，社会关系的优化不仅是一项极其复杂的系统工程，而且也是一个蕴涵着巨大风险的社会改造活动。为了降低社会关系优化可能造成的风险，通常国家在对社会关系主导的整体和全面的优化中，一般采用试验推广的方法而次第展开。因此，所谓实验推广法，指的不过是一种由区域或个别实验向整体推广的社会关系的优化方法。

理论上，试验推广法的运用有助于降低社会关系优化的风险与成本，但是，这一方法的运用能否达到降低社会关系优化的风险与成本的目的，则并非具有必然性。在这里，决定试验推广法是否成功的因素具有多样性和复杂性，而并非是单一的和简单的。其中，任何一种因素或问题处置的错误与不当，都有可能导致试验推广法实施的失败，并有可能造成一定的社会风险。因此，试验推广法的成功实施，不仅取决于实验的成功与否，更取决于推广的成功与否。

实验推广法的实施是否能够获得成功，首先取决于成功的实验。没有成功的实验，也就谈不到任何形式的推广。实验的成功，不仅取决于实验样本的典型性或者代表性，而且也取决于实验的科学性与现实性。是否具有代表性，是决定实验能否推广普适化的根本保证。因此，在实验样本的选择上，应以有代表性的区域选择确定样本,而不拟以领域、行业或个别社会关系为样本。在实验的实施中,应根据社会关系优化的目标和优化的现实要求,制定科学而切实可行的实验方案,并在此基础上对实验方案进行严格和科学地实施。

实验推广法的成功实施,不仅取决于成功的实验,更取决于成功的推广。从一定范围或区域的试验到整个社会的全面推广,是一个极其复杂的过程。因此,推广的实施必须做到:第一,必须制定出科学且切实可行的推广规划与方案;第二,必须建立高效的社会组织系统和社会推广系统;第三,必须建立完善的评价与反馈系统,对推广的进程和效果给予及时的监控与评价;第四,必须对社会关系优化的推广进行科学的和动态的掌控,并对出现的问题及时给予有效解决。总之,必须做到有计划、有步骤和稳步推行。

3. 结构调整法

任何形式的社会关系,都是以系统的和结构的形态而存在的,也是以系统的和结构的形态而发展的。因此,通过调整和改造社会关系的结构而促进社会关系合目的的发展,就成为优化社会关系的一种重要方法。在现代社会,社会关系的结构形式通常表现为一定的社会制度与社会管理体制。或者说,一定的社会制度和社会管理体制,其实质是一定的社会关系结构化与形式化的体现。社会制度、社会管理体制与社会关系结构的同一性,决定了社会制度的变革与社会管理体制的改革必然会引起社会关系结构形式的变化。所谓结构调整法,正是一种通过改造社会关系的结构形式而促进社会关系发展的优化方法。

由于一定形式的社会关系结构主要表现为一定的社会制度与社会管理体制,因而社会关系优化的结构调整法通常表现为两种方式:一是对社会根本制度的改造;二是在社会根本制度不变的前提下,对社会管理体制进行改造。第一种方式是对社会关系性质与结构形式的全面改造,而第二种方式则主要是对社会关系的具体结构形式进行改造。一般而言,社会根本制度的改造必然会引起社会的整体变迁,促使社会发生本质的变化;而社会管理体制的改造,则通常不会引起社会根本性质的变化,是社会的局部变革,是一种渐变。

社会关系优化的结构调整法，一般是由国家的力量主导和实施的。除此之外，个体的力量是无法主导和实施的。同时，由于社会关系优化的结构调整法的实施必然会引起社会整体或者局部的变迁与发展，因而这一方法的实施，必须在社会的发展具备相应的条件的背景下才能展开。当社会尚不具体相应的条件的时候，社会关系任何形式的结构调整与改造，不仅不能达到促进社会关系优化的目的，相反可能会引起社会的剧烈冲突和导致社会关系环境的恶化。因此，结构调整法的运用与实施，必须是建立在对社会发展变革需求科学而又准确的判断与预测的基础之上的。

4. 舆论引导法

人作为一种自觉的有意识的文化性的存在，其任何行为都是在一定的观念和价值追求的驱动下而展开的，因而人的观念的改变，也就意味着行为的改变。一定的社会关系作为人与人之间的联合形式，是人们在感性的现实的社会实践与交往活动中所建立的。人与人之间建立怎样的关系，不仅受到感性的现实的实践活动展开需要的支配，同时也受到人们的思想意识和价值观念的支配。因此，通过影响和改变人们的思想意识和价值观念而促使其行为的改变，也是促进社会关系变化与发展的一种重要方式。所谓舆论引导法就是利用国家意识形态或社会舆论主导力量的影响，通过改变人们的观念意识和行为方式而优化社会关系的一种方法。当然，舆论引导法并不是一种直接的社会关系优化的方法，而是一种间接的优化方法。

舆论引导法运用和实施的根本目的在于通过影响和改变人们的思想意识和价值观念而为人们的社会生活创造或者营造出良好的精神文化环境，因而舆论引导法的重点不是在于直接改变人与人之间的社会关系结构和社会关系的形式，而是在于引导人们思想意识、价值观念的变革与发展。因此，舆论引导法对社会关系优化所产生的实际效果，一方面取决于舆论的科学性、正确的价值导向性和对社会成员变革的有效性，另一方面取决于社会成员对新的思想意识、价值观念与生活方式的认同及其接受的程度。只有在科学而正确的价值观念的主导下，人们社会行为的改变才有利于促进良好的社会关系环境的建立；同时，只有被人们普遍认同与接收新的思想意识、价值观念，才能真正变成改变人们行为方式的力量。

由于舆论引导法对社会关系的优化具有间接性，因而舆论引导法的实施及其实效性的产生，关键在于通过舆论的引导而形成能够促进社会关系优化与进步的社会意识环境。因此，舆论引导法的实施必须注意：第一，舆论引导必须有针对性，或者说，必须有针对性地倡导新的观念、新的思想和新的社会生活方式；第二，作为舆论导向的新的思想意识和价值观念，必须具有引导和促进人们建立和发展积极健康的社会关系的功能价值；第三，必须将新的思想意识和价值观念上升为国家主导意识，并借助国家力量的主导才能将新的思想意识和价值观念传导到每一个社会成员。

此外，在舆论引导法的实施与运用中，还必须将一定的舆论引导与社会文化的改造结合起来。只有当新的思想意识和价值观念成为社会现实文化的核心构成并且成为主导的价值体系时，才能对社会成员的行为产生深刻与广泛的影响。唯其如此，舆论的引导才能在促使旧的社会关系的解体和新的社会关系的生成的同时，对人的存在与发展的现实社会关系的优化产生积极的效力。

5. 个体选择法

对于个体而言，其存在与发展的环境始终是具体的和现实的，因而个体的生存与发展所建立及其面对的社会关系，也必然是具体的和现实的。可以说，对个体自由、多样与健康发展产生直接影响的，主要不是宏观性的整体的社会关系，而是个体在具体的感性的实践与交往活动中所建立的微观的个体性的社会关系。个体选择法，就是个体在现实存在于发展中通过对实践与交往活动因素的选择而实现现实环境优化的一种社会关系优化的方法，是一种微观环境构建的方法。

我们知道，人的存在始终是一种具体的现实的存在，因而也是一种感性的活动的存在。人的存在及发展的这一特性，决定了人不可能脱离现实的具体环境而存在，也不可能脱离现实的具体的环境而发展。人在自身感性的实践与交往活动中对自身生存环境的构建，是一种自觉的有意识的行为，因而个体对自身现实生存与发展环境的构建必然存在着选择优化的问题。

一般而言，个体对环境的选择优化，是一个个体与环境有效互动的过程。决定或者影响个体选择优化效果的因素既有环境的因素，同时也与个体自身的价值追求和选择能力有着直接的关系。当然，在环境因素一定的条件下，个体主观的条件与能力就成为决定优化选择的重要因素。因此，个体选择优化法是一种主体性要求较高的方法，它要求社会关系优化的主体必须具备一定的选择能力。只有具备了一定的选择能力，才能进行选择性的优化。否则，选择优化法或者无法展开，或者会适得其反，造成人的发展的不良后果。

在个体选择优化法的运用与实施中，虽然作为选择主体的个体所具有的基本素质和选择能力状况直接决定着其如何选择和选择结果的状况，但是，个人对社会关系环境的选择也并不是无限的，而是一种有限选择。一方面，个体对社会关系的优化选择必然要受到整体社会关系发展水平的制约，另一方面也必然要受到自身所具有的价值观念和对社会关系驾驭能力的制约。这就必然决定了个体对社会关系的优化选择，一方面只能在社会发展所允许选择的范围内进行选择而不能超越社会所许可的范围，另一方面也只能在个体能力把握的范围内进行选择而不能超越个体的能力范围。

（三）主要手段

社会关系的任何优化，最终都必须通过人类现实的感性的具体的实践与交往活动才能展开。离开了人类感性的现实的实践与交往活动，社会关系的优化则必然会因为缺乏现实的支持而无法进行。在社会关系优化的具体活动中，如果说一定的原则是社会关系优化活动必须遵循的基本规则或准则的话，那么，一定的方法则是社会关系优化活动得以展开的具体方式。但是，对于社会关系的优化而言，任何方法的运用与实施，都必须借助一定的可操作的技术与手段才能展开。因此，所谓社会关系优化的手段，乃是社会关系优化过程中所使用的具有可操作性的技术工具或技术方法。

一般来说，支持一定的社会关系优化活动展开的具体方法、技术与手段并不具有唯一性。不同模式的社会关系优化活动的展开，虽然对一定的方法、技术与手段有着一定的要求，但是，总体上，社会关系优化的方法、技术与手段具有多元性。尤其是在现代社会，社会生产、社会生活与社会管理的技术手段获得了巨大的发展，因而人们用以优化现代社会关系的方法、技术与手段，则更加多样和丰富。在多样化的技术与手段中，教育、行政与法律的手段，乃是国家优化模式和社会组织优化模式的社会关系优化活动展开所常用的方法与手段。

1. 行政手段

行政手段是现代社会国家实现对社会管理的重要手段，因而必然也是国家主导的社会关系优化的重要手段。国家作为迄今为止人类社会生活的最高组织形式，无论在人类社会生产还是在人类社会生活中，均扮演着极为重要的角色，发挥着重要的社会管理与社会治理的职能作用。虽然在现代社会，国家用以社会生产与社会生活管理的技术、手段具有多样性，但是，行政的手段依然是其中最重要的手段。因此，在国家模式的社会关系的优化活动中，通过行政手段的运用而推动社会关系优化活动的开展，乃是一种国家主体实现促进社会关系优化的重要手段。

现代社会，人类众多的社会生产与社会生活实践活动都是在国家行政力量的主导下展开的。现代社会关系的整体优化，同样也离不开国家行政力量的主导和推动。可以说，在国家主导的社会关系的优化活动中，行政手段作为一种非常重要的技术手段和重要的主体推动力量，对社会关系优化活动的开展、组织、协调、监督与控制，发挥着重要的作用。

一般而言，行政力量作为社会关系优化的主导力量，其对社会关系优化所具有的主导作用贯穿在社会关系优化活动的始终。无论是社会关系优化活动的组织发动，还是社会关系优化活动的展开以及优化过程中的协调、监控、评价与反馈等，都离不开行政手段、行政力量的主导与支持。正是从这一定意义上而言，行政手段乃是现代社会关系优化活动展开和进行过程中始终必须依赖的重要的手段。

当然，行政力量和行政手段也并不是无所不为的，而是存在着一定的界域和局限性的。一方面，行政手段的使用必须有一定的界域限制，超越了一定的界域，行政手段的使用会因对个人自由与权力的过度限制而制约社会关系的优化发展；另一方面，行政手段与行政力量对社会关系优化的主导必须受到社会关系生成与发展规律的制约，超越了社会关系发展规律的制约，行政手段与行政力量主导下的社会关系优化则必然会适得其反。因此，在社会关系优化过程中，优化主体对行政手段和行政力量的运用，必须要注意其使用的条件性和实效性。

2. 法律手段

法律是现代社会人们处理社会生活过程中各种矛盾和协调各种关系的重要手段，毫无疑问，法律的手段也必然是现代社会关系优化的重要手段。法律作为国家制定并由国家强制力保证实施的具有普遍约束力的社会规范，对于调节现代社会人与人之间、人与社会之间的关系，维护个人的自由与权利，保障社会发展的秩序等发挥着重要的功能作用。由于法律所具有的基本职能与社会关系的优化目的之间存在着高度的一致性，因而法律本质上也是国家用以调节和优化人与人之间的社会关系的重要力量与重要手段。

一定的法律规范作为社会公众与国家意志的体现，它既是规范和调节现代社会人与人之间关系的重要手段，也是国家行政行为展开的重要依赖与保障。法律手段具有的这一特征，决定了其成为国家主导的社会关系优化模式所使用手段的必然性。在社会关系的优化过程中，法律手段所具有的作用是与其功能作用直接联系在一起的。一般来说，法律手段对社会关系优化所具有的促进作用主要表现为三个方面：其一是通过法律手段直接规范人们的社会行为，维持社会生产与社会生活的秩序性；其二是通过法律手段调节人与人、人与社会之间的矛盾与冲突，维护个人的自由与权利，确保人与人合作的自由性与规范性；其三是通过法律手段保障国家或社会组织对社会关系优化行为的合法性与权威性。

作为规范和调节现代社会人们社会生活行为及其关系的重要手段，任何法律规范都有着自己明确的适用范围。法律对社会生活与人之间关系调节和规范的适用范围性，既决定了法律效力的范围性，也决定了法律效力的有限性。这就意味着，任何法律手段对人的现实社会关系的调节都是有限度的，因而法律手段对社会关系优化发展所具有的促进作用也必然是有限的，而不是无限的。

从促进社会关系优化发展的角度而言，法律对社会关系的调节必须与道德的调节结合起来才能产生最大化的实效。我们知道，法律对人的行为的规范和人与人之间关系的调节具有外在性，因而无法改变社会关系的性质。道德则与此不同，道德所规约的是人的内心世界，对人的行为的规范和人与人之间关系的调节具有内在性，因而会改变人与人联合的性质。在社会关系的优化中，只有法律与道德的结合，才能通过对人的内心世界和外在行为的有效规约而促进人的社会关系的真纯化、规范化、人性化与和谐化的发展。

3. 教育手段

在社会关系的优化实践中，行政手段和法律手段虽然是促使社会关系改变的重要力量，但是，无论是行政手段，还是法律手段，都具有一定的强制性。这种强制性，既是行政手段、法律手段之所以产生效力的根源之所在，也是其效力有限性形成的根源之所在。一定的社会关系作为人与人之间的联合关系，其生成和建立虽然与人类感性的现实的实践与交往活动直接联系在一起，但是，作为社会关系的主体，人的社会关系必然始终与人自身的发展状况有着直接的关系。从一定意义上而言，人自身发展的状况，才是决定社会关系怎样建立和如何发展的根本因素。因此，通过改变和促进人自身的进步与发展而促进社会关系的发展，也是实现社会关系优化发展的重要手段与途径。教育的手段，正是改变人的一种手段，自然也就成为促进社会关系优化发展的最重要手段。

教育作为一种优化社会关系的重要手段，其对社会关系优化发展的促进并不是直接实现的，而是间接实现的。教育虽然不会直接调节与规范人与人之间的关系，但是可以通过对人自身的改变而实现对社会关系的改造、调节与优化。因此，教育在促进社会关系的优化发展中的作用，主要是通过促进人的发展而得到实现的。

基于对人的改造和对社会关系优化发展的要求，教育在社会关系优化发展中所具有的功能作用主要表现在以下几个方面：第一，教育通过改变或培养与塑造人的正确的思想意识与价值观念，为人的正确行动与行为奠定必要的思想基础；第二，教育通过一定知识、经验和技能的传承，不断培养和提高个人适应社会生产与社会生活的能力，从而为个人广泛参与人类社会实践与交往活动奠定现实的基础；第三，教育通过对人的潜能和各种素质的开发，不断提高人们驾驭社会关系的能力，从而为人的社会关系的优化发展奠定必要的主体条件；第四，教育对人的改变，客观上既改变着人自身，也改变着人自身社会生存的文化环境，从而也为社会关系的优化发展创造着良好的客观环境。

当然，由于社会关系的优化是一个长期而复杂的系统工程，因而任何模式、方法、技术与手段的使用，都存在着一定的条件性与权变性。世界上既不存在万能的模式、方法、技术与手段，也不存在永远有效的模式、方法、技术与手段。一定的模式、方法、技术与手段的运用，既应该考虑到社会关系优化的需要性，也应该考虑到模式、方法、技术与手段运用的现实性与条件性。在社会关系的优化实践中，只有将社会关系优化的需要性与一定模式、方法、技术、手段运用的现实性、条件性有效地结合起来，才能真正促进现实社会关系合目的的发展。唯其如此，才能通过社会关系的不断优化，为现代人自由、多样与健康的发展创造出积极而健康的社会关系环境。

参考文献

1. 《马克思恩格斯选集》(1-4卷)，人民出版社1995年版。
2. 《马克思恩格斯全集》(第1-3、42卷)，人民出版社1979年版。
3. 马克思：《1844年经济学哲学手稿》，人民出版社1979年版。
4. 恩格斯：《自然辩证法》，人民出版社1971年版。
5. 韩民青：《哲学人类学》，当代世界出版社2000年版。
6. 黄楠森：《人学原理》，广西人民出版社2000年版。
7. 袁贵仁：《人的哲学》，工人出版社1988年版。
8. 陈志尚：《人学原理》，北京出版社出版集团北京出版社2005年版。
9. 赵敦华：《西方人学观念史》，北京出版社出版集团北京出版社2005年版。
10. 李中华：《中国人学思想史》，北京出版社出版集团北京出版社2005年版。
11. 郑永廷：《人的现代化理论与实践》，人民出版社2006年版。
12. 韩庆祥、邹诗鹏：《人学——人的问题的当代阐释》，云南人民出版社2001年版。
13. 欧阳谦：《20世纪西方人学思想导论》，中国人民大学出版社2002年版。
14. 张立文：《新人学导论》，广东人民出版社2000年版。
15. 薛德震：《人的哲学论纲》，人民出版社2005年版。
16. 雷红霞：《西方哲学中人学思想研究》，湖北人民出版社2005年版。
17. 刘曙光：《人的活动与社会历史发展规律的关系》，民族出版社2002年版。
18. 周海林、谢高地：《人类生存困境——发展的悖论》，社会科学文献出版社2003年版。

19. 韩震:《生成的存在——关于人和社会的哲学思考》,北京师范大学出版社 1996 年版。

20. 中国人学学会:《人学与现代化》1-3 卷,云南人民出版社 1998 年版;广西人民出版社 1999、2001 年版。

21. 罗荣渠:《现代化新论——世界与中国的现代化进程》,北京大学出版社 1993 年版。

22. [美] 托马斯·内格尔:《人的问题》,万以译,上海译文出版社 2000 年版。

23. [美] 房龙:《文明的开端:奇迹与人》,刁一恒、李丽娜、王晓红译,北京出版社 1999 年版。

24. [美] 房龙:《人的解放》,郭兵、曹秀梅、秀广志译,北京出版社 1999 年版。

25. [德] 诺贝特·埃利亚斯:《个体的社会》,翟三江、陆兴华译,译林出版社 2003 年版。

26. [美] 英克尔斯、史密斯:《从传统人到现代人——六个发展中国家中的个人变化》,顾昕译,中国人民大学出版社 1992 年版。

27. [英] 莱士列·斯蒂文森:《人学的世界》,李燕、赵健杰译,中国人民大学出版社 1992 年版。

28. [英] 齐格蒙特·鲍曼:《个体化社会》,范祥涛译,上海三联书店 2002 年版。

29. [德] 恩斯特·卡西尔:《人论》,甘阳译,西苑出版社 2003 年版。

30. [德] 雅斯贝尔斯:《现时代的人》,周晓亮、宗祖良译,社会科学文献出版社 1992 年版。

31. [美] 露易斯·摩尔根:《古代社会》,刘峰译,京华出版社 2000 年版。

32. [美] 尼葛洛庞帝:《数字化生存》,胡泳、范海燕译,海南出版社 1997 年版。

33. [美] 马歇尔·麦克卢汉:《理解媒介——论人的延伸》,何道宽译,商务印书馆 2000 年版。

后　记

本书是在我的博士学位论文的基础上修改而成的。初稿完成至今，虽屡有修订成书的念头，但终因怠惰和工作忙碌而未能付之行动，直至年初赴日访学，才获得了修改的时间与机会。

书稿的写作，是在我的导师郑永廷教授的指导下完成的；书稿的修改，则是在与杉浦势之教授的交流与探讨中完成的。在书稿修订之际，我要特别感谢我的导师郑永廷教授对论文写作所给予的精心指导，感谢日本青山学院大学综合文化政策学部的杉浦势之教授对书稿修改所提出的宝贵意见。同时，我还要感谢海南大学社会科学研究中心的云大津教授，海南大学高等教育科学研究所的吴昊先生，日本青山学院大学综合文化政策学部的石崎晴己教授、伊藤真利子博士、杉山裕博士，以及日本青山学院大学经济学部的三和良一教授、成田淳司教授、藤村学教授对书稿修改所给予的大力支持和帮助。

书稿的出版，得到了教育部高等学校社会科学发展研究中心的大力支持，谨于此深表谢意！

张治库
2009 年 9 月